FISCHER

RAQUEL ERDTMANN

»Und ich würde es wieder tun«

WAHRE FÄLLE
VOR GERICHT

FISCHER

MIX
Papier aus verantwortungsvollen Quellen
FSC® C083411
FSC
www.fsc.org

Originalausgabe

Erschienen bei FISCHER Taschenbuch
Frankfurt am Main, Februar 2019

Satz: C.H.Beck.Media.Solutions, Nördlingen
Druck und Bindung: CPI books GmbH, Leck
Printed in Germany
ISBN 978-3-596-70354-8

43 Jahre Leben

Er hat erfolgreich studiert, in den renommiertesten Unternehmen gearbeitet. Die Kindheit mit Schlägen und Missachtung aber ist zu schwer für ihn zu tragen.

Eines Montagmorgens schafft er es nicht mehr, sich ein Hemd zu bügeln, und bleibt zu Hause. Auch den nächsten, den übernächsten Tag, die nächsten Wochen geht er nicht zur Arbeit – bis man ihm fristlos kündigt. Da nimmt er sich schon längst »jeden Tag aus dem Bewusstsein«. Wenn er den Alkoholpegel erreicht hat, mit dem es ihm gutgeht, läuft der Bankanalyst, der, wie ihm beschieden wird, »überdurchschnittliche Leistungen« erbringt und bald nur noch ein Penner ist, ins Bahnhofsviertel und legt sein Geld in Crack an. Tausende gehen für die Zehn-Euro-Steinchen drauf, bei denen »man ja nie weiß, was da drin ist«. »Man ist dann natürlich schon bekannt: Da kommt der Besoffene, dem verkaufen wir wieder Schrott.«

Irgendwann verbringt er seine Tage »mit den Alkoholikern am Stromkasten« an einer der übleren Ecken des Bahnhofsquartiers, mittlerweile ist er obdachlos. Er schläft in Rohbauten oder im leergeräumten alten Universitätsgebäude. Ob er Arbeitslosengeld, Obdachlosenhilfe angenommen hätte in der Zeit, will sein Verteidiger wissen. »Nein. Das ist generell schwierig, um

Hilfe zu fragen.« Er lebt von Supermarktresten und Flaschenpfand, ab und zu klaut er eine Flasche Wodka. Nach einem halben Jahr auf der Straße überwindet er sich und geht zu seinem Vater, zu dem er stets »ein unterkühltes Verhältnis« hatte, zieht in sein altes Kinderzimmer ein, »froh, wieder ein Dach über dem Kopf zu haben«. Arbeitet erst mal seine Post ab, besorgt sich wieder einen Ausweis, meldet sich beim Amt. Das Arbeitslosengeld, das er nun erhält, vertrinkt er am Anfang des Monats »in acht, neun, zehn Tagen«, die anderen zwei Wochen hält er sich clean, treibt Sport, liest Fachliteratur und schreibt nach einer Weile auch wieder Bewerbungen.

Sechs Liter Bier, »die relativ schnell eingenommen werden müssen« und zu denen er nichts essen darf, sind das Minimum, das er braucht, dazu Wodka, wenn möglich. Das Ziel ist, sich schnell auszuschalten.

»Wenn ich diese Mindestmenge nicht zahlen konnte, hab' ich es gleich gelassen. Wenn ich anfange, war auch immer das Ziel: bis zur Bewusstlosigkeit.« Er bemüht sich, dem Vater aus dem Weg zu gehen, wie auch den Nachbarn im Haus. Auch seine planvollen Alkoholexzesse sollen dem Vater möglichst nicht auffallen, statt in der hellhörigen Wohnung die laute Toilettenspülung betätigen zu müssen, überhaupt ständig auf die Toilette zu gehen, schafft er einen »Liquiditätskreislauf«, wie er es nennt, und pinkelt in die Flaschen.

Der Mann, der vor Gericht all diese Dinge über sich erzählt, tut das mit sachlicher, ruhiger Stimme. Keiner Frage weicht er aus. Konzentriert verfolgt er die Verhandlung in guten Schuhen, schwarzer Hose und weißem Hemd. Die hohe Intelligenz vermittelt sich unmittelbar. Die Herzlosigkeit sich selbst gegenüber ist atemberaubend.

Ein Hochbegabter, in dem sein Vater nur »einen schlechten Maurer« sieht, einen, der nichts kann. Die Mutter stirbt, als er acht ist. Bei einem Weihnachtsurlaub im Schwarzwald wird ein Hirntumor festgestellt, er sieht sie zum letzten Mal an dem Tag, als sie dort ins Krankenhaus kommt. Nach einem halben Jahr ist sie tot. Man lässt das Kind im Unklaren. Aber »wenn der Kioskbesitzer einem schon Heiligenbilder mitgibt, ahnt man, dass was los ist«.

Sein bester Freund aus Kindertagen erzählt, wie ihn die Mutter in die Schule gebracht hat, sie gingen Hand in Hand, inniglich sei das Verhältnis gewesen. Der Vater ist nach ihrem Tod, allein mit dem Kind, überfordert, erzieht mit Schlägen, wirft mit Gegenständen. Geschenke zum Geburtstag gibt es nicht. Feiertage werden nicht begangen. Die Schwester der Mutter, eine Cellistin, ist mit ihrer Karriere beschäftigt. Eine andere Frau gibt es im Leben des Vaters und für den Jungen nicht. Das Kind fürchtet den Vater schon, wenn es nicht Klavier geübt hat.

Als er 13 ist, will sein Vater ihn »schon präventiv schlagen, einfach, weil er annahm, ich hätte etwas vorgehabt«, Verbotenes. Gegen Präventivschläge mit haltlosen Verdächtigungen verwahrt er sich, die körperlichen Attacken bleiben fortan aus. »Deine Mutter hat mich so gebeten, sie zu heiraten«, sagt der Vater eines Tages zu ihm, »so unnötig, so gönnerhaft und so idiotisch, das zu jemandem zu sagen, wenn das Verhältnis schon so schlecht ist.« Er hört sich all den »ganzen Quatsch« an, »sich auszusprechen« hält er nicht für möglich. In der Oberstufenzeit reden beide kaum noch miteinander, er will vom Vater möglichst nicht wahrgenommen werden. Um den Haushalt kümmert er sich.

»Du bist nicht studienfähig, du kannst das nicht«, sagt der Vater seinem Sohn, der sich »immer über Zeugnisse definiert«. Mit links absolviert der sein VWL-Studium, als Jahrgangsbester, heuert in renommierten Unternehmen an, erarbeitet am ifo-Institut Konjunkturprognosen, er hat dort eine Promotionsstelle. »Das wissenschaftliche Arbeiten liegt mir«, gefordert fühlt er sich nicht. »Ich war nix wert, hab aber ganz gut verdient«, urteilt er über sich. Er habe »nicht das Gefühl gehabt, etwas zu leisten, obwohl es ja ein ganz respektabler Job ist«. Das »Konzept der Kollegen mit Heiraten und Kinderkriegen, das hat mich nicht überzeugt«. Getrunken habe er immer alleine zu Hause, beantwortet er die Frage seines Verteidigers, in Kneipen geht er nie. In seiner Münchner Zeit am Institut passiert es ihm auch das erste Mal, dass er sich im Suff nachts einnässt, wie er ungerührt zu Protokoll gibt.

Sein letzter Vorgesetzter, Leiter des Portfoliomanagements eines großen, bekannten Unternehmens, ist als Zeuge geladen. Der Schmerz über den Fall seines ehemaligen Mitarbeiters ist ihm deutlich anzusehen. »Er war der Mann, den wir suchten.« Er hat sich den Geburtstag von ihm gemerkt und jedes Jahr wieder zum Anlass genommen, den Namen zu googeln, in der Hoffnung, »dass er wieder auftaucht«, in einem Unternehmen, in einem Forschungsinstitut. Auch die Kollegen würden bis heute nachfragen, ob er etwas von ihm gehört habe. Der Mann muss brillant und angenehm gewesen sein. Man habe ihm ein sehr gutes Zeugnis ausgestellt, mit dem er sich überall hätte bewerben können, denn auf der Arbeit sei er schließlich nie wegen Trunkenheit oder Drogen aufgefallen.

»Ich bin kein Psychologe, aber wenn mir nun jemand sagen würde, er litt an Depressionen, würde ich sofort sagen: ja.« Nachdem er schon Wochen bei der Arbeit fehlt, meldet er sich telefonisch. Ist überrascht, noch nicht gekündigt zu sein. »Ich kann nicht mehr«, sagt er seinem Chef. Da haust er längst auf der Straße. »Er war am Ende.« Sein Händedruck mit dem Angeklagten nach seiner Entlassung aus dem Zeugenstand ist bewegt und von Fassungslosigkeit geführt. Die gehörten anerkennenden und zugewandten Worte selbst aus einer Zeit, als er sich schon mit rasender Geschwindigkeit dem Tiefpunkt näherte, bleiben nicht ganz ohne Wirkung auf den Mann, der sich so richtet.

Nicht mal Crack macht ihn aggressiv, im Gegenteil, der Alkohol und die Droge fahren ihn runter. »Ich werde nicht emotional, wenn ich getrunken habe.«

Ob denn nie mal jemand mit ihm über sein Problem gesprochen habe? Die Tante hätte einmal in seinem Zimmer gestanden, hysterisch »Du musst entgiften! Du musst entgiften!« gerufen, antwortet er schulterzuckend. »Entgiften kann ich alleine. Das Problem ist die Zeit danach.« Drei Tage seien schwierig, nach einer Woche geht es ihm immer wieder richtig gut. Ja, aber warum dann wieder anfangen, die unverständigen Fragen der Kammer, offensichtlich frei von Suchtproblemen. Er zuckt wieder mit den Schultern, was soll er dazu sagen? »Es ist eine Sucht« und »Ich denke mal, ich hatte Depressionen«.

Hoffnungslosigkeit kriecht durch den Saal, bleischwer. »Kommen wir zur Tat.« Er nickt bereit. »Wie üblich habe ich meinen Alkoholbesorgungsgang gemacht. Etwas früher an diesem Tag, gegen vierzehn Uhr.« Später musste er noch einmal Nachschub holen, weil er so früh angefangen hatte. Beim Wachwerden am nächsten Morgen – »erstmal orientieren, sich fragen, hab' ich einen Anschluss, die Erinnerung fehlte ja immer«, so geht es gewöhnlich –, stellte er fest, dass etwas nicht stimmte. Die

Zimmertür ist nämlich unüblicherweise offen, er sieht »das Ergebnis«: der Vater tot im Flur, ein Beil daneben. »Ich erinnere, dass ich das aufgenommen habe. Was macht man denn jetzt da?« Er schaut sich in der Wohnung um, ob da noch jemand ist, irgendwo, ob er Einbruchspuren sieht. »War aber nicht. Ratlosigkeit. Die Erklärung für mich: Muss ich gewesen sein. Wer soll es sonst gewesen sein?« Das Beil – die »Einbrecherabwehraxt«, mit der sein Vater seit vielen Jahren, nach einem Hauseinbruch, im Bett schläft.

Mindestens fünfmal, sowohl mit der scharfen als auch mit der stumpfen Seite, ist dem Mann der Schädel mit dem Beil eingeschlagen worden, er stirbt an einem offenen Schädelhirntrauma. Die Hiebe, so der Rechtsmediziner, sind von oben auf einen Liegenden geführt worden. Man rekonstruiert das durch die Blutspritzer. Mehrfach und massiv wurde zugeschlagen, der Schädel ist zerlegt. »Im Prinzip wie beim Holzhacken.«

»Ich glaube ja immer an die Ursache-Wirkung-Geschichte.« Es muss etwas vorgefallen, »irgendeine Schwelle überschritten« worden sein. In der Untersuchungshaft hat er die »Version« entwickelt, er könnte vielleicht, entgegen seinen Gepflogenheiten, aus seinem Zimmer gekommen sein, um im Wohnzimmer fernzusehen, und habe »alkoholbedingt« etwas umgestoßen, was Krach verursachte. Der Vater, der stets um Mitternacht ins Bett geht, sei daraufhin eventuell bewaffnet mit seiner »Einbrecherabwehraxt« erschienen und so könnte es zu einer Begegnung mit tödlichen Ausgang im Dunkeln gekommen sein.

»Sie hatten doch auch eine Verletzung an der Schulter?«, fragt die Richterin nach. Er winkt ab: »Daran kann ich mich nicht erinnern. Als Alkoholiker ist es Standard, dass man irgendwelche Verletzungen hat.« Der Mann ist auch schon einmal im

Rausch aus dem Fenster gefallen und in den letzten Jahren mehrfach wegen Knochenbrüchen notversorgt worden. »Ich bin schon auf die Idee gekommen, zur Polizei zu gehen. Das weiß ich noch: Ich wollte hingehen, nicht anrufen.« Er hat nur noch eine vollgepinkelte Hose und stellt die Waschmaschine an. Dann trinkt er doch erst mal noch etwas. Über die Leiche des Vaters wirft er eine Decke. Es ist ein heißer August. Bald breitet sich Gestank aus. Er kippt Bodenreiniger über die Decke. Holt Wodka, trinkt. »Sogar eine so stark belastende Sache kann der Alkohol wegpacken.«

Den Nachbarn fällt der Verwesungsgeruch auf, die vielen Fliegen. Zwei Tage sind inzwischen vergangen. Die direkte Nachbarin, eine junge Krankenschwester, die sich bei ihrer Zeugenaussage vor Zittern kaum auf den Beinen halten kann, ruft die Rettung, nachdem sie erfolglos mit einem anderen Nachbarn geklingelt hat. Als die Sanitäter sich an der Tür bemerkbar machen, öffnet er, steht ganz ruhig in der Tür, sein Alkoholpegel ist gerade auf dem Niveau, auf dem er sich wohlfühlt, und sagt: »Hier liegt ein Toter, den hab' ich umgebracht.«

Im Verhör bei der Polizei, gefragt nach einer Erklärung, antwortet er: »43 Jahre Leben« und: »Ich hätte es aushalten müssen.«

In der Hauptverhandlung fragt der Angeklagte den geladenen psychiatrischen Sachverständigen, wie es denn möglich sei, eine Tat zu begehen, die außerhalb der eigenen Vorstellungskraft liegt. Der weiß außer »Affekt« dazu nichts zu sagen. »Aber es ist mir nicht vorstellbar, wie ich zu diesem Beil gekommen bin. Wie es möglich ist, das Beil zu nehmen, hinzusehen und wieder und wieder auf den Kopf eines Menschen einzuschlagen!« Er ringt darum, den Tathergang für sich zu rekonstruieren, zu entschlüsseln, woher diese Aggression, die »eruptive

Gewalt«, wie die Beisitzerin sagt, kam, die ihm das ganze Leben fremd war, die niemand je bei ihm bemerkt hat. Bei der Promillerechnung des Gutachters schüttelt er den Kopf: »Da müssen sie vielleicht nochmal ins Rechenzentrum.«

Die Kammer folgt dem Antrag des Verteidigers und verurteilt ihn zu sechs Jahren Haft. Im Maßregelvollzug soll er, inzwischen fast ein Jahr in Untersuchungshaft, eine Alkoholtherapie machen. Gelingt diese, könnte er nach insgesamt drei Jahren wieder in Freiheit sein.

Totgefahren

Markus und Katrin stehen am Straßenrand und küssen sich. Da kommt ein Auto auf sie zu, am Steuer Pascal. Seine Freunde Dennis und Paul sitzen mit im Wagen. Sie sind später im Prozess vor dem Landgericht die wichtigsten Zeugen.

Als Beobachter in diesem Verfahren bekommt man ein wenig Vorstellung davon, wie öffentliche Hinrichtungen im Mittelalter wohl verlaufen sind. Mit den geschäftstüchtigen Budenbesitzern, die auf dem Marktplatz Speisen und Getränke an die Zuschauer verkauften, an Volkes Zorn. Die Jahrmarktsstimmung, die die Verfahren, die damals natürlich keine waren, begleitete.

Ein junger Mann von jetzt 27 Jahren wird angeklagt, vor zwei Jahren »einen anderen Menschen getötet zu haben, ohne Mörder zu sein, in Tateinheit mit gefährlicher Körperverletzung, mittels eines gefährlichen Werkzeugs«. Er hat als Fahrer eines Mercedes der S-Klasse von 279 PS und einem Gewicht von 2300 Kilogramm eine Frau totgefahren, indem er sie »aufgabelte« und dann vierhundert Meter unter seinem Wagen in den Tod schleifte.

Die Frau, 41 Jahre alt, war in ihrem kleinen Heimatort sehr bekannt, weil sie die dortige Damen-Handballmannschaft managte. Leute aus dem Ort jeden Alters und die von ihr trainierten jungen Frauen drängen in den Verhandlungssaal. Der Zuschauerandrang zu Beginn dieser Hauptverhandlung ist so groß, dass das Gericht in einen größeren Saal umzieht. Es werden Bäckertüten knisternd geöffnet, Stullen aus Tupperdosen ausgepackt. Das Zischen der geöffneten Getränkeflaschen begleitet zuverlässig die Verhandlungstage. Es wird laut kommentiert, geklatscht und hineingerufen. Der Vorsitzende der Großen Strafkammer und die Wachtmeister sind erstaunlich nachsichtig. An manchen Tagen, wenn der große Saal nicht zur Verfügung steht, wird auch akzeptiert, dass Zuschauer ohne Platz ein Sit-in veranstalten, und auch das Frühstücken im Saal wird selten unterbunden. Die Verteidiger prangern nach dem dritten Verhandlungstag »die Vorverurteilungen in der Presse« an und berichten, dass ihrem Mandanten vor dem Gerichtsgebäude empfohlen wurde, sich aufzuhängen. »Natürlich ist es abscheulich, jemandem den Tod zu wünschen«, richtet der Richter daraufhin ans Publikum. »Sie haben keinen Anspruch, ihre Meinung hier zu äußern.« Auch die Staatsanwälte wünschen, die Kammer möge im Laufe der Verhandlungstage bei Störungen in Zukunft eher eingreifen.

In der Anklageschrift heißt es, dass der Angeklagte die Frau unter seinem Auto bemerkt haben musste. Die Verteidigung gibt nach der Verlesung sogleich eine Erklärung ab, weil »das die Presse heute, die zur weiteren Beweisaufnahme nicht mehr da sein wird, so hört. Das hören die Schöffen heute das erste Mal«, man könne nicht zulassen, »so etwas zu Beginn des Verfahrens im Raum stehenzulassen«. Die Verteidiger – Pascal, der Angeklagte, hat zwei – sind »der Meinung, dass die Anklage unfair ist«. Im Publikum lacht es auf. »Ein Mensch ist tot, jetzt hör mal auf, du Vogel«, ruft einer.

Das Geschehnis ereignete sich in der Nacht nach einer Dorffeier, dem traditionellen Obstfest Anfang September. Es gibt Apfelwein, es wird gegrillt, und lokale Bands spielen auf.

Dennis fragt seine besten Freunde Pascal und Paul, ob sie Lust haben, mit ihm dahin zu gehen. Sein Vater hat an diesem Abend dort einen Auftritt mit seiner Jazzband, zum letzten Mal in dieser Formation, das will er nicht verpassen. Pascal und Paul haben Lust. Ohne dass sie groß darüber reden, ist klar, dass Pascal sie alle fährt, mit dem Benz seines Vaters.

Auch Markus geht mit seinen Freunden auf das Fest. Er wird Katrin dort treffen. Die beiden sind seit acht Jahren ein Paar und wollen demnächst heiraten. Katrin ist noch im Trainingscamp »mit ihren Mädels« und kommt später mit ihnen nach. Auf dem Fest lässt Markus sie erst mal mit ihrer Truppe in Ruhe. Um halb zwölf verklingt der letzte Song, viele Besucher machen sich auf den Weg. Auch Katrin und Markus nutzen die Gelegenheit, sich davonzustehlen, ohne sich groß von den anderen zu verabschieden, da sie sonst gar nicht loskommen. Endlich haben sie Zeit für sich. Katrin hat keine Lust, zu Fuß zu gehen. Markus ordert ein Taxi. Da sie nicht die Einzigen sind, die in dieser Nacht auf dem Land mit einem Wagen von der Feier nach Hause möchten, laufen sie die Straße hinunter in die Richtung, aus der die Taxen kommen werden, um den Wagen entgegenzugehen und den ersten abzupassen. Unterhalb des Bauernhofs, auf dem das Obstfest ausgerichtet wird, gibt es einen Kreisverkehr. Gänzlich ohne Verkehr zu dieser Stunde. Die beiden passieren den Kreisel und stellen sich, auf ihr Taxi wartend, hinter den Zebrastreifen am Eingang des Kreisverkehrs an den Straßenrand und beginnen, sich zu küssen. Andere Festbesucher laufen zu Fuß links und rechts um den Kreisverkehr nach Hause.

Pascal, Paul und Dennis haben inzwischen auch schon das Fest verlassen und steigen in den Wagen. Ihr Weg nach Hause führt einmal durch den Kreisverkehr. Pascal fährt, Paul ist der Beifahrer, Dennis sitzt im Fond, hinter Pascal. Vor dem Zebrastreifen und dem küssenden Paar hält Pascal. Markus bedeutet ihm mit der Hand, er solle doch um sie herumfahren. Die Straße ist sechseinhalb Meter breit an dieser Stelle, weit und breit immer noch kein anderes Auto. Dann widmet sich Markus wieder Katrin. Pascal jedoch fährt die zwei Meter vorwärts, geradeaus, bis er das Paar touchiert, hält wieder kurz.

Dann gib er Gas.

Markus stürzt nach links auf die Straße. Katrin wird von der Motorhaube aufgehoben und kommt kurz darauf zum Sitzen. Den Anblick zumindest bietet sie einigen Zeugen. Den Zentrifugalkräften in der Linkskurve gemäß wird ihr Körper nach rechts geschleudert. Er gerät unter das Auto. Der Wagen überrollt sie. Ihr rechtes Bein wickelt sich dabei um die Vorderachse. Pascal fährt mit ungebremster Geschwindigkeit weiter. Seine Freunde schreien auf ihn ein, er möge halten. Doch erst vierhundert Meter weiter bringt er den Wagen zum Stehen. Katrins rechtes Bein ragt aus dem rechten vorderen Radkasten. Es zuckt noch unwillkürlich. Katrin ist tot.

Markus, sich derweil aufrappelnd, schreit von Sinnen, wo ist meine Frau, wo ist meine Frau. Er sucht nach ihr im Gebüsch am Straßenrand, wo er meint, da müsse sie doch hingeschleudert worden sein. Sein Freund ist dem Mercedes hinterhergerannt. Markus läuft nun auch in Richtung des mittlerweile haltenden Wagens. Sein Freund sieht ihn kommen und hält ihn fest, Markus soll nicht sehen, was er gesehen hat. Sie ringen miteinander und stürzen zu Boden. Pascal hat inzwischen die

Polizei gerufen, »Hier ist gerade jemand vor mein Auto gelaufen. Die hängt zwischen Reifen und Auto. Die hängt hier, Mann!« Inzwischen gibt es einen großen Menschenauflauf. Dennis ruft seine Mutter an, damit sie ihn abhole. »Der Pascal hat eine Frau überfahren. Er hat sie überfahren, der Idiot.« Die eintreffende Polizei ruft die Feuerwehr zu Hilfe. Der Wagen muss angehoben werden, um Katrins Leichnam zu bergen. Er wird in das Rechtsmedizinische Institut gebracht. Pascal verweigert auf dem Revier die Aussage und widerspricht der Beschlagnahmung seines Führerscheins.

Markus und Katrins Bruder Holger sitzen als Nebenkläger in dem Verfahren. Das heißt, Markus steht all die Verhandlungstage durch; er sucht die Sekunden, die ihm fehlen, nachdem er stürzte. Als würde das helfen zu verstehen. Holger schafft nur und kaum den ersten Verhandlungstag. Er ist in psychotherapeutischer Behandlung seit dem Geschehen; er und seine Schwester waren sich sehr nah. Sein Schmerz ist wie ein Strudel, man muss den Kopf davon wenden.

Der erste Zeuge in der Hauptverhandlung nach Markus ist Dennis. »Er war mein bester Freund viele Jahre. Ich wusste, dass ich immer auf ihn zählen kann, das mal vorneweg. Das darf man nicht unterschlagen«, beginnt er. Er vermisse Pascal als Freund, aber da ist diese »Sache, die nicht wiedergutzumachen ist«. Dennis hat keinen Kontakt zu Pascal mehr seitdem. Paul auch nicht. Zwei Jahre sind vergangen seit dem Geschehen, und nichts hat seitdem Fassung gewonnen. »Einfach losgefahren, als wär' nix. Als wär' die Straße frei … Ich kann es nur aus meiner Sicht beschreiben. Die standen da, und er ist losgefahren.« Eine Pause entsteht. Dennis ist zurück bei dem Moment und schüttelt innerlich den Kopf. Markus nickt dazu. Das wäre »ja relativ ungewöhnlich«, fragt der Vorsitzende. »Ja.

›Hör auf. Halt an‹«, hätten sie, Paul und er, gerufen. »Ich hab' wahrgenommen, dass wir über etwas drübergefahren sind. Das wird ja wohl die Frau gewesen sein. Sie ist auf die Motorhaube gefallen und zur Seite gerollt.« Ob er gesehen habe, »wie die Frau runterfällt?« – »Ja. Verfolgen einen ja doch, die Bilder … Ich hab' ziemlich schnell Panik gehabt, weil ich bemerkt habe, dass wir über etwas drübergefahren sind.« Paul und er hätten Pascal angeschrien, doch der habe nicht reagiert, nichts gesagt. »Man kann es sich kaum vorstellen?«, kommentiert der Richter. »Ja«, erwidert Dennis. »Es kam mir vor, als wäre er in einer anderen Welt, weil es keine sichtbare Reaktion gab.« Das Überrollen, fragt die Vertreterin der Staatsanwaltschaft nach, was habe er denn gedacht, was das sei? »Schwer zu sagen. Ich habe nicht gedacht, dass es die Frau an sich wäre. Vielleicht ein Arm.«

Am dritten Verhandlungstag muss der Prozess für eine Woche unterbrochen werden. Pascal hat einen Pneumothorax erlitten, nicht mehr atmen können, und liegt im Krankenhaus. Mit höhnischem Gelächter und bösen Bemerkungen wird das im Publikum quittiert.

Ja, sagt Paul als Zeuge aus, beim zweiten Mal ist Pascal so dicht an das Paar herangefahren, »die Frau konnte ihre Hand quasi auf der Motorhaube abstützen«. Sie »war mit dem Rücken zu uns«. Markus »stand vor ihr«. Und ja, Dennis und er hätten geschrien, Pascal solle anhalten. »Warum sollte er anhalten?«, fragt der Vorsitzende Paul. »Weil wir den Eindruck hatten, dass er die Frau überfahren hat.« Dennis und Paul wirken, als trauerten sie um sich und ihr Leben davor. Der Schock über den Freund scheint nicht nachgelassen zu haben. »Was machst du für einen Scheiß«, schrien die Freunde entsetzt, Pascal »hat keine Regung gezeigt … er hat nicht mit uns geredet. Er hat nichts gesagt.«

Zum Sachverständigen habe Pascal ja gesagt, »für mich war der Weg frei. Ist das erklärbar, wie man diese Wahrnehmung haben kann?«, will der Vorsitzende von Paul wissen. »Nein«, antwortet der. Die Staatsanwältin übernimmt: »Hatten Sie den Eindruck, er hat die Frau nicht gesehen?«

»Nein.«

»Dass er aufgeschreckt ist?«

»Nein.«

»Dass er gebremst hat?«

»Nein.«

Dennis' Mutter im Zeugenstand. Sie soll Auskunft über Pascal geben, der früher ja bei ihnen zu Hause »aus- und einging«. Er hatte »seinen Weg vielleicht noch nicht gefunden«, »nicht sehr erwachsen« erschien er ihr. »Offensichtlich wurden ihm zu Hause seine Probleme abgenommen.« Ihr Sohn ist nach dem Geschehnis wieder zu Hause eingezogen, »Schutz suchend«, so kommt es ihr vor, und geht zum Psychologen.

Dutzende Zeugen werden in den nächsten Verhandlungstagen gehört; Festbesucher, die auch zu diesem Zeitpunkt den Kreisel passierten. Die Kammer muss den Ablauf des Geschehens so genau wie möglich rekonstruieren, um ein angemessenes Urteil zu finden, deshalb sitzt auch ein »verkehrstechnischer Sachverständiger« in der Hauptverhandlung. Er war auch in der Nacht zur Unfallstelle gerufen worden. Die Schilderungen der Zeugen sollen seine Ermittlungen ergänzen. Doch es sind zwei Jahre seit dem Geschehen vergangen. Die Lokalpresse hat ausführlich darüber berichtet, die meisten der Leute, die sich zum Teil gut und lange kennen, haben unzählige Tassen Kaffee miteinander, das Ereignis beredend, getrunken. Erinnerungen des einen vermischen sich mit denen anderer, unentwirrbar.

Vor dem geistigen Auge eines jeden ist aus den Bildern aller ein Film entstanden, den die meisten gesehen haben wollen – auch wenn manche nachweislich von ihrem Standort ein anderes Sichtfeld hatten. »Wir lernen ja schon im ersten Semester, dass der Zeugenbeweis der schlechteste Beweis ist«, kommentiert einer der beiden Verteidiger das an einer Stelle.

Der Vorsitzende beschwört im Laufe der Vernehmungen die Zeugen geradezu, nur zu schildern, was sie selbst gesehen hätten und »sicher erinnern, nicht sonstige Berichte zu integrieren«.

Eine Sache jedoch, die übereinstimmend geschildert wird, ist trotzdem für den Ingenieur, den Sachverständigen, auffällig und erwägenswert: Dieses »und plötzlich war sie weg«. Die Zeugen berichten von Schreien, dem Anblick einer Frau, die auf der Motorhaube sitzt und mit einem Mal, »wie vom Erdboden verschlungen war«. Eine Zeugin drückt es so aus: »Wie eine Galionsfigur saß die Frau zurückgekippt auf der Motorhaube. Das Auto ist mit unverminderter Geschwindigkeit durch die Kurve.« Manche wollen gar »Schleifgeräusche gehört«, einige gar ein Heben und Senken der Scheinwerfer gesehen haben. Ein älterer Herr berichtet, er habe einmal ein Wildschwein überfahren, so sei das Geräusch hier auch gewesen, nur etwas schwächer, »bumm-bumm«. Dem Auto hinterhergelaufen seien sie, sagt der alte Jugoslawe aus, und hätten dann vorne beim Rad den Fuß herausgucken gesehen. »Sind Sie der Fahrer?«, habe er den jungen Mann gefragt. Ja, sagte der. »›Sie haben diese Frau ermordet‹, sagte ich. Er hat nix gesagt.«

Eine Rechtsmedizinerin stellt das Verletzungsbild dar: »Verkohlungsartige Zustände« am rechten Bein von der Leiste bis zum Unterschenkel, »Hautablederungen« am Rücken, »thermische Gewalteinwirkungen« im Gesicht, da wo Katrins Kopf am Auspuff klebte. »Die sehr großflächige Verbrennung am

Rücken hätte zu Schwierigkeiten führen können, wenn sie es überlebt hätte, war aber nicht todesursächlich.« Gestorben ist Katrin durch eine »Kompression des Brustraums«, die zu einer »Konfusion des Herzens« führte. Erstickt. Das zeigt das »Staungssyndrom« im Gesicht. Und wenn der Wagen sofort gehalten hätte, will die Kammer wissen? »Wir wissen von Erhängungen, dass nach eineinhalb bis zwei Minuten noch problemlos reanimiert werden kann«, erklärt die Rechtsmedizinerin. Irreversible Hirnschäden treten erst nach drei, vier Minuten auf, der Hirntod nach acht bis zehn Minuten, bei »absoluter Kompression ohne Unterbrechung«. Das sind die Minimalzeiten. Die Rechtsmediziner haben keinen »wesentlichen Überrollungsvorgang« gesehen.

Der verkehrstechnische Sachverständige erläutert ausführlich die Spurenlage, auch anhand von Fotos. Noch im Kreisel fanden sich »Nieten einer Hose, der Karabinerhaken« einer Handtasche und eine Daunenfeder. »Auf der Strecke bis zum Auto immer wieder Daunenfedern.« Zu der stärker werdenden Spur mit Daunenfedern aus Katrins Jacke kommen »Flüssigkeitsspuren mit organischen Anhaftungen«. Diese Spur »begann schmal und wurde immer stärker bis zu Endstellung« des Wagens.

Im Gegensatz zu der Rechtsmedizinerin ist er sich sicher, »die Position«, die Katrin »eingenommen hat, ist ohne ein Überrollen nicht möglich. Das Bein war über das Rad umgelegt, das ist nur zu erklären, wenn es überrollt und hochgezogen wird«, dabei sich »verklemmt«. Dies muss vom Fahrer bemerkt worden sein, doch es gibt »keine Möglichkeit. das zu ermessen«. Katrins Schreie, die lauten Rufe und das Winken der anderen Leute sind »im Auto hörbar, auch in der S-Klasse«. Der Boden des schweren Mercedes ist jedoch »mehrfach verkapselt, das

279-PS-Fahrzeug« hat wahrscheinlich nicht mal »spürbar an Zugkraft verloren« durch das Mitschleifen. Darunter »ist nicht viel Platz. Man mag es sich nicht vorstellen.« Es könne gleichwohl sein, dass der Fahrer erst beim Lenken »in einer scharfen Kurve« bemerkt habe, dass an einem Rad etwas klemmte. Das war auch der Grund, den Pascal dafür angegeben hatte, endlich doch angehalten zu haben. So ein Fall, »dass ein Körper über so eine lange Strecke mitgeschleift wird«, ist in Kollegenkreisen niemandem bekannt gewesen, führt der Sachverständige aus, er habe alle DEKRA-Standorte in Deutschland angeschrieben, »keiner kannte so einen Fall«.

Der psychiatrische Sachverständige soll ein Gutachten über Pascal erstellen. Und er soll das Unbegreifliche erklären. »Er gehört zu den Menschen, die man als normal klassifizieren kann und muss«, beginnt der Psychiater seine Ausführungen in der Hauptverhandlung. Er hat alle möglichen Tests mit Pascal durchgeführt und bescheinigt ihm allenfalls eine »leicht erhöhte Hysterieskala«. Keine Persönlichkeitsstörung. »Die Auswertung der Tests ergibt Oberflächlichkeit und Unreife«, aber »volle Einsicht« und »volle Steuerungsfähigkeit«. Markus atmet hörbar aus.

Das Motiv? Der Vorsitzende fragt den Psychiater nach dem Motiv. »Völlig unverständlich. Als Person und auch als Psychiater« sei ihm das völlig unverständlich, ist die Antwort.

Das Gericht verurteilt Pascal schlussendlich wegen »Körperverletzung mit Todesfolge« zu fünfeinhalb Jahren Haft. Den »Tötungsvorsatz« sieht die Kammer nicht erwiesen. Der Führerschein wird für vier Jahre eingezogen.

Besessenheit. Ein schönes deutsches Wort

Martin zieht sich seit seiner Jugend immer mehr zurück, von den Freunden, von der Welt da draußen, bis er fast mit niemandem mehr spricht, seine Tage allein in seinem Zimmer verbringt. Dort kreiert er auf dem Papier eine neue radikale Weltordnung und ergeht sich in Tötungsphantasien.

Ein Gesicht, als hätte man es zwischen zwei Händen zusammengedrückt; blass. Der Körper schmal, die langen dunkelblonden Locken zu einem Zopf gefasst, die Augen hinter einer dünnen Brille. Martin ist gerade vierzig geworden. So sieht er nicht aus, zehn, fünfzehn Jahre jünger eher. Wenig Sonne. Keine Drogen, keine Zigaretten, kein Alkohol, nicht einmal Kaffee.

Seit sechzehn Wochen lebt er in der Psychiatrie; davor fünf Monate in Untersuchungshaft; bis er die antrat, sein ganzes Leben bei seiner Mutter.

Die Staatsanwaltschaft klagt ihn an, versucht zu haben, »in drei Fällen heimtückisch einen Menschen zu töten, mittels eines hinterlistigen Überfalls, mittels einen gefährlichen Werkzeugs«. Die Anklagebehörde geht von »verminderter Schuldfähigkeit« aus, doch hält sie ihm vor, die Taten »bereits vor Monaten geplant« zu haben. Sie hat umfangreiche schriftlich festgehaltene Überlegungen zur Art und Weise der Ausführung der Morde und zur Beseitigung der Leichen bei ihm gefunden.

Martin ist an einem Januarmorgen mit einer Axt auf seine Schwester und seine Stiefmutter los, auf den Vater mit dem Messer. Zu den Taten möchte er sich nicht äußern. »Die Sache« solle der psychiatrische Sachverständige schildern. Das Buch »Der gehemmte Rebell: Struktur, Psychodynamik und Therapie von Menschen mit Zwangsstörungen« liegt vor dem.

»Und zur Person? Was wollen Sie uns denn sagen zur Person?«, fragt der Vorsitzende Richter.

Mit einer porösen Stimme, die ihren Sitz im Nacken zu haben scheint, erzählt Martin davon, wie er sich in der Oberschulzeit immer mehr zum Einzelgänger entwickelt hatte. »Später an der Universität hab' ich gar keinen Anschluss mehr bekommen«, »relativ isoliert« sei er da gewesen. Philosophie im Hauptfach, Geschichte und Germanistik als Nebenfächer studierte er, zehn Jahre, ohne je einen Abschluss zu machen. Der Vater finanzierte das mit achthundert DM im Monat, bei freier Kost und Logis bei der Mutter. Büchergeld gab es extra. Vor zwölf Jahren starb die Großmutter mütterlicherseits, die »stand mir extrem nahe. Da wurde es deutlich stiller und einsamer.« Als einzige Kontaktpersonen außer seiner Mutter und deren Lebensgefährten blieben ihm die andere Großmutter und deren Schwester. Jede Woche traf er die alten Damen, bis beide vor zwei Jahren starben.

Er verbringt seine Tage, seine Jahre allein in seinem Zimmer, wach des Nachts, am Tage schlafend. Schreibt, grübelt, wechselt ab und an ein paar Worte mit der Mutter, wenn man sich zwischen Tag und Nacht begegnet. Entwickelt krude Pläne für eine neue Weltordnung, alles schriftlich festgehalten, errichtet in Gedanken eine nationalistische Diktatur. Beklagt sich über seine Abstammung, »Halbbalkanese zu sein hätte auch nicht sein müssen.« Dazwischen die Mordphantasien zur Beseitigung seiner Familie und Todes- und Straflisten öffentlicher Personen. »Man sollte immer ein tiefes Loch im Wald parat haben«, diskutiert Martin mit sich die zu erwartenden Aufräumschwierigkeiten nach geglückten Morden. Ob er auch mal daran gedacht habe, arbeiten zu gehen, will der Vorsitzende wissen. Das sei ja schwierig für ihn, so unter Menschen zu sein, antwortet Martin. »Ich kann auch nicht sagen, dass großer Druck auf mich ausgeübt wurde«, für den Lebensunterhalt zu sorgen. Aber er sei auch bedürfnislos.

Niemand bemerkt, dass sein Geist über die Jahre immer tiefer in einen finstren Wald spaziert, bis er so tief ins Dickicht gerät, dass kein Weg zurück mehr zu finden ist.

Nach dem Tod der zweiten Großmutter sucht er einmal im Monat noch das Haus auf, in das seine Großmutter eingezogen war, nachdem seine Eltern sich getrennt hatten. Es ist das Haus, in dem er aufgewachsen ist. Der Vater hatte wieder geheiratet und in dieser neuen Ehe vor zwanzig Jahren noch eine Tochter bekommen, Charlotte. Im Haus der Großmutter trafen sie sich immer. Martin spielte gerne mit dem Mädchen, als es klein war. Mit seinem alten Spielzeug errichtet er ganze Welten für sie. Er vermacht ihr dabei immer wieder eine Figur. Bis vor sechs Jahren besuchte er Charlotte und seinen Vater auch regelmäßig in deren Zuhause. Charlottes Mutter lässt die beiden nicht allein miteinander.

In Kisten verpackt, hat er im Keller des Hauses seiner Kindheit die Dinge gesammelt, die sein Leben sind. Ausgaben der F.A.Z. seit den Achtzigern, Papierfalter, die Star Wars- und Playmobil-Figuren, die Legosteine, die Matchbox-Autos. Er sammelt seine Fingernägel und Haare. Seine gesamten Schulhefte seit der ersten Klasse – »Die sind einzigartig, das wäre so schade. Ich glaube, ich habe alle meine Schulsachen von der ersten bis zur dreizehnten Klasse, da fehlt kein einziges Heft. Wer hat das schon? Das ist etwas Ideelles, was einen hohen Wert hat. Es beruhigt mich. Wenn es weg wäre, würde mir etwas fehlen. Eine Leerstelle.« Auch sein Zimmer in der Wohnung seiner Mutter ist vollgestellt mit Kisten, in denen er Dinge aufbewahrt. Es gibt nur noch einen schmalen Durchgang zum Bett, etwa fünfzig Zentimeter, beschreibt es ein Polizeibeamter. »Ich hab' in meinem Zimmer auch Stapel mit Notizen aus den letzten zwanzig Jahren. Davon kann ich mich auch nicht trennen. Meine eigenen Gedanken wegzuschmeißen würde mir extrem schwerfallen.« Die Vertreterin der Staatsanwaltschaft fragte ihn nach seinen »Ticks, auch seinem Aufschreibzwang«. »Den hab' ich immer noch. Es fehlt mir, wenn ich es nicht mache. Es beruhigt mich.« Auch in der Verhandlung schreibt er permanent. »Die Zeit vergeht sowieso so schnell noch sinnloser, wenn ich nichts aufschreibe. Die Gedanken sind weg, wenn ich sie nicht aufschreibe.« Die Verfahrensbeteiligten tauschen unentschiedene Blicke, der Verteidiger lächelt ratlos. »Die störendsten Ticks sind in den letzten zehn Jahren zurückgegangen. Ich hab' immer versucht, die Zwangsstörungen zu verbergen. Jetzt muss ich darüber reden, zwangsweise, das fällt mir schwer.«

Was er im Gutachten über sich gelesen habe, »da kann ich schon einiges nachvollziehen. Zwangsstörungen kann man sicher nicht abstreiten.« »Am liebsten würde ich aus dem Haus meiner Kindheit ein Museum machen. Die Haare und die Nägel hätten als Exponate beispielhaft dazwischen stehen können.« – »Hygiene«, greift der Vorsitzende auf, »das ist ja ein Stichwort. Der Hygienefimmel.«

»Wenn ich etwas esse, putze ich mir die Zähne.«

»Bis zu zwei Stunden?«

»Wenn Sie das jetzt so sagen, hört sich das seltsam an, aber die Zeit vergeht wie im Flug.«

Ob er der Kammer etwas zu seiner Weltanschauung sagen möchte? Martin schiebt seine Brille hoch, legt seinen Kopf leicht lächelnd zur Seite. In diesem kurzsichtigen Lächeln, das freundlich wirken soll, liegt der Hochmut verborgen. Es hat keine Spur Verrücktheit. »Ich weiß nicht, was ich sagen soll. Ich will hier auch keinen schlechten Eindruck erwecken«, wehrt er die Frage ab. »Ach Gott, schlechter Eindruck«, wirft der Vorsitzende auf seine launige Art hin und schaut in die Runde.

»Entgegen Ihrer skrupulösen Freundlichkeit, die Sie im persönlichen Gespräch haben, finden sich in Ihren Notizen drastische Ausdrücke, die man Ihnen so gar nicht zutrauen würde«, übernimmt der Psychiater die Befragung. Ein »Ventil« sei das, antwortet Martin. »Wenn ich zu mir selber spreche, muss ich ja kein Blatt vor den Mund nehmen.« Und »harte Ausdrücke sind ja selten. Ein Promille höchstens. Wenn man ein philosophisches Problem bedenkt, da darf es ja keine Denkverbote geben.« – »Aber *beschissen dumm* über die Großmutter?«, fragt der Sachverständige nach. Das habe er bestimmt nur geschrieben, weil etwas aus seiner Sammlung gefehlt hat, die Großmutter etwas von seinen Sachen entsorgt hatte. »Zu ihr hätte ich das niemals gesagt, das gehört sich nicht. Ich denke, das ist die Ausnahme. Andere Leute denken solche Sachen auch, aber schreiben die nicht auf, würde ich mal annehmen«, antwortet Martin mit einem leichten Schulterzucken.

Ob er jemals körperliche Auseinandersetzungen gehabt habe, will die Kammer wissen. Diese Frage sei ihm ein »Leichtes zu beantworten. Mit absoluter Sicherheit nicht. Weder hatte ich Aggressionen, noch wollte ich mich schmutzig machen. Da gibt es keine Blutspur, die sich durch meine Biographie zieht.«

Nun zieht sich eine Blutspur durch sein Leben.

Der Vater hatte sich am Telefon mit ihm verabredet. Er hatte Martin erzählt, dass die Familie überlege, Charlotte in das leerstehende Haus mit seinen Kisten im Keller einziehen zu lassen, wenn sie ihr Studium in der Stadt beginnt. Man wolle nun gemeinsam nach dem Rechten sehen, danach essen gehen und in eine Ausstellung. Er könne doch gerne mitkommen? Als der Vater das Haus aufschließt, steht sein Sohn hinter der Tür. Der Vater will ihn umarmen, Martin dreht sich weg.

Charlotte und ihre Mutter nehmen im Entrée auf dem Sofa Platz. Sie plaudern. Martin steht »mit verschränkten Armen« am Treppengeländer, will sich nicht setzen, »ist extrem angespannt«, so der Vater. Der muss ein berufliches Telefonat führen, läuft dazu in den hinteren Flur, sein Sohn beobachtet ihn, das fällt der Stiefmutter auf. Die will Charlotte, bevor sie wieder aufbrechen, noch schnell etwas zeigen und geht mit ihr in die kleine Gästetoilette. Die Mutter steht vor der Tochter, da trifft Charlotte ein Hieb auf den Kopf, und sie verliert das Bewusstsein. Als sie wieder zu sich kommt, verriegelt sie intuitiv die Tür. »Ein ekliges Gefühl, als würden meine Glieder sich schütteln«, beherrscht sie. Martin »hat versucht, uns umzubringen«, sagt sie zu ihrer Mutter. Charlotte ist sofort klar, dass ihr Bruder sie angegriffen hat. Von außen wird an der Tür gezogen, »mit ziemlich starker Gewalt«. Der Vater, von Martin mit den Worten »Bitte, komm schnell. Da ist etwas passiert« zur Toilette gelockt, versucht, die Tür zu öffnen. Da trifft ihn ein Messer von hinten rechts fünfzehn Zentimeter in den Hals, »senkrecht in die Tiefe«, so die behandelnde Ärztin. »Instinktiv« war der Vater in die Knie gegangen, der Stichkanal führt durch kein Gefäß.

»Dann hab' ich gehört, wie mein Vater sagte: *Warum tust du das?*« und wie Martin antwortet, »laut und klar: es musste so sein«, berichtet Charlotte. »Ich hatte unglaubliche Angst, dass meinem Vater etwas passiert. Wir müssen ihm helfen«, holt sie ihre benommene Mutter hoch und öffnet vorsichtig die Toilettentür. Im Flur davor ringt der Vater stumm mit seinem Sohn um das Messer in dessen Hand. Charlotte springt von hinten auf Martins Rücken, umklammert seine Arme, versucht, ihn so festzuhalten. »Ist mir komischerweise auch gelungen.« Martin verliert das Messer, nachdem es vorher Vater und Schwester noch am Kinn getroffen hat. Charlotte ruft ihrer Mutter zu, schnell das Messer wegzuschaffen. Dann stürzen sich Vater und Stiefmutter auf den Sohn, der tritt seiner Schwester noch dreimal in den Bauch, dann halten die Eltern ihn mit vereinten Kräften auf den Boden gedrückt. Charlotte rennt auf die Straße um Hilfe. Sie läuft vor ein Auto und stoppt es. Der Fahrer fängt Martin, der sich aus der Umklammerung lösen konnte, und alarmiert den Notruf. Ein Müllwagen kann wegen des auf der Straße parkenden Autos nicht passieren. Die Männer kommen dazu und halten Martin vor dem Haus fest, bis die Polizei eintrifft. Charlotte gibt ihm im Adrenalinrausch ihres Überlebenskampfes die drei Tritte zurück. Erst jetzt bemerken die Frauen, dass ihre Schädel bluten. Charlotte hat ein Hieb mit einer Axt am Hinterkopf getroffen, ohne bis zur Hirnhaut vorzudringen. Sie hat eine »vier Zentimeter klaffende Wunde mit einer knöchernen Verletzung«. Ihre Mutter wurde an der linken Seite von zwei Hieben getroffen. Die Axt durchtrennte einen Teil der Kaumuskulatur und verursacht »eine Frakturlinie bis zum Felsenbein«, es kommt zu Einblutungen ins Gehirn. Sie hört seitdem auf der Seite, wo die Hiebe sie trafen, nicht mehr.

Im Streifenwagen wirkt Martin »apathisch«, fragt nach seiner Brille und gibt an, sich an nichts zu erinnern. Die Polizisten können sich über ihn »kein eindeutiges Urteil bilden, ob er etwas vormacht oder nicht«. Unbemerkt gelingt es Martin, seine schmalen Hände aus der Fesselung im Rücken zu befreien. Beim Aussteigen gelangt er an die Dienstwaffe eines Polizisten. Die Beamten können jedoch »seine Widerstandshandlung«, wie sie es nennen, brechen und ihn entwaffnen.

Charlotte ist die Erste aus der Familie, die vor Gericht aussagt. Sie spricht mit leiser, ausdrucksvoller Stimme, auf der etwas Heiserkeit liegt. Sie ist von ebenso zarter Gestalt wie ihr Bruder, auch ihre Haare ähneln sich. Aber ihre grün-blauen Augen sind dunkler und lebendig. Die Gesichter der Geschwister ähneln sich und unterscheiden sich doch vollkommen in ihrer Ausstrahlung. Wie Schmetterlinge fliegen Charlottes schmale Hände mit dem Silberschmuck um die Lehne des Zeugenstuhls. Sie studiert inzwischen, Kunstgeschichte und Soziologie. Mit permanenten Kopfschmerzen seit der Tat, Verfolgungsängsten, nächtlichen Albträumen, in denen sie der Bruder heimsucht.

Der Staatsanwalt befragt sie. Dass »irgendetwas anders ist bei ihm«, habe sie sich schon gedacht. »Kein Job, keine Freunde, mit vierzig Jahren noch bei seiner Mama. Da war nicht viel Substanz in seinem Leben, aber das ist nur meine Schlussfolgerung.«

»Wenn ich Ihnen jetzt sage, dass er die Spielzeugfiguren gerne wiederhaben wollte, überrascht Sie das?« Stille. »Ja.« Sie weint lautlos. Dreht ihren Kopf zu ihm. »Warum hast du nichts gesagt?«, flüstert sie. Er lächelt. »Ich hätte sie dir gerne wiedergegeben.« Er nickt.

Charlotte sieht ihren Bruder heute zum ersten Mal wieder. Eigentlich hatte sie ihn besuchen wollen. Nachdem sie die Akte gelesen hatte, jedoch nicht mehr. An die kam sie, weil ihre Mutter als Nebenklägerin auftritt und ihre Tochter darin lesen ließ. »Rechtlich problematisch« als Zeugin, wie der Richter in die Runde wirft. Der Verteidiger wendet sich an Charlotte. Er möchte zunächst vorausschicken, dass »die Tat nicht zu verteidigen ist«. »Danke«, antwortet sie, ihre Stimme wieder im Griff. Was genau sie bewogen habe, von einem Besuch Abstand zu nehmen, will der Strafverteidiger wissen. »Zu lesen, wie jemand, der mit mir verwandt ist, überlegt, wie er meinen Körper zerlegt, hat mich dazu gebracht«, antwortet sie. Keine Wut, kein Hass, keine Kälte in ihrer Stimme, nur Unglauben und heisere Melancholie. Der Anwalt nickt. Er hat keine weiteren Fragen. Martin hebt den Blick zu ihr: »Ich wollte dir niemals weh tun. Ich kann kaum glauben, was passiert ist.«

»Kannst du dich nicht erinnern?«

»Kaum.« Er senkt den Blick, verzieht bedauernd den Mund, wie schlechte Schauspieler in einem billigen Fernsehspiel.

»Warum wolltest du uns weg haben?«, fragt sie mit leiser Stimme. »Kann ich dir nicht erklären.«

Die Schwester wird aus dem Zeugenstand entlassen; sie bleibt im Saal.

Die Stiefmutter wird als Nächste aufgerufen. Sie ist von Beruf Psychotherapeutin. Nicht nur ihre Schilderung des Ereignisses, ihr Blick auf die Familie »von außen«, wie der Richter sagt, interessiert die Kammer daher besonders. »In Watte« hätten ihn alle gepackt. »Alle haben sich bei mir beschwert, aber keiner hat ihm Contra gegeben … Ich habe sehr früh meinem Mann erzählt, dass dieser Mensch Probleme kriegt.« Wie es ihr gehe mit dem Geschehnis? »Ich bin wütend, dass das passieren musste. Vor allem, dass meine Tochter in ihrem jungen Alter das erleben musste. Ich habe immer allen in der Familie gesagt, dass er psychische Probleme hat. Dazu musste man kein Experte sein.« Der Staatsanwalt möchte von ihr wissen, ob sie über den Anlass, das Motiv nachgedacht habe. Dass ihre Tochter »ihm gesagt hat, dass sie in das Haus einzieht zum Studium, ein paar Tage vorher. Was sein Zuhause war mit Mutter und Vater.« Die Tante hatte ihm mal gesagt, dass er das Haus erben wird.

Eine »Verflachung seiner Persönlichkeit« habe sie in den letzten Jahren bemerkt. »Seine Persönlichkeit war nicht präsent.« Sie arbeite als Therapeutin auch mit Farben, ihn aber »habe ich nie in Farbe gesehen«.

Ihr Stiefsohn wendet sich an sie, er möchte sich dafür entschuldigen, »Schmerz und Leid in die Familie gebracht« zu haben. Eine Pause entsteht, ihre Blicke messen sich. »Ich kann dir das nicht abkaufen«, antwortet die Frau schließlich. »Ich auch nicht«, wirft die Schwester ein. »Ich halte dich für zu intelligent, dass du Menschen manipulierst«, fügt Martins Stiefmutter hinzu.

Der Auftritt von Martins Mutter ist kurz. Mit zitternder Stimme verweigert sie die Aussage und darf den Saal wieder verlassen.

Am dritten Tag ist der Vater geladen. Ein zarter Mann mit Brille, von ihm haben seine Kinder ihre schmale Statur. Er strahlt Sorgfalt und Disziplin aus. Und tiefe Trauer. »Es gibt sicher angenehmere Situationen«, bedankt sich der Vorsitzende für sein Kommen. »Eindeutig ja«, antwortet der, hochkonzentriert, mit feinem bulgarischen Akzent, der beinah nur in den Vokalen schwingt; überaus genau die Konsonanten artikulierend, das »R« rollt leicht daher. Er ist Maschinenbauingenieur, 67 Jahre alt und übt seinen Beruf als Projektentwickler immer noch aus. Seit dem Geschehen arbeite er »noch mehr als früher«, hatte seine Frau gesagt, Geschäftsreisen führen ihn jede Woche ins Ausland. Vor sich hat er einen Schreibblock gelegt, einen Kugelschreiber hält er in der rechten Hand. Er schildert seine erste, »aus meiner Sicht eine durchschnittliche westdeutsche Ehe« und das Heranwachsen seines Sohnes: »eine angenehme, friedliche, zufriedene Kindheit«. Der Vater hat ein Fotoalbum dabei; er möchte, dass die Kammer sich die Fotos ansieht. »Ich habe mich um alles gekümmert bis auf das Kochen«, »überdurchschnittlich gekümmert, aus meiner Sicht.« Er sei »pedantisch, lege Wert auf Ordnung und Sauberkeit«, doch Kindern und Jugendlichen gegenüber sei er »überdurchschnittlich tolerant«. »Vielleicht zu tolerant, zu lasch, kann man so sehen … Kritik kann man immer finden, optimal ist nichts.« Es gibt keine Antworten auf die Fragen, die er sich stellt. Im Alter »von sechzehn bis achtzehn« habe Martin sich leider anders entwickelt als andere Jugendliche. Bis dahin hatte er auch »guten Kontakt zu anderen Kindern. Eindeutig genug« Freunde. »Fast jeden Tag sah er sich mit …«, der Vater zählt Namen von Martins Freunden auf. Der lächelt an dieser Stelle.

Was denke er über die Tat, will der Vorsitzende wissen. Eine Pause entsteht. »Erschreckend? Überraschend? Ich empfinde Mitleid mit ihm.« Die Anstrengung, sich präzise und verständlich auszudrücken, gibt dem Vater Rüstung, um von dem Unfassbaren nicht weggerissen zu werden. Er geht in Gedanken zurück. »Was machst du denn, hab' ich gesagt. *Es muss sein*«, antwortete sein Sohn. »Punkt. Ausrufezeichen! Ausrufezeichen? … Ich war im Schock, ich war paralysiert. Mehr kann ich dazu nicht sagen.«

Der Verteidiger: »Was ich menschlich bemerkenswert finde, ist, dass Sie Mitleid haben mit dem Täter-Sohn. Warum?« Die Frage lockert ein Scharnier. »Weil ich ein Mensch bin.« Aus der Rüstung quellen Tränen. »Er ist mein Sohn.« Mit einem gebügelten Stofftaschentuch trocknet er sein Gesicht. Alles schweigt.

»Es gibt keine Grundlage für die Tat. Unzurechnungsfähigkeit. Genetisch.« In der Familie seiner ersten Frau gab es »psychische Probleme«, das muss es sein. Aus den Augen seines Sohnes habe in diesem Moment »Besessenheit« gestrahlt. »Besessenheit. Ein schönes deutsches Wort.« Ein tiefes Seufzen liegt unter dem Satz.

Er ringt um Stimme und Haltung. »Wir wissen, was in den letzten Jahren auf der Welt passiert ist. Das ist der Beweis, dass der Mensch kein hundertprozentig gelungenes Wesen ist.«

Mit dem Sohn hat er seit der Tat keinen Kontakt. »Durch die Ereignisse habe ich beschlossen, das Haus zu verkaufen.« Ob sein Sohn einmal sagte, dass er in das Haus einziehen wolle, will der Vorsitzende wissen.

»Eindeutig nein.«

Ob die Kisten eine Rolle gespielt haben?

»Eindeutig nein.«

Ob er in den letzten zehn Jahren mal das Zimmer des Sohnes gesehen habe?

»Nein.«

Ob er Hass auf sich gespürt habe?

»Nein. Eindeutig nein.«

Auch der Sachverständige möchte vom Vater wissen, ob der

Sohn jemals »negative Gedanken« ihm gegenüber geäußert hat. In dessen Aufzeichnungen findet sich unter tausend anderen auch die Notiz: »*Du dummes Arschloch* war das Letzte, was ich zu ihm sagte, und dann habe ich den Hörer aufgeknallt.« – »Eindeutig nein. Das ist eine Phantasie oder Wunschdenken, wie man sagen kann.«

Sechsmal zwei Terabyte Word-Dateien, getippt in einen Commodore Amiga, beschlagnahmten die Ermittler in Martins Zimmer. »Eine Datenmenge, die nicht zu bezwingen ist.« Von den Festplatten, festverbauten und losen USB-Sticks wird nur eine Auswahl ausgewertet. »Er mischt Alltägliches mit tatrelevanten Dingen«, führt die Beamtin vom Landeskriminalamt aus. Einiges wird auszugsweise verlesen. Der Vater, der nun neben seiner Frau Platz genommen hat, hört, wie sein Sohn in seinen Aufzeichnungen ihm Tod und langes Leiden davor wünscht. »Wegen dem ganzen Rumgegrübel. Dass er mir das antut, alleine dafür hasse ich ihn.«

Zu zwölf Jahren Haft verurteilt die Kammer Martin, der »einem Schläfer gleich außerhalb der Öffentlichkeit« gelebt habe.

Vor Haftantritt soll versucht werden, ihn zu therapieren, er bleibt daher eingewiesen.

Tu sei la vita mia

Annunziata, du bist mein Leben, hatte sich Ruggiero auf den Arm tätowieren lassen. Nun ist es vorbei mit der Liebe zwischen den beiden, und deshalb soll auch das Tatoo verschwinden. Die Kosten der Entfernung hat Annunziata zu übernehmen, findet Ruggiero.

Annunziata, tu sei la vita mia« hatte sich Ruggiero auf den linken Unterarm tätowieren lassen. Auf dem rechten standen schon die Namen seiner drei Söhne. Und auf dem Rücken trägt er den seiner vor vier Jahren verstorbenen Frau. Nun ist Annunziata nicht mehr sein Leben. Deshalb soll das Tatoo verschwinden. Wer weiß, vielleicht wird auch der Platz gebraucht. Außerdem, jeden Tag, wenn er sich kämmt vor dem Spiegel, muss er lesen, dass Annunziata sein Leben sei, obwohl sie es doch nicht mehr sein will. Dafür soll Annunziata bezahlen. Für die Entfernung ihres Namens von seinem Körper zumindest. Und auch noch für die Reparatur seines »Telefoninos«, dass sie in einem ihrer Wutanfälle hinuntergeworfen hat. Es gibt ein Schreiben merkwürdig formulierten Inhalts, das dem Schöffengericht vorliegt. »Ich habe heute das Handy beschädigt. Ich möchte für die Kosten aufkommen« und: »Ich, Annunziata Forza, übernehme die gesamten Kosten für die Entfernung des Tatoos. Ich möchte, dass Herr Stretto mir das unterschreibt«, heißt es darin. Ruggiero hat mit diesem Schriftstück Klage auf Zahlung beim Amtsgericht eingereicht. 3233 Euro und 46 Cent möchte er von Annunziata für die Reparaturen an Haut und Handy. Annunziata hat ihn wiederum daraufhin anzeigt. Er ist nun angeklagt wegen Körperverletzung in Tateinheit mit Bedrohung und Erpressung. Das wird heute im Amtsgericht verhandelt. Dieses »Tateinheit« soll nicht bedeuten, dass nur die Erpressung und Bedrohung mit einer Körperverletzung verbunden war. Körperverletzungen scheint es einige gegeben zu haben.

Ruggiero, 47 Jahre alt, italienischer Staatsbürger. Lebt von »bisschen Rente, bisschen Hausmeisterarbeit«. Er hat drei Söhne, 26, 22 und zehn Jahre alt, und war 27 Jahre verheiratet. Ein graumelierter gelockter Benetton-Mann in lässigem italienischen Freizeitchic. Temperament in Stimme und Gestik.

Annunziata sitzt ihm im Gerichtssaal als Nebenklägerin gegenüber, neben sich ihre Anwältin, am Tisch der Staatsanwaltschaft.

Als Angeklagter darf Ruggiero als Erster seine Version der Geschehnisse vortragen, »sich einlassen«, wie es vor Gericht heißt, wenn er will. Er will. Zum Glück sind sie ja nun »sehr endgültig auseinander. Weil, ich habe eine neue Liebe gefunden, Gott sei Dank!« Dreimal klopft er auf den Tisch.

»Liebst du mich nicht«, habe Annunziata zu ihm gesagt, weil er doch den Namen seiner Ehefrau auf dem Rücken trug. Was mit ihrem Namen sei? Sie also habe darauf bestanden, dass auch ihr Name auf ihm zu lesen ist. Seine »Verliebung war am Anfang nicht. Kam später. Sie hat immer vermutet, dass ich andere Frauen hab. Stimmt auch. Hatte ich auch. Ich wusste nicht, welche Straße ich gehen soll.« Fast zwei Jahre waren sie zusammen. »Streite wegen Eifersüchtigkeit« gab es, »aber die Liebe war auch da«. Sehr sogar. Dann war sie irgendwann weg. »Du bist es nicht wert, meinen Namen zu tragen«, habe sie nach der Trennung getobt und von ihm verlangt, die Tätowierung wieder zu entfernen. Sie würde das sogar bezahlen! Das gab sie ihm sogar schriftlich. »Freiwillig, mit seine Hände hatte sie geschrieben!«, dass sie die Kosten der Tatooentfernung bezahlt und auch die Reparatur seines Mobiltelefons, das im Streit zu Boden gegangen war. Sie hatte an dem Tag seinem Sohn bei Bewerbungsschreiben geholfen. »Weil sie vermutet hat, dass ich andere Frauen hätte, hat sie das Telefon genommen und dann auf den Boden geschmissen.« Der zweite Streit, da kam er zu spät zu ihr zum Essen, deshalb hat sie gewütet, »Da heißt es gleich wieder, *du liebst mich nicht.*« Geschlagen habe er sie nicht. Woher dann ihre Hämatome stammen, von denen es Fotos gibt, will die Richterin wissen. »Wo sie sich weh getan hat, das war viel später. Bei seine Treppe« ist sie nämlich gefallen. Ihre blauen Flecken sind einfach zu erklären: »Sie hat eine empfindliche Haut, sie wird sofort blau.« Und sowieso, »nach diesem zweiten Streit waren wir noch zusammen in der Türkei im Urlaub«, der Streit kann also gar nicht so heftig gewesen sein. Ihr Vater war mit in dem Urlaub, und der »war der Meinung, das ist eine Sache zwischen euch, was nicht läuft«. Ihr Vater habe Annunziata beeinflusst. Aber sowieso, sie seien ganz verschieden, »ich komme von eine Linie – 27 Jahre verheiratet und drei Kinder«, mit denen er zusammenlebt, während sie allein, ohne ihre Kinder leben würde. Das sage doch schon alles.

Ruggieros Verteidiger kommentiert die unsortierte »Einlassung« seines Mandanten mit »Er hat das schön geschildert« und hält sich seinen sehr dicken Bauch.

Die Richterin fragt in Richtung der beiden Herren, ob man die Klage in dem Zivilprozess nicht zurückziehen wolle. Diese Schuldanerkennungsgeschichte. »Sie hat mich jetzt beschuldigt, das find ich blöd. Das ist nicht korrekt von seine Seite«, antwortet Ruggiero. L'aspetto, die Meinung, ist männlich im Italienischen.

Annunziata, 48 Jahre alt, deutsche und italienische Staatsbürgerin, wechselt von ihrem Platz neben der Staatsanwaltschaft auf den Zeugenstuhl. Sie arbeitetet als Passagierbetreuerin auf dem Flughafen. Drei Kinder, geschieden. Schick und schön in Schwarz. Weiße Haut, sorgfältig auf italienische Art geschminkt, lange rotbraune Haare. Eine ruhige, entspannte tiefe Frauenstimme, deren Tonfall gleichmäßig dahinfließt. Ihr Vater und ihre beste Freundin sitzen im Zuschauersaal.

Im Juni hatten sie und Ruggiero sich »via Internet« kennengelernt, im November zwei Jahre später war alles zu Ende. »Die Beziehung war sehr schnell nicht schön, aber ich habe ihn doch sehr geliebt. Sehr oft gestritten« haben sie. »Er ist ein sehr lauter, aggressiver Mensch.« Im Sommer hatten sie wieder Streit. Nachts stand er dann vor ihrer Tür und machte so lange Krach, bis sie ihn reinließ. So ging das wochenlang hin und her. »Das Handy ist runtergefallen, als er mich geschlagen hat.« Dann eines Tages kam es zu der Szene, in der er von ihr verlangt habe, dieses Schuldanerkenntnis zu schreiben. »Es ist nicht mein Körper. Wenn man eine Tätowierung macht, dann weiß man, dass einen das irgendwann stören kann. Wenn du so blöd bist, dir eine Tätowierung zu machen, dann mach sie auch weg, wenn sie dir nicht gefällt«, habe sie zu ihm gesagt. Mit der flachen Hand habe er zugeschlagen und gesagt: »Ich werde nicht gehen. Ich schlag dich so lange, bis du mir das schreibst.« Außerdem waren sie allein an dem Tag, kein Kind, kein Sohn von ihm sei dabei gewesen. Auch sind sie danach nicht gemeinsam in den Urlaub gefahren. Allein mit ihrem Vater, der eine Ferienwohnung dort in der Türkei hat, habe sie sich erholen wollen. Plötzlich sei Ruggiero am Strand aufgetaucht. Ihr Vater und sie hätten sich ein Auto gemietet, um schnell fünfhundert Kilometer Abstand zur eigenen Ferienwohnung zu gewinnen, der gegenüber Ruggiero sich einquartiert hatte mit Blick in ihre Fenster.

Ob es nach dieser Geschichte mit dem Schreiben noch eine sexuelle Beziehung gab, fragt Ruggieros Verteidiger Annunziata. »Ja.« Der Anwalt hat »keine weiteren Fragen«. Warum sie die Sache mit der Erpressung nicht gleich angezeigt habe, will die Amtsrichterin wissen. »Weil ich dachte, ich kriege das alleine geregelt. Erst als im Januar der Brief von seinem Anwalt kam mit der Aufforderung zu zahlen. Wie kann das denn sein, war meine erste Reaktion.« Pause. »Darf ich noch etwas hinzufügen? Ich bin keine Treppe hinuntergefallen.«

Die Richterin: »Stimmt es, dass Sie so leicht blaue Flecken kriegen?«

»Ich habe keine blauen Flecken mehr bekommen, seit ich nicht mehr mit ihm zusammen bin«, antwortet Annunziata, ungerührt.

Sie wollte Abstand. Immer »wenn ich gesagt hab, ich möchte nicht, ich will das nicht mehr, hat das Stalking angefangen«. Vor der Arbeit um drei Uhr morgens stand er vor ihrer Tür, er kam nach der Arbeit zum Flughafen, sie abzupassen. Erst als sie ihn drei Monate nach der Trennung anzeigte, hörte das auf. Vor zwei Wochen hat sie eine neue »Wegweisung«, eine Kontaktsperre, erwirkt, um die Zeit bis zur Verhandlung Ruhe zu haben.

Für einen Moment herrscht Stille im Saal. Die Vorsitzende Richterin betrachtet Annunziata einen Moment, ihre Haltung hat sich leicht verschoben. Annunziata sitzt entspannt im Zeugenstuhl, und doch hat sich die Stimmung im Saal mit einem Mal geändert, als hätte jemand an einer Tonanlage an den Höhen gedreht.

Die Vorsitzende fragt Annunziata schließlich: »Ist es das erste Mal, dass Sie vor Gericht sind?« Annunziatas Stimme ändert ihren Tonfall nicht, sie hat die Frage erwartet. Ohne Zögern, sehr ruhig berichtet sie: »Ich habe sechzehn Jahre in Amerika gelebt.« 1994 war sie mit der Familie dahin gezogen, sie war schwanger mit dem dritten Kind. Bei der Schwangerschaftsgymnastik lernte sie eine Frau kennen, die vier Monate zuvor entbunden hatte. Diese war irgendwann mit der Krippe ihrer kleinen Tochter unzufrieden, und da habe sie dieser Frau angeboten, auf das Kind aufzupassen. Ein Jahr lang tat sie das. Als das Kind achtzehn Monate alt war, fiel es hin und schlug mit dem Kopf auf. Zwei Tage später wurde es für hirntot erklärt. Annunziata wurde angeklagt. »Drei, vier, fünf Monate saß ich in Untersuchungshaft.« Danach konnte sie noch ein Jahr mit ihrer Familie verbringen. Die Anklagebehörde bot ihr einen Deal an, eine dreijährige Haftstrafe, das lehnte sie ab, denn sie fühlte sich nicht schuldig an dem Unglück. »In diesem Verfahren ging es um alles oder nichts.« Das Urteil des amerikanischen Gerichts lautete schließlich auf »unabsichtlichen Mord, zweiten Grades«. Sie bekam zehn Jahre. »Und hab die zehn Jahre auch abgesessen.« Wohlklingend und sicher fließt ihre Stimme dahin. Ihre Kinder blieben nach der Haft beim Vater; ihre Ehe, »achtzehn Jahre glücklich verheiratet gewesen«, hielt dem Gefängnis nicht stand.

Was die Beziehung mit Ruggiero betrifft: »Meine Kinder,

meine Freunde, mein Vater, es war mir schon peinlich mit all den Geschichten.« Wie es ihr gehe damit? »Ich schlaf nicht mehr, ich kann nicht mehr arbeiten«, ihre Gesundheit leide. »Diese Gewalt ist neu in meinem Leben.«

Ruggieros Verteidiger erhebt sich und verkündet: »Hohes Gericht, erlauben Sie mir, auf mein Plädoyer zu verzichten!«, und setzt sich gleich wieder.

Das Urteil des Schöffengerichts für Ruggiero lautet auf ein Jahr, neun Monate zur Bewährung. »Das hier ist keine Veranstaltung zur Aufarbeitung der ganzen Beziehung«, fügt die Vorsitzende am Ende ihrer Urteilsbegründung noch hinzu.

Ein Mensch ist tot, am Ende einer Nacht

Vural, Selçuk und Nick sitzen als Angeklagte vor dem Landgericht in einem fünf Monate dauernden Verfahren. Sie sollen sich für Schläge und Tritte gegen Amato und Robert verantworten.
Im Zuschauersaal sind viele Mitglieder des selbsterklärten Box-Clubs »Osmanen Frankfurt«, in deren Vorstand Vural ist. Der Präsident der Vereinigung, die nach dem Vorbild der Hells Angels aufgebaut ist, Arcakan, gibt als Zeuge einen bemerkenswerten Auftritt, genauso wie sein Kompagnon Shadrach al-Jabir.

Für Robert, Stefan und Amato gab es nicht mehr viele Gelegenheiten, zusammen zu sein, seit Robert in Dubai arbeitet. Jedes Wiedersehen der alten Freunde war deshalb ein Fest.

Endlich ergab sich wieder einmal die Möglichkeit, Robert kam zu Besuch nach Hause.

Die drei Freunde verabreden sich in einer Bar, gehen anschließend beim Griechen essen. Der Abend ist phantastisch. Oder wie Amato sagen würde, »sensationell«. Als das Restaurant schließt, wollen die drei sich noch nicht trennen. In der Nähe ist ein Club, da gehen sie hin.

In dem Laden wird an dem Abend dreijähriges Jubiläum gefeiert. Es ist übervoll. Mehr als 1200 Einladungen hat Mirza, der Betreiber, verschickt. Dazu kommt das Laufpublikum. In dieser Nacht feiern hier über 1500 Leute sich und das Leben.

Mirza steht am Eingang seines Clubs und begrüßt dort bis halb eins die geladenen Gäste persönlich. So auch Arcakan, der Türsteher war in dem überaus beliebten Club, den Mirza zuvor betrieb. Arcakan hatte sich, nachdem Mirzas Vorgängerclub schloss, irgendwann mit zwei Freunden selbständig gemacht und eine eigene Security-Firma gegründet, die Skor GmbH. Mirza hatte, bevor er seinen neuen Club aufmachte, gemeinsam mit seinen Ansprechpartnern bei der Polizei, »Ermittlungsgruppe Türsteher, Rocker etc.«, überlegt, welche Security-Firma für ihn empfehlenswert wäre. Engagiert wurde nach polizeilicher Beratung die Fabkom-Security.

Arcakan begibt sich nach einer Weile im Club wieder hoch zu den Türstehern. Mirza kümmert sich mittlerweile drinnen um seinen Star-DJ und läuft händeschüttelnd durch seine Diskothek.

Beim Türsteher erwirkt Arcakan, dass eine Gruppe seiner Leute in den Laden gelangt. Eine Gruppe von sechs, sieben Männern wird normalerweise nicht hineingelassen, doch Arcakan bedeutet dem Türsteher, dass das mit Mirza abgesprochen sei. Ihm wird der alten Verbundenheit wegen geglaubt, die Männer werden durchgewinkt. Es sind Mitglieder der »Osmanen Frankfurt«. Arcakan ist ihr Präsident.

Die »Osmanen« sind offiziell ein Box-Club und aufgebaut nach dem Vorbild der Hells Angels. Nur werden bei ihnen eher Mercedes und Porsche gefahren. Eigenen Angaben zufolge wurden sie 2011 in Dreieich gegründet und gingen im Frühjahr 2015 laut Polizei mit den übergeordneten »Osmanen Germania« auf Expansionskurs. Sie drängen ins lukrative Türstehergeschäft und gehen dabei »sehr schmerzfrei« vor, wie es in Polizeikreisen heißt. Inszenierte Schlägereien in Schutzgeldmanier sind dabei auch ein Mittel.

Als Robert, Amato und Stefan in dem Club eintreffen, ist Arcakan schon längst zu Hause. Seine Männer jedoch feiern noch dort.

Bei Robert, der sonst wenig Alkohol trinkt und nichts verträgt, entfalten in der Diskothek die genossenen Drinks irgendwann ihre volle Wirkung. Er torkelt hin und her und schwankt hilflos gegen verschiedene Leute. Amato versucht, ihn zu stützen. Beide sind total betrunken. Robert und Amato entschuldigen sich trotz ihres Zustands »sehr höflich« bei jedem, gegen den Robert taumelt. Sie suchen nur noch Stefan und wollen dann nach Hause. Leider taumelt Robert nun in die Gruppe der »Osmanen«. Die Herren fühlen sich dadurch von den beiden so belästigt, dass sie zuschlagen, anschließend noch treten. Robert wird dabei die Nase gebrochen. Er hat Glück.

Amato hat kein Glück.

Ihn trifft ein einziger Faustschlag am Auge, der den großen, durchtrainierten Mann glatt zu Boden streckt. Das Personal führt den blutüberströmten Robert hinaus zu den Stühlen eines Cafés gegenüber dem Eingang. Den leblosen Amato tragen vier Männer hinauf und legen ihn auf die Bistrotische dort. Die Rettung wird gerufen. Die Notärzte finden Amato ohne Herzschlag, ohne Atmung vor, die Pupillen weit und lichtstarr. Rein äußerlich ist nur ein blauer Fleck am Auge rechts zu sehen sowie eine Prellmarke über dem Becken. Noch im Rettungswagen wird dreimal versucht, Amato zu reanimieren, eine Stunde auch noch im Schockraum des Universitätsklinikums – obwohl den Neurochirurgen sofort klarwird, dass dem Patienten nicht mehr zu helfen ist.

Robert findet sich am nächsten Tag dank der Polizei in seinem Hotelzimmer wieder. Seine Nase war noch in der Nacht im Krankenhaus versorgt worden, er erwacht mit starken Schmerzen, auch im Rücken und an den Beinen.

Robert hat keine Erinnerung an das Geschehen. Auch nicht daran, wie er aus dem Club hinausgeführt wurde und neben seinem schon toten Freund auf den Rettungswagen wartete. Ein gemeinsamer Freund ruft ihn am Vormittag an. Er solle bitte sofort in die Universitätsklinik kommen, Amato gehe es sehr schlecht. Die Familie und Freunde sind dort schon versammelt. Drei Tage später werden bei Amato die Geräte abgestellt.

Dank Onlinemedien verbreitet sich die Nachricht, dass jemand in diesem Club tödlich verletzt wurde, noch am selben Morgen. Arcakan erfährt es bereits eine Stunde nach dem Geschehen. Bernd, Mirzas Geschäftsführer, ruft ihn im Morgengrauen an. Er sagt ihm, dass einer seiner Jungs jemanden totgeschlagen hat.

Das Personal hat die Männer als Mitglieder der »Osmanen« identifiziert. Unter ihnen sind Vural, Selçuk und Nick.

Durch die Hinweise von Personal und Gästen, die Kameraaufzeichnungen des Clubs, die Kooperation von Mirza und Bernd ist die Polizei den Tätern schon im Laufe des Tages auf der Spur und startet eine Telefonüberwachung. Die meisten Mitglieder der »Osmanen« sind schon in irgendeiner Weise polizeibekannt.

Am Nachmittag desselben Tages findet im Garten des Präsidenten Arcakan eine Grillparty statt. Welcher der beiden Männer tot ist, weiß dort noch keiner. »Zugeschlagen, dass die Pupillen weg waren« habe er, brüstet sich Selçuk dort. Jemanden »schlafen gelegt«, wie es in der Sprache dieser Männer heißt. Ja, wie sah der Mann denn aus, wird er gefragt. Der hatte ein weißes Oberteil an, sagt Selçuk. Das war Robert. Vural gibt zu, auch einmal geschlagen zu haben. Jemanden in Schwarz. Er kann nicht ins Gefängnis, wird auf der Grillparty besprochen. Seine Frau ist gestorben, sein Kind schwerkrank – und er ist im Vorstand der »Osmanen Frankfurt«. Reihum wird gefragt, wer die wenigsten Vorstrafen hat. Ob nicht ein anderer die Schuld auf sich nehmen könne?

Nick, kein Mitglied der Osmanen, verabredet sich mit seinen Freunden an einem Ort in einem nicht so schicken Viertel der Stadt, den die harten Jungs »Rosengärtchen« nennen, weil dort Wildrosen wuchern, und beschließt, sich zu stellen. Die Polizei verhaftet Vural, Selçuk und Nick allerdings noch am gleichen Tag. Abenteuerliche Geschichten von der Nacht bekommen die Beamten zu hören. Selçuk ist von dem Druck auf ihn durch die »Osmanen«, den Totschlag auf sich zu nehmen, der Tatsache überhaupt, dass ihre Feier mit einem Toten endete, so nachhaltig beeindruckt, dass er aus dem Club austritt. »Weil das einfach kein Box-Club ist.« Er redet mit den Kommissaren, als Einziger, redet und redet.

Mirza erhält wenige Tage nach dem Geschehnis von einem alten Bekannten, Shadrach al-Jabir, Kompagnon und Partner von Arcakan in dessen Security-Firma, eine E-Mail, in der ihm »ein neues Sicherheitskonzept ans Herz gelegt« wird. »Mir liegt was an dem Club, keine Ahnung, warum ich das mache«, steht darin, »ich will, dass es keine weiteren Vorfälle geben wird. Euer Konzept passt einfach nicht. Es gab mindestens fünf Auseinandersetzungen, von denen es vier nicht in die Zeitung geschafft haben, obwohl sie alle blutig waren. Die meisten Mitarbeiter verstehen nichts von Prävention.« Im Anhang findet sich der Entwurf eines Sicherheitskonzeptes. Mit dem Kommentar »Der hat sie nicht mehr alle« leitet Mirza die Mail an seine rechte Hand Bernd weiter. Auch aufgrund dieser Nachricht vermuten Polizei und Staatsanwaltschaft bis zur Eröffnung des Hauptverfahrens, die Tat sei inszeniert gewesen, um an das lukrative Geschäft an der Tür zu gelangen.

Mehr als anderthalb Jahre nach dem Geschehen beginnt die Verhandlung vor dem Landgericht.

»Extrem unpassend« empfand er die ungebetene Post, schildert Mirza vor Gericht. Er verkörpert das Bild des erfolgreichen, kreativen, unabhängigen Geschäftsmannes des Westens der Neuzeit perfekt. Weltläufig, hedonistisch, wie Gesicht und kleiner Bauch verraten, und diszipliniert arbeitend zugleich, auf dem Sprung, rastlos immer neue Ideen umsetzend. Seine Clubs und Bars könnten genauso gut in New York, Tel Aviv oder auf Sardinien laufen. Bei dem Geschäft möchten viele dabei sein. Für Mirza ist dieser Abend »eine Katastrophe«.

Er erteilt Shadrach al-Jabir nach Erhalt der E-Mail bei einem Treffen dauerhaftes Hausverbot, was dieser vor Gericht demonstrativ entspannt mit »nicht verstehe, aber gut« kommentiert. Schließlich habe er mindestens »dreimal dem Club aus der Patsche geholfen. Umsonst.« Aber um diese »drei Personen«, Mirza, Bernd und Fabian, den Fabkom-Chef, werde er sich »persönlich kümmern«, wegen »Falschaussage und Verleumdungen. Da werde ich vom Deutschen zum Libanesen.« Er sei überhaupt nur der Zeugenladung – der zweiten Aufforderung mit Strafandrohung – gefolgt, »weil ich als Deutscher das Recht achte«. Woher er denn wisse, was vor Gericht ausgesagt worden sei? Shadrach al-Jabir kommentiert lässig, dass »eine halbe Stunde später« alles bekannt sei, was im Gerichtssaal geäußert wurde. Ob er auch Mitglied der Osmanen sei, wird Shadrach al-Jabir gefragt. Er? Nein. Schon aus folgenden Gründen kann er das nicht sein, antwortet er maliziös: »Erstens mal bin Libanese, Araber. Das passt dann nicht. Und dann bin ich auch noch Deutscher.« Seine Mitgliedschaft ist aus Gründen der Herkunft quasi doppelt ausgeschlossen. Die drei Angeklagten hängen dem kleinen, dicken Mann, der betont lässig im Anzug auf dem Zeugenstuhl hängt, »Wollen wir chronologisch vorgehen, Frau Vorsitzende?«, bewundernd an den Lippen, während der Rest der Verfahrensbeteiligten das Lachen nur mühsam unterdrücken kann. Er boxe im Übrigen auch nicht, sagt der »international tätige Geschäftsmanager« mit dem fettfaltigen Nacken und dem raspelkurzen Undercut. Bernd bezeichnet ihn vor Gericht als »das denkende Gehirn der Jungs«. Und Bernd hatte ihn im Morgengrauen »aus dem Schlaf telefoniert«, weil er Acarkan zunächst nicht erreichen konnte. »Einer deiner Jungs hat einen getötet. So oder so ähnlich«, habe Bernd sich ausgedrückt. »Von den Gästen kannte ich bestimmt fünfhundert, deshalb fand ich das schon eine komische Aussage«, wirft Shadrach al-Jabir gutmütig der Kammer hin.

Den Unterschied zwischen ihnen und den »Osmanen Germania« kann der als Zeuge geladene »Präsident« der »Osmanen Frankfurt« aufklären. Sie, die Frankfurter, sind ein einfacher Box-Club. Der sich übrigens auch wohltätig engagiere. »Osmanen Germania« hingegen ist »der Fallobst, den ich aus meinem Club gekickt habe. Als die dicke Eier kriegten«, erläutert Acarkan mit ausgesuchter Freundlichkeit und maximaler Kooperationsbereitschaft dem Gericht. Er richtet sogar den Stuhl auf den jeweiligen Fragesteller aus. Die Namen seiner Mitglieder, Trainer und Vorstandsvorsitzenden freilich erinnert er nicht. Die Listen habe die Polizei mitgenommen. Er kann auch die Fragen nach der Mitgliedschaft der Angeklagten »leider« so nicht beantworten, entgegnet der 43 Jahre alte Mann im jovialen Tonfall eines gemütlichen Großvaters.

Es wird sich sowieso sehr viel nicht erinnert in diesem Verfahren vor Gericht. Ein Mensch ist tot am Ende einer Nacht, aber der Kammer wird weisgemacht, man habe sich nicht darüber unterhalten, das gehe einen ja nichts an, man wisse von nichts. »Neugierde interessiert mich nicht«, versteigt sich einer der Boxsportbetreiber in seiner Zeugenaussage.

»Die ganze Sequenz kann ich Ihnen nicht erzählen«, sagt Robert aus. Die, wie die Rechtsmediziner bei ihm feststellten, »mindestens zwei Schläge ins Gesicht« führten zu einer kurzen »Bewusstlosigkeit«, einem »Schädelhirntrauma«, das einen »retrograden Erinnerungsverlust« verursacht, bei dem »oft auch die Zeit kurz vorher« fehlt. Wenigstens zwei, drei Tritte hat Robert außerdem nachgewiesenermaßen abbekommen. »Sein Glück« ist es gewesen, dass er »nicht wie eine Bahnschranke fiel, sondern leicht gekrümmt«, erläutert der Rechtsmediziner, Professor Verhoff, vor Gericht. Zumal Robert auch noch mit dem Kopf auf einer Treppenstufe landete. »Die Male auf dem Rücken zeigen, dass er die Energie damit absorbiert hat.«

Amato hingegen erlitt »durch die massive stumpfe Gewalteinwirkung« einen »schnellen erheblichen Hirnschaden. Die diffusen flächenhaften Einblutungen« führten sofort zum Hirntod. »Ein Faustschlag. Einer, der tödlich war«, »erheblich«, »herausragend in der Intensität«, brachte den Vater einer sechzehnjährigen Tochter um sein Leben. »Der Sturz hat nichts dazu beigetragen«, »nichts« habe das Gehirn durch das Auftreffen des Kopfes auf den Boden »noch abbekommen«, führt Verhoff unmissverständlich aus.

»Amato hat den Raum gefüllt durch seine Ausstrahlung. Das war Amato. Ein Ausnahmemensch.« Roberts ruhige, wohlerzogene Stimme bricht ab. Er nimmt einen Schluck Wasser. »Unser großer Sonnenschein, haben wir immer gesagt. Ohne es zu wollen, hat er immer Leute um sich gehabt, die seine Nähe suchten. Gutmütig und fröhlich« war er. »Der Mittelpunkt. Man konnte sowohl tiefe Gespräche mit ihm führen als auch abschalten und entspannen.«

»Eine gewisse Unsicherheit im Leben ist geblieben«, antwortet Robert auf die Frage einer der Richterinnen. Und ein diffuses Schuldgefühl, wie sein Anwalt in seinem Plädoyer am Ende der Hauptverhandlung ausführen wird. Eine »gewisse Wut, Enttäuschung und Verachtung« dafür, dass es »Leute gibt, die sich dahin trainieren, anderen zu schaden«.

Robert sitzt im Prozess als Nebenkläger jeden Tag den drei Männern gegenüber, die die Staatsanwaltschaft für die Täter hält. Er lässt den Hauptangeklagten nicht aus den Augen. Keinen Verhandlungstag. Den Kopf in die Hand gestützt, das Kinn auf beide Hände oder mit verschränkten Armen sorgt er für ein Unwohlgefühl bei Vural. »Der guckt schon wieder die ganze Zeit«, flüstert der genervt seinem Verteidiger zu.

Der Zuschauerraum ist in den meisten Verhandlungstagen gut gefüllt mit Männern, die genauso aussehen wie die Angeklagten; kurze Hälse, Oberarme wie die Schenkel einer Frau, bündig barbierter Undercut, tätowiert. Und er ist jeden Tag besetzt mit Freunden und Familienangehörigen von Amato, seiner Lebensgefährtin, dem stets freundlich grüßenden Vater, der mit gesenktem Kopf den Prozess verfolgt. Manchmal hält er es nicht mehr aus, dann geht er leise aus dem Saal.

»Nicht geschlagen. Nicht getreten«, wiederholt die Verteidigung von Vural wie ein Mantra. Alle Verhandlungstage hindurch. Auch überhaupt nur Mitglied bei den »Osmanen« zu sein wird lange von Vural bestritten. YouTube-Videos zeigen ihn in Kutte, mit Mitgliedsnummer und »Vorstand«; sie werden im Gerichtssaal abgespielt.

Der Zeuge Karim, ein Freund von Nick und bei dem Treffen im »Rosengärtchen« dabei, hat gesehen, wie Vural »den im schwarzen Hemd schlug«. Amato. Er hat seinen Freund Selçuk weggezogen, als dieser nach seinem Faustschlag in Roberts Gesicht noch weitertreten wollte, und versucht, erste Hilfe bei Amato zu leisten, er ist Krankenpfleger. »Was haben Sie denn für einen Migrationshintergrund?«, fragt ihn die Vorsitzende. »Migrationshintergrund?«, wundert sich Karim. »Ja, wo kommen denn Ihre Eltern her?« – »Aus Marokko«, mit den »Osmanen« habe er nichts zu tun.

Zwei andere Clubbesucher haben Vural Amato auch treten gesehen. Sie folgen ihm, als er hinter den Türstehern, die den leblosen Amato hinaustragen, den Laden verlässt, und machen ein Foto von ihm. Es ist zwar nur eine Rückenansicht, doch Vural trägt ein spezielles T-Shirt, an dem er von vielen Zeugen wiedererkannt wird. Es ist nicht nur auffällig, es ist zu seinem Pech auch selten. Eine Textilgutachterin führt aus, dass das absurd teure Designerteil in ganz Deutschland nur zweiunddreißigmal verkauft wurde. Es finden sich zahlreiche Faserspuren von Amatos schwarzem Hemd, obwohl dieses »ein schlechter Spurengeber« ist, auf der Vorderseite. Und es gibt Blutspuren von Robert auf der Rückseite. Robert wurde als Erstes zu Boden geschlagen.

Fast schon verzweifelt muten die Versuche der Verteidigung von Vural an, dem Neuropathologen, der zusammen mit den Rechtsmedizinern Amatos Gehirn untersucht hat, wenigstens eine kleine Wahrscheinlichkeit zu entlocken, dass die Hirnblutung einer Vorerkrankung der Gefäße geschuldet ist. Am Vormittag des siebten Verhandlungstages hatte sich durch die Neurochirurgen des Universitätsklinikums, die Amato versorgten, kurzzeitig eine winzige Dachluke geöffnet, die »massive Hirnblutung« könne auch auf ein geplatztes Aneurysma zurückzuführen sein, eben weil »die Blutmenge ungewöhnlich« war, genauso deren Verteilung. Sobald es sich für Laien eventuell so anhört, als könne die tödliche Verletzung schlussendlich doch auch noch auf etwas anderes als eine »traumatische Gewalteinwirkung« zurückzuführen sein, zieht der anwesende Rechtsmediziner Verhoff mit seinen detaillierten Fragen an den Sachverständigen am anderen Ende des Seils, bis es wieder mittig hängt. Er untergräbt damit die subtilen Versuche des Verteidigers, die Laienrichter des Schwurgerichts zu verunsichern. Die kühlen, überzeugten Antworten des Neuropathologen, dessen Stimme gleichbleibend ungemein höflich und ruhig fließt, in scharfem Kontrast zum sich erregenden Verteidiger, sorgen für ein Übriges. Der Neuropathologe hat sein Laptop mit Aufnahmen des präparierten Hirns von Amato dabei und erkundigt sich freundlich, ob gewünscht werde, Fotos zu betrachten. Ja, wird es. Amatos Vater schirmt seine Augen ab. Die Bilder zeigen einen dunkelroten Klumpen, die typischen Gehirnfurchen sind kaum mehr auszumachen.

In dem über fünf Monate laufenden Prozess werden wieder und wieder mit sämtlichen Zeugen die Kameraaufnahmen aus dem Club angesehen. Robert muss Dutzende Male betrachten, wie Nick, der nur einen Schlag gegen ihn einräumt, mehrfach auf ihn eintritt.

Den Schlag, der Amato tötete, sieht man auf den Bändern allerdings nicht.

Die Vertreterin der Staatsanwaltschaft fordert für den vierzehnfach vorbestraften und »nicht geständigen« Haupttäter eine Freiheitsstrafe von sechs Jahren. Für Nick zwei Jahre Haft. Selçuk soll nach Auffassung der Sitzungsvertreterin ein Jahr und sechs Monate bekommen, die bei dem sechsfach Vorbestraften und im Laufe des Verfahrens zweimal straffällig Gewordenen zur Bewährung ausgesetzt werden sollen.

Keiner der Vertreter der Nebenklage findet diese Forderungen in irgendeiner Weise angemessen.

In ihren letzten Worten äußern Nick und Selçuk ihr Bedauern, Selçuk entschuldigt sich. Nick, der im Laufe des Verfahrens immer dünner geworden ist, sagt, »kein Tag vergeht, an dem ich nicht daran denke, was passiert ist«. Vural hingegen, dessen Bauch mächtig gewachsen ist im Laufe der Zeit, beklagt sich darüber, was er alles über sich hier im Gerichtssaal anhören musste, und will »einfach hoffen, dass das Gericht zu einer guten Entscheidung findet«.

Gespannte, nervöse Erwartung und ein voller Saal am Tag der Urteilsverkündung: Amatos Familie und Freunde, Leute, die sich beim »Weißen Ring«, dem Verein, der sich um Kriminalitätsopfer kümmert, engagieren, Freunde der Angeklagten und die Dauergäste, die Rentner.

Auf der ebenfalls gutbesetzten Pressebank werden überraschte Blicke getauscht, als die Richterin das Urteil verkündet, und noch mehr, als sie es begründet, auf ihre altmodische, mädchenhafte Art; mit einem leichten Lächeln, als sich auf der Anklagebank Missfallen regt. Acht Jahre und sechs Monat lautet das Urteil des Schwurgerichts für Vural. »Sie standen unter laufender Bewährung. Statt die Füße stillzuhalten und bei Ihrem kranken Kind zu bleiben«, sei er in »außerordentlicher

Verantwortungslosigkeit« losgezogen, habe Frauen angemacht und den Tod eines Menschen verursacht. »Bei Ihnen ist wirklich Hopfen und Malz verloren.« Zwei Jahre und fünf Monate verkündet sie für Nick, drei für Selçuk. »Jedes Tier hört auf zu beißen, wenn die Demutsgeste gezeigt wird.«

Ab einer Strafe von zwei Jahren gibt es grundsätzlich keine Bewährung mehr. Zu Vurals Erstaunen lässt die Richterin ihn auch direkt aus dem Saal ins Gefängnis überstellen. Schließlich könnte er sich, wie auch die Nebenklage es formulierte, als türkischer Staatsbürger einfach absetzen, bis das Urteil rechtskräftig wird, und keine Macht bekäme ihn mehr aus der Türkei ausgeliefert.

War der Bärtige schon da?

Für dieses Verfahren mussten sich die Vertreter der Staatsanwaltschaft tief in die Kaschrut, die jüdischen Speisevorschriften, einarbeiten. Angeklagt waren die Geschäftsführer einer koscheren Metzgerei, die günstigeres nicht-koscheres Fleisch als koscheres verkauften. In der jüdischen Gemeinschaft sorgte dieser Betrug für Entsetzen.

Die Staatsanwaltschaft hatte einen anonymen Tipp bekommen. In der koscheren Metzgerei Hila würde mit Drogen gehandelt! Eine Telefonüberwachung wird veranlasst. Die Polizei verfolgt, was in dem Geschäft vor sich geht. Was sie hören, kommt ihnen »kryptisch« vor. Von »umpacken«, »verstecken«, »umdeklarieren«, »neu verplomben«, »vermischen« ist in den Gesprächen die Rede. »Fleisch« – ganz klar »ein Codewort«.

Drogen finden die Beamten bei der folgenden Durchsuchung nicht. Sie entdecken ein ganz anderes Vergehen. Die zwei Geschäftsführer, der Metzger und sein Buchhalter, verkaufen nicht-koscheres Fleisch als koscher! Putenwürstchen im Schweinedarm! Zwei Jahre wird die Anklage vorbereitet. Die Staatsanwaltschaft kniet sich richtig rein. Es sind nicht nur Kunden aufzutreiben, Einkaufsbelege und Buchungen zu prüfen, ein Lehrgang in Kaschrut muss auch absolviert werden. Bei der Eröffnung des Hauptverfahrens sind beide Staatsanwälte Experten in den umfangreichen jüdischen Speisevorschriften. Sie wissen alles über das korrekte Schächten, Ausbluten, Zubereiten. Welche Tiere gegessen werden dürfen und welche warum nicht. Was von den Tieren, die gegessen werden dürfen, nicht gegessen werden darf und warum! Sie können Bibelzitate anbringen und entsprechende Stellen aus dem Talmud zitieren. Ihnen macht hier keiner etwas vor. Das versucht der Metzger »Man hat auch ein Gewissen« –, indem er erklärt, dass er das nicht-koscher geschächtete Fleisch doch gespült und gesalzen habe, um es ausbluten zu lassen. »Koscher light« quasi. Die Kammer erkundigt sich bei drei Rabbinern, ob eine solche Koscherverwandlung möglich ist. Sicher ist sicher. Nein, ist sie nicht. Aber zumindest optisch wirkten die Rindfleisch- und Geflügelstücke anschließend koscher. Ein Glück, dass der Maschgiach, der Aufseher über die Einhaltung der Kaschrutregeln, »kein Frühaufsteher« ist. »War der Bärtige schon da?« heißt es dazu in einem aufgezeichneten Telefonat.

»Von Gewissensbissen ist auf den Telefonmitschnitten nichts zu hören«, kommentiert die Staatsanwaltschaft, doch versichert einer der beiden Vertreter der Anklage: »Ich bin Vegetarier, deshalb hab' ich kein überschießendes Verfolgungsziel.«

Der Metzger versucht zunächst, die Betrügereien vor seinem Kompagnon geheim zu halten, was selbst bei ihrer katastrophalen Geschäftsführung irgendwann nicht mehr möglich ist. »Entsetzt« ist der Buchhalter. Doch die Sache geht da schon eine Weile, und er will »nicht wieder« als Versager vor der Familie dastehen. Beide sind sie tief verwurzelt in der Jüdischen Gemeinde. Sehr anerkannte Mitglieder sind auch die allesamt studierten und erfolgreichen Geschwister des Buchhalters. Der

Metzger wiederum ist in der kleinen orthodoxen Synagoge Gabbai, ein Ehrenamt, das eine Ehre ist. Der Gabbai kümmert sich um den Ablauf der Gottesdienste. Auch den Kiddusch, das gemeinsame Essen nach dem Samstagmorgengottesdienst, richtet der Metzger. »Wer unbedingt koscher wollte, hat das auch bekommen«, erklärt er der Wirtschaftskammer. Zum Beispiel er selber. Einmal, als eine Freundin von ihm für den Schabbat, an dem er zum Essen eingeladen ist, bei ihm einkauft, sagt er »Das willst du nicht haben« über ein Stück Rind, das sie sich ausgewählt hatte. Daran erinnert sich die Dame noch vor Gericht. Sie ist fassungslos. »Mein ganzes Wedgewood-Geschirr, was ich zur Hochzeit geschenkt bekommen habe, musste ich wegwerfen!« Porzellan kann man nämlich nicht kaschern, rituell reinigen.

Die zwei Aushilfsmetzger werden aus den Protokollen zitiert: »Wenn das rauskommt, können die Chefs sich nur noch umbringen«, sagt einer zum anderen. »Wir müssen morgen früh ein paar Sachen machen und verschwinden lassen«, ist ihr Chef am Telefon zu hören.

Eingeführt in die Hauptverhandlungen werden auch Gespräche mit Lieferanten ganz gewöhnlich geschlachteter Tiere. Unter dem Druck von Bestellungen und eigenem finanziellen Engpass wird abgeklappert, was geht. »Ich hätte noch eine Pute. Ist aber schon etwas schmierig«, sagt ein Geflügelhändler. »Macht nichts, mach ich Rindswürste draus«, antwortet der Metzger.

Seine Wettleidenschaften, die Liebe zu Motorrädern und »die Unfähigkeit, das Geschäft erfolgreich zu führen«, trieben den Metzger in den Ruin. Auch wenn er und der Buchhalter offiziell als gleichberechtigte Partner fungieren, der Metzger ist der Kopf des Ladens. Des Buchhalters Kopf »ist der allerstärkste ja nicht«, wie sein Verteidiger charmant formuliert. Der Buchhalter sitzt jeden Verhandlungstag beschämt und mit gesenktem Kopf neben seinem Verteidiger. Auch Tränen fließen bei ihm. Im Gegensatz zum Metzger, der einen recht munteren Eindruck macht. Überhaupt, »keiner hat einen Strafantrag gestellt« gegen ihn.

Die Schulden und Verbindlichkeiten drückten. Gleichzeitig, so sagt der Metzger, sprangen immer mehr Großkunden ab und bestellten sich ihr koscheres Fleisch tiefgefroren und billiger in Osteuropa. »Ich hab' mich gewundert, dass die bei uns immer kleinere Mengen bestellten.« Manche Kunden wenden sich allerdings auch aus anderen Gründen anderen Quellen in Frankreich, Belgien oder den Niederlanden zu. Der Leiter eines Altenheims erzählt vor Gericht, »anlässlich eines Besuches mit meinem Küchenleiter, der sich heftig geäußert hat, wurde die Geschäftsbeziehung abgebrochen«, der »Anschein war schmuddelig«, überhaupt war »die Geschäftsbeziehung pflegebedürftig« gewesen. Die Lieferanten wollten Vorkasse, die Kunden keine zahlen. Immer mehr Leute hätten nur noch zu den Feiertagen bei ihm eingekauft, sagt der Metzger. So kam die Idee, sich herkömmlich geschlachtetes Fleisch, Rind, Kalb, Huhn und Pute bei gewöhnlichen Schlachtbetrieben und Metzgereien zu besorgen. Einer der Lieferanten sagt aus, der Metzger sei ein guter Kunde »für gepökelte Putenbrust« gewesen. Durch seine Maschinen »läuft alles durch, auch Schwein, ist ja klar«, versichert er dem Vorsitzenden. Im Schnitt ist herkömmlich geschlachtetes Fleisch zwei bis vier Euro pro Kilogramm billiger. Der Etikettenschwindel wird dem Metzger dadurch leichtgemacht, dass bei einer Kaschrutkontrolle eine Plombierzange liegen bleibt. So kann er unkoscheres Fleisch in alte, mit Koscherstempel versehene Verpackungen stecken und versiegeln, bevor »der bärtige« Maschgiach kommt.

Die Staatsanwaltschaft geht in ihrer Anklageschrift von 40 000 Kilogramm Unkoscherem aus und beziffert den Schaden auf 557 000 Euro. In der Hauptverhandlung werden es sechzehn Tonnen tatsächlich koscheres Fleisch und 27 Tonnen gewöhnliches »Fleisch aus dem Fleischgroßhandel«, aus denen die Staatsanwaltschaft 791 Einzelfälle ab 25 Euro portioniert und eine Gesamtschadenssumme von 260 426 Euro errechnet, »neue Liste ohne Kabanossi«. Dazu kommen noch zehn Tonnen koscheres Fleisch, importiert aus Litauen, das dem Rabbi nicht koscher genug war. Mit der litauischen Quelle hatte er nichts zu tun, die hatte der Metzger sich alleine erschlossen.

Dazu erstellt die Anklage eine ellenlange Liste mit Kunden, die auf Rechnung gekauft haben. Bis zum Beginn der Hauptverhandlung sind einige bereits verstorben. Die, die kommen, sind bis auf wenige Ausnahmen reserviert vor Gericht. Hinter den Kulissen herrscht Entsetzen. Eine »innerjüdische Angelegenheit« ist das, findet jedoch die Mehrheit. Was soll sich ein deutsches Gericht um religiöse Speisevorschriften kümmern? Ein Fall für das Rabbinatsgericht sei die Sache, weiter nichts, so ist die Meinung. Die Staatsanwaltschaft »bejaht das öffentliche Interesse« an der Strafverfolgung. Es geht bei dem Koscherbetrug schließlich um »Vermögensschaden, da das Fleisch zum vorgeschriebenen Zweck nicht zu verwenden war; Bereicherung und Vermögensvorteil«. Schließlich ist es zu dem wesentlich höheren Koscherpreis verkauft worden.

Aus der ganzen Bundesrepublik reisen die Zeugen an, Leiter von Pflegeheimen, Schulküchen, jüdischen Hotels, Privatleute. »War die Ente tiefgefroren?«, derart sind die Fragen nach

Art und Beschaffenheit der jeweiligen Käufe. Viele Verhandlungstage lang. Inzwischen tagt das Rabbinatsgericht der Orthodoxen Rabbinerkonferenz Deutschlands, das Gemeinden, Organisationen und Privatpersonen angerufen hatten, »aufgrund der Veröffentlichung des Betruges, welcher von der Hila GmbH an der jüdischen Gemeinschaft Deutschlands begangen wurde«. Das Rabbinatsgericht lud auch den Rabbi und seinen Maschgiach. Beide zogen es vor, nicht zu erscheinen. Der Rabbi lehnte es auch ab, vor der Wirtschaftsstrafkammer zu erscheinen, mit der Begründung, er sei schließlich auch Seelsorger der Angeklagten und könne deshalb nicht aussagen.

Das Rabbinatsgericht kam zu dem Urteil, dass »Koscherzertifizierungen« dieses Gemeinderabbinners »nicht zu empfehlen sind«, und veröffentlichte eine detaillierte Liste, wie Gerätschaften, die mit von der Hila GmbH »vertriebenem Fleisch in Berührung gekommen sind«, zu kaschern waren. Der Rabbi war unmöglich gemacht. Als Antwort darauf tagte ein zweites Rabbinatsgericht, ein Beth-Din, zusammengesetzt aus fünf Rabbinern aus allen Ecken der Welt, und kam zu einem ganz anderen Urteil: Der »Beschluss der Orthodoxen Rabbinerkonferenz und dessen Veröffentlichung sei Chillul haSchem«, eine Gotteslästerung! Die Befragung der beaufsichtigenden Personen und des zuständigen Rabbiners hätten ergeben, dass »alle Beteiligten gewissenhaft waren«. Die »Selbstbezichtigung der Firma« selber könne man »nur schwer nachvollziehen«. »Als der zuständige Rabbiner erfahren« habe, dass »die Firma außerhalb ihrer Geschäftsräume« mit nicht-koscherem Fleisch handelt, hätte er »ihr die Lizenz entzogen«.

Die Gemeinde reagierte auf ihre Weise. Sie entlässt ihren Rabbi still und leise. Er hatte sich seinen Ruhestand wahrlich verdient.

Der Chef des einzigen koscheren Restaurants der Stadt gibt im Zeugenstand einen unterhaltsamen Auftritt. Sein Restaurant kochte mit dem Fleisch von Hila auch für die frommen Gäste der Lufthansa als deren Cateringpartner. »Können Sie uns sagen, was eine koschere Küche ausmacht?«, fragt ihn der Richter. »Nein«, kommt es langgezogen und kopfschüttelnd. »Wann ist Fleisch koscher?« Der Koch hebt ratlos Hände und Schulter. »Wenn Rabbi sagt, ist koscher, ist koscher!« Der Richter ist perplex und fragt dreimal nach. Er hat inzwischen auch den Beth-Din-Entscheid studiert. Ob er das Fleisch koscher findet, wenn er weiß, »nach Zeugenaussagen der Angeklagten selbst, dass es sein kann, das er Nicht-koscheres gekriegt« hat. Ja, sagt der Koch, nicht-koscheres Fleisch ist durch das Okay des Rabbis für ihn koscher. Ein Wunder! »Das ist eine Entscheidung, die das Gericht wahrscheinlich nicht treffen wird«, kommentiert der Richter das und entlässt den Zeugen, dem im Laufe seiner Befragung peu à peu seine Deutschkenntnisse abhandengekommen waren, mit amüsierter Miene.

Unter den Zeugen, die als Privatkunden bei Hila einkauften, ist auch der Vorsitzende des Zentralrats der Juden. Er kommt mit Personenschutz. »Ich habe meine Probleme, den Beschluss nachzuvollziehen«, sagt er verhalten über das Beth-Din-Urteil. Das Problem hat die Köchin der Schulmensa der Jüdischen Schule in der Stadt auch. Der Rabbi habe entschieden, woher und welche Sachen gekauft wurden. Er habe zu ihr gesagt, »alles wäre in Ordnung«. Nichts sei in Ordnung. Die zwei Wochen Schulferien werde sie nutzen, die gesamte Schulküche mit allem Inventar zu kaschern.

Allein dieser Aufwand treibt bundesweit die Leute in den Wahnsinn, ganz zu schweigen von den Qualen bei dem Gedanken an »die Verunreinigung«. Obwohl der Metzger sich die

Mühe machte zu erklären, er hätte das treife, nicht-koschere, Fleisch stets mit einem Extramesser auf doppelten Extraunterlagen verarbeitet, mit »Spezialreiniger« danach gründlichst alle Flächen gereinigt, hält ihm der Richter in der Urteilsbegründung vor, »die Säfte aus dem Koscheren und Unkoscheren vermischten sich«. Wesentlich für die Strafzumessung sei auch »das Betrügen von Menschen, die einem so nahestehen«.

Zwei Jahre für den Metzger, ein Jahr und zehn Monate für den Buchhalter, beides zur Bewährung. Dazu je 30 000 Euro zu spenden an den jüdischen Turn- und Sportverein Makkabi sowie eine Geldstrafe ist das Urteil.

»Im koscheren Lebensmittelhandel wird es wohl nichts mehr werden« bei ihnen, schließt der Richter das Verfahren.

Herr Manitzke vor dem Amtsgericht

Herr Manitzke ist 76 Jahre alt und mit seinem Mercedes einfach so auf jemanden zugefahren. Er hat eine sehr eigene Version des Geschehens, doch die sei an sich schon »lebensfremd«, so der Richter in seiner Urteilsbegründung.

Herr Manitzke ist angeklagt, »mittels eines gefährlichen Werkzeugs« eine »gefährliche Körperverletzung« versucht zu haben. Das »gefährliche Werkzeug« ist sein Auto gewesen. Mit dem war er auf dem an seinem Wagen stehenden Herrn Schneider zugefahren. Dabei hat er immerhin noch dessen linke Hand leicht erwischt. Auf dem rechten Arm hatte Herr Schneider seinen zehn Monate alten Sohn. Er war gerade im Begriff, die linke hintere Tür seines Autos zu öffnen, um seine kleine Tochter aussteigen zu lassen.

Was Herrn Manitzke derart in Fahrt gebracht hatte, ist schnell erzählt, doch nicht erklärt.

Gerade als Herr Schneider seinen Jungen auf der rechten Autoseite am Bürgersteig aus dem Kindersitz gehoben hatte, kam Frau Schuster in ihrem Kleinwagen vorbeigefahren und hielt, denn sie ist eine Freundin seiner Mutter. Um einen Blick auf das Baby zu erhaschen, wurde mit großem »Hallo, ihr zwei Süßen!« aus dem Fenster gegrüßt und zu diesem Zweck kurz gehalten. Da kam Herr Manitzke nebst Gattin vom Einkaufen zurück und fand seinen Mercedes durch die haltende Frau Schuster an der Weiterfahrt gehindert, die Straße ist eng. Er haute ordentlich auf die Hupe; Frau Schuster machte sofort, dass sie davonkam. Herr Schneider winkte mit dem freien linken Arm und rief Herrn Manitzke nur ein »Muss man denn da gleich so hupen« zu, bevor er hinten rum um sein Auto ging, um an die linke Tür zu gelangen. Durch den »gezielt« auf ihn zufahrenden Mercedes fand sich Herr Schneider an sein Auto gepresst, es war ihm aber noch geglückt, mit einer instinktiven Drehung nach rechts sein Kind von der Fahrbahn wegzudrehen. »Ich hau dir aufs Maul, mehrfach, hörte ich rufen und dann sehe ich einen älteren Herrn vor mir stehen«, sagt Herr Schneider in ruhigem Tonfall vor Gericht. Die Sache ist ihm unbegreiflich.

Herr Manitzke kann über diese Darstellung nur fassungslos mit leicht spöttischem Eine-Art-Lächeln den Kopf schütteln. Eigentlich erinnert er an den klassischen gemütlichen Opa in Kinderbüchern. Bauch unter weinroter Strickjacke, darunter ein hellbraunes Hemd, Halbglatze und leichter Dialekt. Über seine »persönlichen Verhältnisse«, insbesondere seine Rente, möchte er nichts sagen, »des geht die Leute hier im Raum nichts an«. Allerdings er muss. So ist das vor Gericht. Es geht ihm, so viel sei gesagt, ziemlich gut. Auch ansonsten ist bei ihm »alles, wie es sich für eine richtige Familie gehört: drei Kinder, vier Enkel, zwei Urenkel«. Die Sache, wegen der er heute hier sitzt, war ganz anders gewesen: »Also, wir waren einkaufen«, er und seine Gattin. Vor ihm fuhren alle Autos sehr langsam, »die kannten sich net aus oder was«. Und dann hielt diese Dame da an, er »dachte, die erkundigt sich nach dem Weg. Irgendwann war mir des zu bunt geworden, die redete und redete!« Dann sei plötzlich der Mann zwischen die Autos getreten, »zwischen rausgesprungen« sei er! »Das Kind hielt er mir vor die Scheinwerfer!«

Er habe »immer Angst gehabt, dass der mir des Kind gegen die Windschutzscheibe knallt! Der schaute mich als dauernd an mit wutverzehrtem Gesicht. Isch wollt ihn fragen, was des sollt! Mit seiner rechten Hand schlug er den Spiegel kaputt. Des müssen Sie sich mal überlegen«, so zuzuschlagen, »da braucht es zwanzig, dreißig km/h!«. »Bevor ich anfangen konnte, den nach seinem Ausweis zu fragen, brachte der seinen Sohn als Sicherheitsabstand zwischen sisch und misch, weil er wohl dachte, ich bin genauso hinterhältisch wie er. Und dann kam es so rischtisch proletenmäßisch. Und mit so Leuten geb' isch misch normalerweise net ab.« Herr Schneider habe nämlich dann »so wie ein Marktschreier auf dem Hamburger Fischmarkt: Ich brauch Zeugen! Ich brauch Zeugen!« gerufen. Irgendwie muss sich »die Polizeinummer geändert haben«, Herr Manitzke habe nur »kein Anschluss unter dieser Nummer« gehört, als er versuchte, die Polizei zu rufen. »Der Angeklagte«, sagt Herr Manitzke, die Positionen umkehrend zum ihm gegenübersitzenden Herrn Schneider, hatte inzwischen »die Polizei angerufen und mich angeschwärzt«. Er habe ihn drei, vier Tage später angezeigt, »denn wir haben beim Bund gelernt, erstemal ein, zwei Näschte« über eine Sache »zu schlafen«. Für ihn, »ich bin praktisch Bluter und herzkrank«, war diese Geschichte »praktisch ein Mordanschlag!«. Der Richter fragt ihn, wie er sich das erkläre, dass einer »mit einem Kind auf dem Arm auf die Straße springt«? Herrn Manitzke ist es unerklärlich, wie jemand so etwas tun kann. »Des Kind da noch gefährdet, und dann noch das eigene!«

Dass er als Zeuge fungiere, rief zumindest ein Anwohner »von seiner Penthouse-Terrasse« herunter. Doktor Zaanstad habe »aus der Vogelperspektive gesehen«, was direkt unter ihm vor sich ging, »sehr gemütsfrei« habe er das beobachtet, sagt er aus. Herr Manitzke habe »die Fahrrichtung leicht nach links geändert, das muss ich leider sagen, und ist auf Herrn Schneider zu. Der Wagen hat ihn leicht touchiert.« Einen Schlag von Herrn Schneider hat er nicht gesehen. Aber »mit dem rechten Bein zurückgetreten, so dass sich eine Rechtsdrehung ergibt«, das Kind reflexhaft vom auf ihn zufahrenden Auto wegdrehend, diese Bewegung habe Herr Schneider gemacht. Der Zeuge faltet die Fingerspitzen aneinander und lehnt sich zurück. Er ist fast genauso alt wie Herr Manitzke, 76 Jahre.

Wie sein Eindruck von Herrn Manitzke war, möchte der Amtsrichter nun wissen. Er sei ja Mediziner, antwortet Herr Zaanstad, also »der Wortwechsel war cholerisch, rowdyhaft vom Fahrer. Der hat, als er ausstieg, nur rumgeschimpft.« Der Richter hält Herrn Zaanstad Herrn Manitzkes Version des Geschehen vor. »Tut mir leid«, antwortet Herr Zaanstad, »das ist die wahre Fassung, wie ich sie gesehen habe. Mit rechts kann er nicht geschlagen haben, da war das Kind« auf dem Arm von Herrn Schneider. »Und er trat zurück.« Er habe »mit ziemlichem persönlichen Erstaunen zur Kenntnis genommen, dass der Herr«, Manitzke, »richtig ordentlich losfuhr, mit Motorgeräusch, der Wagen hat aufgeheult« und »machte einen Satz. Eineinhalb Meter.«

Die einzige andere Zeugin dieser unalltäglichen Alltagsszene ist Frau Manitzke, die neben Herrn Manitzke im Mercedes saß. Sie lässt sich als Erstes den Zeugenstuhl direkt vor den Richtertisch stellen, denn sie hört schwer. Herr Schneider sei auf die Fahrbahn »gesprungen« und habe mit der rechten Faust den Spiegel zerschlagen, als das Auto schon stand. »Mein Mann war eigentlisch sehr ruhisch gewesen, muss ich sagen.« – »Wir hören hier sehr unterschiedliche Varianten«, kommentiert das der Amtsrichter. Doch Frau Manitzke hat »nix davon mitbekomme«, dass ihr Mann Herrn Schneider »umfahren wollt«. Sie hat nur noch eine Frage, bevor sie entlassen wird: »Wer hat denn wen genötigt?«, sie klingt rechtschaffen empört.

Der Vertreter der Staatsanwaltschaft findet »die versuchte gefährliche Körperverletzung bestätigt«. Herrn Manitzkes »Aussage ist für sich schon lebensfremd. Lebensmüde geradezu. Einen leichtfertigen, riskanten Eindruck machte der Zeuge nicht.« Vielmehr habe dieser »ruhig und sachlich« eine »schlüssige und widerspruchsfreie Aussage« gemacht. Sechzig Tagessätze à fünfzig Euro fordert er. Der Amtsrichter, deutlich jünger als Herr Manitzke, bescheinigt dem, dass »die Einlassungen« von ihm und seiner Ehefrau »unglaubhaft« waren. Herr Manitzke protestiert. »Ich glaube Ihnen nicht«, entgegnet der Vorsitzende in seiner ruhigen Art. »Was Sie da geritten hat«, könne er nicht verstehen. Er folgt in seinem Urteil der Forderung der Staatsanwaltschaft, »eine relativ milde Strafe«. Herr Manitzke kündigt sogleich an, in Berufung zu gehen. »Des isch ein Aggressionspotential habe un diese ganze Krempel«, nein, das kann er nicht auf sich sitzenlassen.

Betrogen

Ein Heiratsschwindler wie aus einem Groschenroman. Und eine einsame Frau, die an die Liebe und das Gute glauben will.

Frau Kehlen war eines Tages von einem Bekannten zu einem Vortrag eingeladen worden. Ein Unternehmen, das »Schätze aus dem Meer bergen« wollte, stellte sich vor. Den Zuhörern, potentiellen Anlegern, wurde erzählt, dass sie, sollten sie sich entschließen zu investieren, auch einmal dabei sein könnten, wenn »ein Schiff gehoben« würde. »Bei einer Schatzsuche«, sagt Frau Kehlen. Es klingt sehnsuchtsvoll.

»Atlantis Exploration AG« heißt die Firma. Die erste. Sie investiert. 70 000 Aktien kauft sie.

»Weil ich das Meer so liebe«, sagt Frau Kehlen. Deshalb habe sie auch ihr Geld in Aktien einer Firma stecken wollen, die hinaus zur See fuhr.

Kein Jahr später geht die Firma in Konkurs. Doch der Herr, der ihr Kundenbetreuer geworden war, überzeugt sie mit seiner sonoren Stimme davon, auch in das Folgeunternehmen zu investieren. Atlantis' Untergang sei unverschuldet. Und sie, sie würde er gerne einmal zum Essen einladen, folgte beim dritten oder vierten Telefonat. Er habe sich ganz in ihre Stimme verliebt. Man trifft sich in Zürich, er fährt in seinem schwarzen Jaguar vor. Lädt sie ein in ein feines Restaurant.

Herr Krull ist ein kleiner Herr mit Schnauzer und vollem weißen Haar, er trägt es etwas länger. Die Locken sind sorgfältig zurückgekämmt. Jahrgang 1948. Gekleidet in bestes Tuch und teure Schuhe. Goldene Kette, goldene Uhr. Ein »goldenes Handy« hatte er auch, erinnert Frau Kehlen sich vor Gericht. Seine Stimme – sotto voce.

Frau Kehlen verfällt seinen Schmeicheleien, nicht sofort, nicht am ersten Tag, möchte sie betonen, aber doch ziemlich bald. Zwei Töchter hat sie allein »ohne Alimente« großgezogen. Sie betreibt eine Praxis für Physiotherapie. Das Geld, das sie in die Unternehmungen investierte, hat sie vom Vater geerbt.

Frau Kehlen ist eine sehr gepflegte Zürcher Vorortdame, Mitte fünfzig, mit weicher, zarter Stimme, wohnt im eigenen Haus und glaubt an die Liebe. Die erklärt ihr Herr Krull. In dem kleinen Ort in der Nähe von Küsnacht, da, wo sie ein Ferienhaus besitzt, ist eine Kapelle. Dort, »in dieser Kirche will ich dich heiraten«, verspricht er ihr. Zum Beweis seiner Liebe schenkt er ihr 500 000 Aktien seines Unternehmens. Wert: ein Euro pro Aktie, auf dem Papier. Er mietet ein Geschäftshaus, eine kleine Wohnung in ihrer Nähe, die er freilich nie einrichtet oder bezieht. Von Dienstag bis Donnerstag ist er da, bei ihr, niemals am Wochenende. Meistens in Begleitung seines Kollegen. »Wie nach Hause kommen« sei es bei ihr, sagt der. In einem Hotelzimmer offenbart Herr Krull ihr, geschüttelt von Scham und Betroffenheit, dass er einen Teil der Aktien, die er ihr geschenkt habe, noch nicht bezahlt habe, weil er durch ein Verfahren, das er für seine andere Firma führen musste, in »schwierige Verhältnisse« gekommen sei. Dieses sei zwar inzwischen gewonnen, habe aber sehr viel Geld gekostet. Nun sei jedoch Zahltag für die Aktien. Frau Kehlen, »was macht man nicht alles, wenn man jemanden mag«, leiht ihm 225 000 Schweizer Franken, um ihn »vor dem Gefängnis« zu bewahren, in das er zweifelsohne käme. Dazu nimmt sie eine Hypothek auf ihr Haus auf. »Das fand ich ganz schrecklich, dass ein Freund wegen eines Geschenks für mich ins Gefängnis soll.« Sie klingt, als glaube sie die Geschichte immer noch. Da er ganz fest versichert, in drei Monaten alles zurückzahlen zu können, vereinbart sie auch gleich einen Ablösetermin für den Kredit mit ihrer Bank. Herr Krull fährt mit ihr nach Liechtenstein, wo seine andere Firma ihren Sitz hat, und spielt ihr vor, Gelder aus einer Bank dort in die Schweiz zu transferieren. Geld, das er ihr nunmehr zurückzahlen könne, jetzt, da er den Prozess gewonnen habe. Doch nein, die Behörden in der Schweiz! »Arrestieren« alles. Irrtümlich, selbstverständlich. Das wird sich aufklären. Aber bis dahin müssen Anwälte bezahlt werden, um das Problem zu lösen. Natürlich, das sieht sie ein. Auch das Geld dafür leiht sie ihm, wiederholt, alles Summen im vierstelligen Bereich.

Die Augen der Zuhörer werden immer größer. Die des Staatsanwalts immer schmaler.

Der Kollege, der sich bei ihr so aufgehoben fühlte, offenbart ihr eines Tages, dass der Mann verheiratet sei und keineswegs geschieden, wie er ihr erzählt hatte. Er gibt ihr auch die private Telefonnummer des großzügigen Hauses im noblen Taunusstädtchen. Herr Krull hatte ihr erklärt, dass er keinen Festnetzanschluss habe und in der Tiefgarage zu Hause keinen Empfang. Das war des Öfteren praktisch. »Er war immer so beleidigt, wenn ich ihn auf mein Geld ansprach.« Sie wählt die Nummer, spricht zweimal »eins, zwei Stunden mit seiner Frau«, bis diese sie bittet, »nicht mehr bei uns anzurufen«, was sie »natürlich akzeptiert«. Was denn seine Frau zu der Geschichte mit Frau Kehlen gesagt habe, fragt ihn die Vorsitzende. »Meine Frau hat mir verziehen.«

In der ersten Instanz war der Heiratsschwindler zu zwei Jahren und vier Monaten Haft verurteilt worden. Er räumte am Ende seine »betrügerische Absicht ein«. Gegen das Urteil allerdings ging er in Berufung.

Nun wird die ganze Geschichte vor dem Landgericht wieder von vorne aufgerollt.

Für Frau Kehlen ist es eine Pein, noch einmal vor Gericht erscheinen zu müssen. Sie hatte Herrn Krull vor nunmehr drei Jahren angezeigt, weil sie »diese Sache abgeben« wollte. »Es war Psychoterror für mich, so belastend.« Nach der Urteilsverkündung in der ersten Instanz »hatte er mir, vor der Richterin, versprochen, das Geld in Raten zu zahlen. Ich wollte ihn nicht ins Gefängnis bringen, ich wollte nur mein Geld zurück.«

Aber erst hatte er kein Glück, dann kam auch noch Pech dazu. Unverschuldet in Schwierigkeiten, eine Erzählung in endlosen Variationen, nicht nur Frau Kehlen kennt einige davon.

Krank ist er auch. Sehr. Prostatakrebs, Herzinfarkte, Bypass, Stents, Tuberkulose. »Er war immer kurz vorm Sterben, mit seinem Herz«, sagt Frau Kehlen.

Insgesamt in sechs Fällen ist er bereits wegen Betruges vorbestraft. Einmal wegen Steuerhinterziehung. Nach der Geschichte mit Frau Kehlen verkaufte er einer achtzig Jahre alten Dame ein Aktienpaket eines Unternehmens, das es gar nicht gab. An 35 000 Euro gelangte er so. Bis auf eine Verurteilung zu fünf Jahren Haft ist er bisher jedes Mal mit einer Geldstrafe davongekommen.

Herr Krull meldet sich zu Wort: »Ich werde alles daransetzen, einen Teil zu bezahlen. Muss leider morgen wieder ins Krankenhaus, weil ich Wasser in der Lunge hab', aber ich hab' die Aussicht auf zwei Jobs. Ich bitte Sie noch mal, nehmen Sie meine Entschuldigung an!« Die Köpfe aller heben sich, Frau Kehlen ist irritiert. Der Staatsanwalt: »Warum siezen Sie die Zeugin? Das war sehr aufschlussreich.« – »Fand ich auch«, kommentiert die Richterin, »Sie waren doch mal ein Paar«.

Selbstverständlich gehört das Haus, in dem er lebt, der Ehefrau, einer Steuerberaterin. Natürlich finanziert sie es allein mit Hilfe eines Bankkredits. Selbstverständlich gibt es »keinerlei finanziellen Spielraum«, den Schaden wiedergutzumachen. Natürlich ist der Jaguar »längst« weg. Und dann seine Gesundheit. Beziehungsweise all seine schweren Krankheiten. Die Kammer hat genug gehört.

Der Staatsanwalt auch. »Durch die gesamte Lebensgeschichte zieht sich wie ein roter Faden die Wahrheitsferne. Erst als es gar nicht mehr anders ging, gab es im Amtsgericht ein Geständnis. Ein Geständnis Kategorie drei«, führt er in seinem Plädoyer aus. Dem Angeklagten, »der keinen ganz bescheidenen Lebensstil pflegt«, glaube er nicht, dass er »die ganze Zeit nicht in der Lage war, auch nur einen Cent oder Rappen zu zahlen. Einer Frau die Kirche zu zeigen, die Ehe zu versprechen, das ist ja schon Rosamunde Pilcher!« Frau Kehlen sei eine »sehr berührende Zeugin« gewesen. Die Strafe des Amtsgerichts sei »im Augenmaß, tat- und schuldangemessen gewesen«. Zwei Jahre und vier Monate für die Taten, die ja wohl nur die »Spitze des Eisbergs« seien.

Die Richterin der zweiten Instanz verkündet, dass »die Berufung kostenpflichtig verworfen« wird. »Die Ausnutzung eines Vertrauensverhältnisses tut besonders weh. Das ist eine

Masche, mit der Sie durchs Leben gehen.« Sie kann Herrn Krull »keine positive Sozialprognose« erteilen. All seine Krankheiten sind »eine Frage der Haftfähigkeit«, aber retten ihn nicht vor der Strafe.

Frau Kehlen zumindest wird auch dank der monatlichen Raten, mit denen sie niemals in ihrem Leben die Hypothek wird tilgen können, Herr Krull unvergessen bleiben.

Bruch

Malinkowski wird von seiner Vergangenheit als Räuber eingeholt, als er längst ein geordnetes Leben mit Frau und Kind und einer festen Stellung führt.
Seine damaligen Mittäter Kowalczyk, Wojcik, Kopetzki und der Bandenchef Cieslak sind da schon nach jahrelanger Haft wieder entlassen.

Als Frau Völker und Herr Nikolai vor dreizehn Jahren in ihr Haus zurückkehrten, trafen sie auf eine Räuberbande. Dieses Erlebnis wurde zum Albtraum ihres Lebens.

Damals war Frau Völker 62 Jahre alt, ihr Mann 73.

Ausgekundschaftet und den Einbruch in Auftrag gegeben hatte der Bandenchef Cieslak. In wechselnder Besetzung organisierte er in Deutschland Wohnungseinbrüche und Raubüberfälle. Manchmal zusammen mit anderen polnischen Bandenchefs, meistens aber mit selbstrekrutierten Söldnern, alles Polen.

Die Sache musste sich lohnen, sechsstellig sollten die erbeuteten Summen schon sein. Erst dann wurde eine »Arbeit« interessant.

Frau Völker handelte mit Lastkraftwagen. Im Tresor ihres Hauses sollten 200 000 bis 300 000 Euro lagern, so hieß es. Cieslak schickte für diese Arbeit seinen bewährten Mann Kowalczyk, dazu Wojcik, Kopetzki und Malinkowski.

Verabredet wurde, dass drei der Männer einsteigen und den Tresor ausräumen, während ein vierter Schmiere stand. Wenn es nicht gelänge, den Tresor aufzubrechen oder abzutransportieren, wollte die Bande im Haus warten, bis das Ehepaar nach Hause kam, um sie zu zwingen, den Tresor zu öffnen. Deshalb hatten sie wie immer Waffen dabei. Kowalczyk hatte die Erfahrung gemacht, dass das bloße Drohen mit einem Revolver auf Raubzügen in der Regel völlig ausreichte.

Drei der Männer wanderten durch das ganze Haus, in dem Frau Völker den geerbten Schmuck von der »vermögenden« Großmutter und der Mutter dekorativ in den Räumen arrangiert hatte. Es waren kostbare und besondere Stücke, Perlenketten, »fünfzehn bis zwanzig«, zwanzig Armbänder mit Brillanten und Saphiren, dreißig Goldringe mit kostbaren Steinen. Feinste Juwelierskunst, mit deren Anblick sie sich gerne umgab.

Frau Völker und Herr Nikolai kommen an diesem Tag im Juni vor dreizehn Jahren vom Einkaufen zurück. Es ist ihre freitägliche Routine. Frau Völker steuert den Wagen auf ihr Grundstück und in die Garage. Sie will schon mal mit einem Teil der Einkäufe ins Haus. Herr Nikolai sperrt ihren ihn umspringenden Hund in den Van, um in Ruhe das Gartentor wieder zu verschließen. Das Tier ist eine verstörte Kreatur aus dem Tierheim, womöglich rennt es auf die Straße und lässt sich überfahren. Derweil nimmt Frau Völker den Weg durch die Garage ins Haus, durch den Wintergarten, und sieht sich, als sie die Tür zur Wohnung aufschließt, zwei maskierten Männern gegenüber. Einer hat eine Schusswaffe in der Hand und trägt eine Sturmhaube, der andere eine Clownsmaske und ein Fleischerbeil aus der Küche. Frau Völker fängt sofort an zu schreien und rennt zurück in die Garage. Sie schreit auch, um ihren Mann zu warnen. Sie schreit dergestalt, dass sie die Täter zwingt zu handeln. Der, der sich in der ersten Etage des Hauses erfolglos um den Tresor bemühte, hört den Lärm, springt aus dem Fenster und türmt. Das ist Kopetzki.

Malinkowski, der Mann hinter der Clownsmaske, folgt Frau Völker in die Garage, wirft das Fleischerbeil vorher weg. Er ist Boxer, er kommt mit den älteren Herrschaften auch unbewaffnet zurecht. Er schleudert Frau Völker auf den Boden, wo diese mit dem Kopf aufschlägt. Herr Nikolai bewaffnet sich mit einem Besenstiel und brät ihn Malinkowski über. Der entwaffnet den alten Herrn mühelos und zertrümmert ihm mit einem Faustschlag das Nasenbein. Herr Nikolai liegt in seinem Blut. Malinkowski verpasst ihm noch weitere Faustschläge und Tritte. Herr Nikolai verliert das Bewusstsein. Frau Völker rappelt sich wieder auf. Malinkowski packt sie an den Haaren und schlägt ihren Kopf mit der Stirn mehrere Male auf den Betonboden der Garage, bis sie endlich aufhört zu schreien und sich totstellt.

Nun ist nichts mehr zu holen. Die beiden Besinnungslosen werden den Tresor nicht mehr öffnen.

Es klingelt Sturm an der Tür. Die Nachbarn, durch Frau Völkers Schreie herbeigerufen. Kowalczyk ist schon längst abgehauen. Malinkowski flieht nun auch. Durchs Haus, durchs Fenster, über die Grundstücksmauer. Die nächsten eineinhalb Tage verbringt er versteckt in einer Abwasserröhre in einer Schrebergartensiedlung. Dann holt er sein Auto und fährt nach Polen, wo er die anderen trifft. Bandenchef Cieslak ist da schon im Urlaub in Italien. Kopetzki hat sich inzwischen um den Verkauf des Schmucks gekümmert und händigt jedem 2000 Euro vom Erlös aus. Mehr, sagt er, habe die Hehlerware nicht eingebracht. Warum er denn zugeschlagen habe, fragen die Räuberkollegen den Anfänger Malinkowski bei diesem Treffen. Aber Kowalczyk hatte ihm doch zugerufen, »napierdalaj!«, hau zu, antwortet der. Nein, »wypierdalaj«, hau ab, hab' ich gesagt, erwidert Kowalczyk.

Frau Völker schätzt den Wert des geraubten Schmucks auf 100 000 Euro. Sie ist nicht versichert. Krankenversichert ist sie nur privat mit einer hohen Eigenbeteiligung. Im so begehrten Tresor lagen nur Papiere, Firmenunterlagen. Kein Geld. Der Schlüssel dazu lag oben drauf.

Während Malinkowski und seine Mitbanditen untertauchen, liegen Frau Völker und Herr Nikolai im Krankenhaus auf der chirurgischen Station. Während Frau Völker mit äußeren Verletzungen davongekommen ist, unter anderem einem Mal auf der Stirn, das noch Jahre nicht verschwinden wird, hat Herr Nikolai durch die Schläge und Tritte mehrere Knochenbrüche erlitten. Frau Völker bekommt Herzschmerzen des Nachts und wird in die Kardiologie gebracht. Doch es ist kein Herzinfarkt, den sie erlitten hat. Frau Völkers Herz ist gebrochen.

Das Broken-Heart-Syndrom, die Tako-Tsubo-Kardiomyopathie, ist eine akute, linke Herzmuskelschädigung, dessen Symptome dem des Herzinfarkts ähneln. Bei der Herzkatheteruntersuchung zeigt sich, im Unterschied zum Herzinfarkt, dass nicht die Herzkranzgefäße verschlossen sind, sondern die kleinen Gefäße; eine Reaktion auf einen Überschuss an Stresshormonen. Der linke Herzmuskel nimmt danach die Form der japanischen Tintenfischfalle, Tako-Tsubo, an, die der Erkrankung ihren Namen gab. Japanische Mediziner beobachteten das Phänomen häufig bei Witwen auf Beerdigungen. Weil es insbesondere bei Frauen über sechzig auftritt, nennt man es auch das »Frauenherzsyndrom«. Die ersten 48 bis 72 Stunden sind akut lebensbedrohlich. Werden diese überstanden, erholen sich die meisten Herzen wieder.

Im Haus und in der Nähe des Grundstückes werden derweil Haare, ein T-Shirt, ein Paar Handschuhe und ein Messer gefunden.

In der DNA-Kartei der Polizei ergeben sich Treffer auf den einschlägig vorbestraften Kowalczyk. Es dauert noch eine Weile, bis der verhaftet wird. Ihm können so viele schwere Raubüberfälle nachgewiesen werden, dass ihm eine lange Haftstrafe mit anschließender Sicherungsverwahrung droht. Die Aussicht, für den Rest des Lebens im Gefängnis zu sitzen, lässt Kowalczyk nach einem Jahr in Untersuchungshaft »eine Lebensbeichte« ablegen. So nennen es die Ermittler. Zwölf Raube, fünfzehn Einbrüche, als Teil einer Bande in wechselnder Besetzung, doch immer mit Cieslak als Chef, räumt Kowalczyk schließlich ein. Stets wurde große Beute gemacht. Kowalczyk verrät Mittäter, so auch den der Polizei bis dahin unbekannten Malinkowski, von dem er allerdings nur Spitznamen und Vornamen kennt. Auch den Bandenchef Cieslak, vor dem Kowalczyk als einziger der Räuber keine Angst hat, kriegt die Polizei nur dank seiner Aussagen, die mehrere Seiten handschriftlich füllen, in die Fänge. Das Geständnis und der Verrat der Mittäter lohnen sich für Kowalczyk, dem etliche Jahre Haft erlassen werden.

Malinkowski hat zwei Jahre nach dem Einbruch, bei dem er, wie er seinen Mittätern schilderte, »durchdrehte« und diesen Gewaltexzess veranstaltete, geheiratet und einen Sohn bekommen. Er ist gelernter Klempner und arbeitete zuerst auf dem Bau, in Polen und Deutschland. Einige Jahre später fand er eine gutbezahlte Festanstellung in einer Glaserei. Er lebt mittlerweile mit Frau und Kind, das inzwischen elf Jahre alt ist und die Realschule besucht, in einer kleinen Dreizimmerwohnung von 45 Quadratmetern in Frankfurt.

Dann holt ihn die Vergangenheit ein.

Sechs Jahre nach dem Überfall wird er ermittelt und verhaftet, kommt in Untersuchungshaft, von der er nach vier Monaten »verschont« wird. Auf die Hauptverhandlung muss er danach noch drei Jahre warten. Er ist der letzte dieser Bande, der verurteilt wird, und zwar in erster Instanz zu sechs Jahren nicht nur »wegen besonders schweren Raubes, gefährlicher Körperverletzung und Wohnungseinbruchsdiebstahls«, sondern auch wegen versuchten Totschlags. Den versuchten Totschlag findet der Bundesgerichtshof nicht ausreichend begründet. Die Revision hat deshalb anderthalb Jahre später Erfolg, aber es dauert anschließend wiederum drei Jahre, bis neu verhandelt wird.

Frau Völker und Herr Nikolai sind nunmehr beide verhandlungsunfähig und können nicht gehört werden. Herr Nikolai war auch in Malinkowskis erstem Verfahren nicht imstande auszusagen. Er hat sich körperlich, aber vor allem seelisch von dem Einbruch der Gewalt in sein Zuhause, gegen seine Frau nicht mehr erholt. Die erlittenen Verletzungen haben aus ihm einen gebrechlichen, pflegebedürftigen Alten gemacht. Frau Völker schreibt auf ihre erneute Ladung hin der Kammer, »Wir sind zwei alte kranke Menschen«, man möge sie in Ruhe lassen. »Die Ärzte sagen, ich komme nicht mehr auf die Beine.« Frau Völker sitzt mittlerweile nach einem Schlaganfall halbseitig gelähmt im Rollstuhl, leidet an Angststörungen und Depressionen und Schmerzen, die kein Medikament lindert. Die meiste Zeit des Tages verbringt sie im Bett.

Ihr Zuhause hat seit dem Überfall vergitterte Fenster und Türen, »ich fühle mich zwar wie im Gefängnis«, aber das »Bedürfnis, mich zu sichern«, ist stärker, sagt sie.

Der Vorsitzende der Strafkammer dieser zweiten Hauptverhandlung telefoniert noch einmal mit ihr, seiner wichtigsten Zeugin, ob es ihr nicht doch möglich sei, zu erscheinen. Ob eventuell die Kammer sie zu Hause aufsuchen könne. Sie wolle endlich mit dem Fall abschließen, bescheidet sie ihm und reicht noch ein Attest nach, in dem ihr Arzt eindringlich davor warnt, ihren miserablen Gesundheitszustand nicht durch die Strapazen eines weiteren Verfahrens noch zu verschlechtern.

Der Vertreter der Staatsanwaltschaft seufzt frustriert, »Ich tu mich schwer damit. Ohne die Schilderung von Frau Völker.«

Er deutet zum Rechtsmediziner: »Sie wissen nicht, was passiert ist.«

»Ich glaube, niemand hier weiß wirklich, was passiert ist«, kontert der Sachverständige. Er ist geladen, um der Kammer die medizinischen Befunde aus der Akte zu erläutern. Als er die Verletzungsbilder darstellt und deren Gefährlichkeit abwägt, fährt Malinkowski sich mit der Hand über das Gesicht und senkt den Kopf. Überhaupt quält er sich angespannt durch die Verhandlungstage, sehr ernst; niedergeschlagen. Sein neuer Verteidiger wird ihm erklärt haben, dass eine Bewährungsstrafe nicht zu erhoffen ist. Auch der Staatsanwalt hatte dies gleich zu Beginn des Verfahrens deutlich gemacht, denn »die Opferauswirkungen sind erheblich«. Wie im ersten Verfahren gesteht Malinkowski über seinen Verteidiger die Tat, bestreitet aber weiterhin, Frau Völkers Kopf an den Haaren gepackt und mehrfach auf den Boden geschlagen zu haben. »Dann wäre sie nicht mehr da gewesen.« Faustschläge habe er ihr verpasst, schweigen sollte sie dadurch.

Malinkowski bekommt in zweiter Instanz eine Haftstrafe von zwei Jahren und acht Monaten, so das Urteil der Großen Strafkammer. Sie folgt damit den Anträgen von Staatsanwaltschaft und Verteidigung.

Kowalczyk ist mittlerweile schon wieder frei.

Claudia, dernière lettre

»Ein Strich durch die Rechnung, ein Schlitz durch die Kehle« verdiene seine Frau, schrieb Ousseini in seinem letzten Brief, den er unter: »Claudia, dernière lettre«, abspeicherte. Ein Jahr später steht er wegen Mordes vor dem Landgericht.

Ousseini kam 1968 in Kamerun auf die Welt. »Ich hatte eine schöne Kindheit für afrikanische Verhältnisse.« Ein Prinz. Sein Vater war der verarmte, aber angesehene König eines kleinen Territoriums im Norden von Kamerun, dort, wo man Französisch spricht. Er hatte achtzehn Kinder von vier Frauen und starb, als Ousseini neun Jahre alt war. Ousseini besuchte die französisch-englische Schule bis zum Baccalauréat, dem französischen Abitur.

Wie einige andere afrikanische Länder auch schickte Kamerun seine hoffnungsvollsten Schüler zum Studium in die DDR. Die Studienrichtung orientierte sich an dem Fachkräftebedarf des Landes. Ousseini wurde auserwählt für ein fünfjähriges Stipendium, Elektotechniker sollte er werden. Mit einer Gruppe von 23 jungen Kamerunern gelangte er nach Sachsen. Bevor die Afrikaner ihr Studium aufnahmen, absolvierten sie einen Intensivkurs Deutsch. Innerhalb eines halben Jahres lernen die Kameruner die Sprache nahezu perfekt. Der

Stolz ihres Landes. Ousseini beginnt sein Studium an der Technischen Universität Dresden. 1993 wird er »am helligsten Tag in Dresden von Skinheads angegriffen«, als er mit seiner ersten Frau, einer Deutschen, unterwegs ist. Die »Messernarbe« ist noch zu sehen auf seiner Nase. »Ich hab' so viel Rassismus erlebt, wirklich viele harte Zeiten.« Die Kolleginnen in der Klinik, in der seine erste Frau als Krankenschwester arbeitet, »durften nicht mal wissen, dass sie mit einem Schwarzen zusammen ist«. Die Eltern keiner Seite sind mit der Wahl des Partners einverstanden. Ousseinis Schwiegervater erklärt ihm: »Die Gesellschaft will gemischte Pärchen nicht haben.« Die Familie in Kamerun möchte keine europäische Frau.

Ousseini will kein Leben wie sein Vater führen. Er möchte »eine Beziehung auf Augenhöhe« mit seiner Frau. »Die Ehe ist eine Oase der Ruhe. Das Leben fängt in der Familie an und hört in der Familie auf.«

Nach seinem Vordiplom beschließen Ousseini und seine Frau, Dresden zu verlassen, und ziehen nach Köln, wo Ousseini sein Studium beendet, finanziert mit Nachtschichten bis fünf Uhr in der Früh. Jobs kann er sich danach aussuchen. Sein Beruf ist gefragt, und er spricht sieben Sprachen. Er zieht nach Düsseldorf und ist für seine Firma weltweit für Projekte unterwegs und höchstens zwei, drei Monate im Jahr zu Hause. Seine Ehe wird geschieden.

2004 lernt Ousseini Claudia, die aus Leipzig nach Köln gezogen war, kennen. »Eine Bilderbuchfamilie wie alle« wünschen sie sich beide. Mit einem Sohn und einer Tochter.

Claudias Kinderwunsch war so groß, dass sie sich von ihrem ersten Ehemann scheiden ließ, als der sich als zeugungsunfähig erwies. Beide blieben Freunde.

Das erste Kind von Claudia und Ousseini kommt Anfang 2008 zur Welt. Es ist ein Junge. »Sehr geplant und gewünscht.« Im darauffolgenden Jahr heiraten sie. Claudia behält den Nachnamen ihres ersten Mannes und hängt Ousseinis hinten dran. Sie ziehen nach Frankfurt, Ousseinis Job hinterher. Sie arbeitet halbtags im Arbeitsamt.

»Claudia wollte unbedingt ein Mädchen.« Er auch. »Jeder Afrikaner wünscht sich ein Mädchen, weil wir die Frauen mehr schätzen als die Männer.« Das zweite Kind kommt zwei Jahre nach dem ersten auf die Welt, es ist wieder ein Junge. Claudia bekommt Wochenbettdepressionen. »Dieses Unglücklichsein« fängt an. Ousseini empfindet Claudia distanziert zu diesem Kind, das wilder ist als das erste. Wiederum zwei Jahre später wird die so sehr gewünschte Tochter geboren. Noch im Kreissaal sagt ihm Claudia, er solle sich nun sterilisieren lassen. Sie habe erreicht, was sie sich erträumt hatte: gesunde Kinder, eine unkündbare Stelle, ein Haus mit Garten.

Claudia geht auf in ihrem Dasein als Mutter. Kümmert sich auch noch um Nachbarskinder, engagiert sich ehrenamtlich, ist im Elternbeirat und hat ihre Halbtagsstelle im Jobcenter. Er arbeitet sehr viel, treibt Sport.

»Die zwischenmenschliche Kommunikation war mir sehr wichtig. Über alles, was mich ärgert, sag ich immer meine Meinung.« Claudia möchte nicht diskutieren. Sie organisiert sich und den Alltag strikt durch, mit täglichen To-do-Listen, einem großen Familienkalender, der auch noch an die Geburtstage der Nachbarn erinnert. Ousseini möchte ein wenig mehr Spontanität. Dass die Kinder jeden Tag um Punkt 19.30 Uhr ins Bett müssen, hält er für übertrieben, doch er überlässt ihr die Entscheidungsgewalt. Auch als sie beschließt, den Ältesten vom Fußballverein wieder abzumelden, weil sie findet, ihr

Junge habe dort mit den Kindern des Stadtteils nicht den richtigen Umgang. Geige soll er lieber spielen. Ousseini, der Sport liebt und es gerne gesehen hätte, dass sein Sohn Fußball spielt, zumal er Talent zu haben scheint, gibt nach. Er singt für den wilden Zweitgeborenen französische Lieder, frisiert die Haare seiner Tochter. Am Wochenende bereitet er »afrikanisches Omelette« für die Kinder, darauf freuen sie sich immer.

Ousseini verdient viel Geld in seinem stressigen Job als IT-Spezialist, mit Rufbereitschaften und Wochenenddiensten, und ist großzügig damit. Der Verwandtschaft in Kamerun schickt er Schulgeld, und er gibt auch schon mal dreistellige Summen beim Lotto aus. Claudia hingegen ist extrem sparsam. Sie wirft ihm stets seine Verschwendung vor. Sein Mittagessen solle er sich, wie sie, von zu Hause mitnehmen, anstatt es in der teuren Kantine zu verplempern. Er überlässt ihr die Familienfinanzen. 1500 Euro Haushaltsgeld überweist er monatlich auf ein Familienkonto, das sie verwaltet. Manchmal fühlt er sich wie ein Angestellter zu Hause.

Eine bestens funktionierende Ehe, in der es kein lautes Wort und schon gar keine körperlichen Angriffe gibt, von den Nachbarn, von Claudias Brüdern bewundert. Niemand um sie herum bemerkt, wie die Temperatur im kleinen Einfamilienhaus sinkt und sinkt. Irgendwann gibt es dort auch keine Berührungen mehr zwischen Mann und Frau. Claudia will nicht.

»Von heute auf morgen« verkündet Claudia Ousseini eines Morgens, dass sie die nächsten vierzig Jahre ohne einen Mann auskommen könne. »Für sie war das klipp und klar, ich soll ausziehen, sie wollte die Trennung.« Er will zu einer Eheberatung; »Ich brauch das nicht«, sagt sie. Er bittet seinen Freund Zaïdu um Vermittlung. Der war ihm immer ein Vorbild. Seit ihrer

Studienzeit kennen sie sich. Zaïdu hat auch eine Frau aus Sachsen geheiratet. Zaïdu kommt, spricht mit Claudia, sagt ihm anschließend: »Ousseini, es hat keinen Sinn. Da ist nichts mehr zu tun.« Ousseini arbeitet sich hilfesuchend durch Internetforen in seiner Verzweiflung. Macht einen Termin beim Psychologen.

Die Kinder, bestimmt sie, dürfen von der Trennung nichts erfahren, bis zum Tag seines Auszugs. Er schlägt sein Lager im Keller auf, in einem Raum, den er sich mal als Arbeitszimmer zurechtgemacht hatte. Parallel zu seinem Job geht die enervierende Wohnungssuche los. In einer Stadt wie Frankfurt ein ungemein schwieriges Unterfangen. Er weint viel und kann nicht schlafen. In der Zeit der Wohnungssuche baut er zwei Unfälle. Um Mitternacht telefoniert er oft mit seinen Freunden. »Man setzt keine Kinder in die Welt, um sie alleinzulassen«, sagt er zu Zaïdu.

Schließlich findet er etwas, in einem schäbigen Hochhaus, in der Nähe seiner Familie. Schließt einen Mietvertrag, zahlt Kaution, renoviert, kauft eine Küche und ein paar Möbel. 16 000 Euro steckt er in die Wohnung. Bevor er dort einzieht, fliegt er nach Kamerun, um sich Rat zu holen, wie er nun leben soll. Als er wiederkommt und Claudia die Fotos seiner neuen Wohnung zeigt, fängt sie an zu weinen und bittet ihn zu bleiben. Er kündigt die Hochhauswohnung. Seine Freunde sind skeptisch. Zu Recht. Es geht nicht gut. Claudia offenbart ihm, dass sie, als sie dreizehn Jahre alt war, von ihrem Großvater missbraucht wurde. Frühere Intimitäten habe sie nur wegen ihres Wunsches, Kinder zu bekommen, hingenommen. Ousseini ist entsetzt. Er wendet sich wieder an einen Freund, »Warum hat sie mir nicht vorher gesagt, dass sie solche Probleme mit Männern hat? Jetzt haben wir drei Kinder!« Claudia zieht sich mehr und mehr zurück. Ousseini schläft im Wohnzimmer oder in seinem Arbeitszimmer. »Papa wohnt im Keller«, erklärt sein Zweitgeborener im Kindergarten.

Er hat das Gefühl, sie wolle »die Kinder entwöhnen« von ihm. Er bietet an, weniger zu arbeiten, sich mehr zu kümmern, das will sie nicht, weil sie ihn nicht mehr will. Er nimmt eine neue Stelle an, in der er noch mehr Geld verdient. 90 000 Euro im Jahr.

Von außen bemerkt niemand den Graben zwischen den beiden sehr disziplinierten Menschen. Gleich dem African Great Rift Valley wächst er Tag um Tag. »Ich möchte zu Hause keine Parallelgesellschaften. Das hab' ich wörtlich so gesagt. Ich hab' schon auf der Straße eine Parallelgesellschaft wegen meiner Hautfarbe. Ich möchte eine Oase im Zusammensein.« Irgendwann gibt es gar kein Zusammensein mehr. Eine endgültige Trennung ist unausweichlich. Die beiden sehr viel jüngeren Brüder Claudias, die regelmäßig an den Wochenenden zu Besuch kommen, bemerken gleichwohl nichts von dieser Zerrüttung, die Nachbarn ebenfalls nicht. Es wird auch nicht laut im Haus. Ousseini hat wieder den Stress, eine Wohnung zu finden, dazu ist er in der Probezeit in seinem neuen Job. Aus der Belastung und dem Selbsthass, gescheitert zu sein, den erneuten schlaflosen Nächten erwächst der Hass auf Claudia. Er macht sich Luft bei seinen Freunden, bei Claudias Brüdern, bei seinem Vermieter. »Diese Fotze hat mein Leben destabilisiert«, schreibt er einem Freund per WhatsApp. Er schickt Zaïdu einen Zeitungsartikel, der davon berichtet, wie ein Mann seine Frau, die Kinder und sich tötet, mit dem Kommentar: »Heldentat« und »Ladies first«. Zum Zahler wolle Claudia ihn degradieren und sich auf seine Kosten »ein angenehmes Leben mit ihren Trophäen«, den Kindern, machen.

In seinem Kellerzimmer schreibt er in seinen schlaflosen Nächten hasserfüllte Briefe. Darin heißt es unter anderem:

»Ein Strich durch die Rechnung, ein Schlitz durch die Kehle.«

»Ich hab' sie zu einer glücklichen Mutter gemacht und sie mich zu einem unglücklichen Vater.«

»Ich weiß, dass der Tod keine Lösung ist, aber die Kinder werden damit leben müssen, das ihr Vater seine Frau und sich selbst umgebracht hat. Sie werden daran kaputtgehen, aber ich höre so eine Stimme, die mir sagt, dass Claudia das verdient hat.«

»Ich habe nur noch Hass auf sie und vor allem Selbsthass. Wieso war ich so schwach.

Sie hat es nicht verdient, meine Kinder zu erziehen.

Ich werde bald durchdrehen, das macht mir Angst.

Was wird aus meinen Kindern?«

»Liebe Kinder, ich bitte euch um Verzeihung. Ich liebe euch. Ich wünschte, ich könnte euch aufwachsen sehen. Ich werde euch vermissen. Gott, gib den Kinder Kraft, besser zu sein als ihre Eltern.«

»Papa ist nicht böse. Papa war sehr unglücklich.

Liebe Kinder, Gott möge euch helfen.«

Die Datei ist abgespeichert unter: Claudia, dernière lettre.

»Vorgestalten« nennen das forensische Psychiater. Gefährliche Vorgestalten, die schwer beherrschbar sind.

Ousseini findet schließlich eine Wohnung, weiter weg und groß genug, damit die Kinder ihn besuchen können. Zahlt eine Genossenschaftseinlage ein und eine neue Küche an. Einzugstermin soll im November sein.

Eines Abends im Oktober, einen Monat nachdem er die

Briefe verfasst hat, spielt er mit seiner Tochter in seinem Kellerzimmer. Claudia ruft, das Kind soll hochkommen. Das kleine Mädchen protestiert, »Mama, ich hasse dich«. Ousseini fügt sich. Er schläft nicht in der Nacht, forscht im Internet den Gründen für Selbsttötungen nach, macht sich Milch in der Küche, um sich zu beruhigen, versucht, im Wohnzimmer nebendran auf dem Sofa Schlaf zu finden. Hört sie ruhig atmend schlafen. Um 5.30 Uhr, wie immer, steht sie auf. Grüßt nicht zurück, sondern hält ihm vor, wieder einmal ihren Schlaf gestört zu haben mit dem Lärm, den er nachts verursacht hat. Er räumt sein Bett zusammen und geht in den Keller, es wegzuräumen und seine Kleidung zu holen. Die Kinder sind es gewohnt, eine Tasse Milch vor dem Aufstehen in ihrem Bett zu trinken. Die Vorräte lagern auch im Keller. Er nimmt eine Packung Milch mit hoch. Und ein Beil, das daneben liegt. Oben im Wohnzimmer hält ihm Claudia vor, jetzt bloß nicht auf die Idee zu kommen krankzumachen. Er sei schließlich in der Probezeit. »Hast du wieder deine Depri-Phase?«, wirft sie ihm hin. Mit dem Beil in der Hand schlägt er zu. Siebenmal. Er trifft ihren Kopf zweimal rechts auf die Stirn, links fünfmal hinter dem Ohr und in den Hals. Ohne ein großes Gefäß zu verletzten und ohne bis zur Hirnhaut vorzudringen. Sie schreit. Er gerät in Panik, die Kinder könnten aufwachen und auf der Szene erscheinen. Er kniet sich auf die Schwerverletzte und bricht ihr beide Kehlkopfhörner.

Ousseini nimmt die Kleidung der Kinder, ihre Milch und bringt alles hoch zu ihnen. Macht sie dort fertig, führt sie irgendwie an der sterbenden Mutter vorbei hinaus und bringt sie in den Hort. Als er von dort wieder nach Hause kommt, röchelt Claudia noch. Ousseini wählt den Notruf, doch er legt auf, als sich jemand meldet. Er bringt seinen mit ihrem Blut besudelten Schlafanzug und das Beil in den Keller. Den Schlafanzug schmeißt er in den Wäschekorb, das Beil legt er akkurat neben zwei Messer auf einen Tisch dort, nachdem er erfolglos versucht hat, sich damit die Pulsadern zu öffnen. Er befestigt ein Seil an einem Rohr, um sich zu erhängen, das ist nicht hoch genug. Die ausgedruckten Briefe, die er einen Monat vorher geschrieben hatte, legt er auf die Küchenfensterbank. Er steigt ins Auto, hält vor der nächsten Polizeistation, unschlüssig. Nimmt die S-Bahn in die City. Geht in das erste, elfstöckige Bürohaus da. Die Fenster ganz oben sind nicht zu öffnen. Er läuft weiter, die Haupteinkaufsstraße der Stadt hinunter bis zu einem Kaufhaus. Als er es betritt, fällt er sogleich dem Hausdetektiv Ali auf, weil er »so kreidebleich« ist.

Ousseini kauft ein Messer. Dann fährt er hoch in die oberste Etage. Dort gibt es eine Aussichtsterrasse. Der junge Kaufhausdetektiv versucht, ihn vom Sprung abzuhalten, zu dem Ousseini wieder und wieder Anlauf nimmt. Ousseini sagt zu ihm: »Ich habe meine Familie zerstört«. Schließlich lässt er sich fallen.

Das Gebäude ist schlecht gewählt. Es hat zwei Vordächer. Ousseini rollt vom ersten und knallt auf das zweite, das über dem Erdgeschoss Schaufenstergucker vor dem Regen schützt. Von diesem Dach klaubt ihn schließlich die Feuerwehr mit Leiter und Trage. Die Polizei will die Ehefrau informieren und findet eine Tote. Claudias Kopf ist auf Handtüchern gebettet, daneben findet sich eine blutige »Düsseldorfer Tabelle«, in der die Leitlinien für den Unterhaltsbedarf gelistet sind. Es gibt blutige Wischspuren da, wo sie liegt, in Höhe ihrer Hände. Deutliche Abwehrverletzungen zeigen diese. Die Beamten finden und lesen die Briefe. Im Institut für Rechtsmedizin wird Claudia am nächsten Tag obduziert.

Nach drei Tagen im Koma und mit zertrümmerter Schulter, Arm, gebrochenen Lendenwirbeln wird Ousseini im Krankenhaus der Haftbefehl vorgelesen. Er wird wegen Mordes aus niedrigen Beweggründen angeklagt und geht in Untersuchungshaft, dort auf die Krankenstation.

Elf Monate später wird der Fall im Landgericht verhandelt. Der psychiatrische Sachverständige bescheinigt ihm eine Affekttat. Die Staatsanwaltschaft plädiert nach der Hauptverhandlung statt auf Mord auf Totschlag. Fordert allerdings fast die Maximalstrafe dafür, zehneinhalb Jahre.

Die Kammer verurteilt Ousseini schließlich zu sieben Jahren. Als Nichtvorbestrafter dürfte er, unter Anrechnung der Untersuchungshaft, nach der Hälfte der Zeit bei guter Führung entlassen werden.

Seine zwei jüngsten Kinder leben am Tag der Urteilsverkündung noch im Kinderheim. Das Mädchen hat Geburtstag an diesem Tag. Sie wird fünf. Der älteste Sohn, neun Jahre alt, lebt inzwischen bei Claudias Brüdern und ihrer Mutter, die zusammengezogen sind, um sich gemeinsam um die Kinder zu kümmern.

Das Glück aber ist ein kostbares Gut

Die Liebesgeschichte zwischen den Ungarn Livia und dem neunzehn Jahre jüngeren Imre ist von Anfang an kompliziert. Bei ihrer letzten Auseinandersetzung hat Livia plötzlich ein Messer in der Hand.

Vor drei Jahren verliebten sich Livia und Imre ineinander. Livia war da 45 Jahre alt. Sie hatte zwei Ehen hinter sich, eine kurze zu Hause in Ungarn, eine längere danach in Deutschland. Imre ist neunzehn Jahre jünger als sie.

Während Imre sich seiner Liebe hingibt, traut Livia dem Glück nicht. Sie zweifelt an der Ernsthaftigkeit seiner Absichten; der Altersunterschied quält sie, auch weil sie keine Kinder mehr bekommen kann. Wenn Livia zweifelt, trinkt sie. Zwei Jahre währt diese Beziehung mit zunehmenden Streitigkeiten, da geschieht das Unglück.

Livia hatte Imre weggeschickt, sie wollte einen »Tag zur Erholung« von ihm, der an ihr hing, ob sie trank, ob sie stritt, »er akzeptierte sie so, wie sie ist«, beschreibt es die Staatsanwältin. Livia räumt in der Wohnung auf, trinkt Bier dabei, etwas Wodka, doch ohne betrunken zu werden, sie ist Alkohol gewohnt. Das Gefühl, dass Imre sie einschränkt, kriecht dabei immer weiter vorwärts durch ihren Körper, bis es in ihm herrscht. Als sie ihr kaputtes Telefon findet, das Imre fallen gelassen hatte, beschließt sie, sich nunmehr endgültig von ihm zu trennen. Sie packt zwei Koffer mit seinen Sachen und stellt sie vor die Tür. Am Nachmittag, gegen halb fünf, ruft Livia Imre an, sagt ihm, er soll kommen, seine Sachen abholen und ausziehen. Er kommt, beteuert seine Liebe. Ein Streit bricht aus, den auch die Nachbarn hören. Livia ist überfordert mit der Situation. Imre weigert sich zu gehen, reagiert nicht auf ihre Aufforderung dazu. Sie holt ein Messer aus der Küche, »um die Ernsthaftigkeit ihrer Absicht zu unterstreichen«, so nennt es die Staatsanwältin. Die Auseinandersetzung endet, als das Messer Imre in die Brust trifft.

Dabei wird die linke innere Brustwandarterie verletzt. Schwallartig tritt Blut aus der Wunde. Livia lässt das Messer fallen, beginnt zu schreien. Imre zieht sich das T-Shirt aus, weist sie an, das Messer mit einem Schwamm zu säubern und wegzuräumen, ruft selbst den Notruf. Dort kann man ihn nicht verstehen, sein Deutsch ist sehr schlecht, er ist schwach, ihm schwinden langsam die Sinne. Währenddessen läuft Livia weinend und schreiend durchs Treppenhaus, hämmert an die Türen. Da kommt der Ehemann der Nachbarin, die sich nicht traut, die Wohnungstür zu öffnen, nach Hause. Ruft die Rettung, versucht, erste Hilfe zu leisten. Imre sagt ihm, dass es ein Unfall war, bevor er ohnmächtig wird. Livia kniet mit blutigen Händen vor ihrer Tür, hysterisch, nicht in der Lage zu helfen. Imre ist im Schockzustand, verliert zwei Liter Blut, bis er im Krankenhaus ist.

Livia wird festgenommen. Auf dem Polizeirevier wirkt sie »gefasst« und sagt ungefragt, »ich hätte nie gedacht, dass er das macht«. Bei dieser Version wird sie bleiben. Bis kurz vor den

Plädoyers in der Hauptverhandlung ein Jahr später wird Livia behaupten, Imre habe sich selbst verletzt.

Der muss zwölf Tage stationär im Krankenhaus behandelt werden. Bei der Polizei redet er von einem »Kochunfall«. Die Beamten glauben ihm das von vornherein nicht, schon allein weil in der Küche keinerlei Spuren darauf hindeuten, dass hier eine Mahlzeit zubereitet werden sollte. Doch Imre bleibt bei seiner Version, Livia bei ihrer, die Imre allerdings nicht kennt. Er werde nicht gegen sie aussagen, erklärt er der Polizei und ist sehr erstaunt zu hören, dass gleichwohl bereits Ermittlungen laufen.

Vor Gericht quält er sich. Er will weiterhin nichts zu ihren Ungunsten aussagen; er windet sich, hängt, verkrampft die Lehne umklammernd, schief im Zeugenstuhl, streicht sich durch die kinnlangen braunen Locken, über das Gesicht. Wieder und wieder wird ihm mit Fragen zugesetzt, er wird belehrt über seine Wahrheitspflicht, darüber, dass man für Falschaussagen ins Gefängnis gehen kann. Er will zunächst die Aussage verweigern. Ob er denn mit Livia verlobt sei? Ob Freunde, Verwandte bei der Verlobungsfeier, von der Livia gesprochen hatte, dabei waren? Nein, sagt er. So eine richtige Verlobung gab es nicht.

Als Imre vom Vorsitzenden Richter mit Livias Version konfrontiert wird, er habe in selbstmörderischer Absicht sich selbst erstechen wollen, scheint die Luft im Saal zu flirren, denn Imre ist offensichtlich schockiert über diese Fassung des Geschehens. Weiß nicht, wie sich da zu verhalten, zu reagieren. Nach langem Schweigen, Sichnichtrühren, schüttelt er den Kopf. Nein, sagt er leise, so leise, dass seine Stimme kaum zu hören ist. Nein. Er ist katholisch, gläubig, so eine Sünde, nein. Er hebt eine Hand fragend in Livias Richtung, bricht ab in der Bewegung. Sie schaut aus dem Fenster in die inzwischen hereingebrochene Dunkelheit an ihm vorbei, das Gesicht unbewegt, wie in der gesamten Hauptverhandlung. Die Augen hinter einer Brille, die langen blonden Haare zum Zopf gebunden, die Hände im Schoß. Er weint leise.

Livias Dolmetscherin für die ungarische Sprache, die sicherstellen soll, dass sie alles versteht, sitzt während Imres Vernehmung neben ihm, der gänzlich auf eine Übersetzung angewiesen ist. Das bedeutet, Livia versteht vor allen Zuhörern, was Imre sagt. Ihre Reaktionen sind allerdings verhalten. Eine merkwürdige Art von Gekränktheit liegt in ihren verschlossenen Zügen.

Am Ende der langen Vernehmung, die sich bis in die Abendstunden zieht, spricht Imre schließlich diffus von einem »Gerangel«, an dessen Details er sich aber nicht erinnere. Wird entlassen, steht ratlos im Gang des Landgerichts, bis ihn die Wachtmeister, die endlich nach Hause wollen, auffordern zu gehen.

Livia erscheint zum nächsten Verhandlungstermin aus der Untersuchungshaft ohne den Verlobungsring am Finger. Dass Imre ihre Verlobungsfeier »als nicht so ernst« dargestellt hat, verletzte sie so sehr, dass sie sich endgültig von ihm trennte. Ohne mit ihm zu sprechen.

Da beide Versionen des Tatgeschehens nicht nur unvereinbar, sondern jede für sich unwahrscheinlich klingt, obliegt es der Rechtsmedizin, eine plausible Lesart zu rekonstruieren. Drei Gutachten waren erstellt worden. Noch auf der Polizeistation wurde eine Blutprobe zur Promillebestimmung bei Livia entnommen, sie wurde zwei Tage später in der Justizvollzugsanstalt auch untersucht auf Verletzungen. Imre wird einen Tag nach der lebensrettenden Operation seiner »Blutbrust« im Krankenhaus von einem Rechtsmediziner aufgesucht. Der soll nun dem Gericht die medizinischen Befunde erläutern und als sachverständiger Forensiker das Tatgeschehen für die Kammer rekonstruieren. Auch den Rechtsmedizinern war als Vorgeschichte von den Polizeibeamten erzählt worden, es habe eine Verletzung im Rahmen des Kochens gegeben. »Das konnten wir nicht nachvollziehen«, diese Variante erschien ihnen mit mehreren Kollegen von vornherein »unglaubwürdig«, denn »der Verlauf der Stichverletzung ist mehr als ungewöhnlich«. »Nahezu tangential zur Körperoberfläche, ein ganzes Stück durch die Oberhaut, dann taucht das Messer ab und in der linken Brustseite auf.« Für eine Rechtshänderin wie Livia ist diese Verletzung mit einem Stechen von vorne nicht zu erklären. Maximale Gewaltintensität ist nicht nötig für diese Verwundung, jedoch eine »ausholende Stichbewegung hochgradig unwahrscheinlich«. Dass Imre sich dergestalt selbst gestochen hat, wie Livia aussagte, »vorsätzlich«, haben die Rechtsmediziner »weder bei versuchten noch vollendeten« Selbsttötungen »je so gesehen«, denn »eine gewisse Erfolgsaussicht sollte für denjenigen schon bestehen«, am Ende dann auch tot zu sein, so der forensische Mediziner freundlich, doch ohne eine Miene zu verziehen. Das Geschehen ist schwierig zu rekonstruieren. Der Vorsitzende fragt, ob man denn der Angeklagten wohlwollend eine wie auch immer geartete »Gerangelsituation«, eine »wechselseitige dynamische Bewegung« aufeinander zu, in der nur eben dummerweise Livia noch das Messer in der Hand hielt, zugutehalten könnte? Ja, das sei durchaus möglich, doch dass Imre »ins Messer gelaufen ist, seh ich so nicht«, sagt der Forensiker. Ob die Verletzung potentiell lebensbedrohlich war, will die Kammer noch von ihm wissen. »Die innere Brustwandarterie hat natürlich ihre Daseinsberechtigung«, antwortet der; ohne schnelle medizinische Versorgung hätte der Stich »zum Ableben geführt«.

Der zweite Sachverständige, der dem Prozess beiwohnt, ist ein forensischer Psychologe und Psychiater, der der Kammer Einblick in Livias Persönlichkeit geben soll. Sie »unterwirft sich den Vorstellungen ihrer Partner; wenn es Schwierigkeiten gibt, fängt sie zu trinken an«, führt der aus. Livia »kennt sich selbst sehr wenig, kann wenig Rechenschaft über sich abgeben«. Er spricht von ihrer »Selbstunsicherheit«, dem »schwachen Selbstwertgefühl in Bezug auf die eigene Körperlichkeit«, »scham- und schuldbesetzt« sei sie.

»Es kann nicht sein, was nicht sein darf. Es wird nur erinnert, was angenehm ist und zur eigenen Attraktivität passt. Wirkliche oder vermeintliche Demütigungen werden ganz stark kränkend wahrgenommen.« Livia schaut während dieser langen Ausführungen des Psychiaters abweisend an ihm vorbei aus dem Fenster.

Der Vorsitzende Richter tut sich schwer mit dem Urteil. Er macht das deutlich. Mit sichtbarem Unbehagen verkündet der Vorsitzende die Entscheidung seiner Schwurgerichtskammer. »Lange und intensiv« hätten sie diskutiert, was angemessen sei.

Er redet von »Geschenken«, »das will ich Ihnen in aller Deutlichkeit sagen«. »Die Kammer hat sich schon gefragt, wie ernst Ihre Reue ist«, denn Livia hat sich nie bei Imre entschuldigt.

»Alle Beteiligten haben noch Glück gehabt. Das Glück ist aber ein kostbares Gut.« Dass Livia Imre »auch noch eine moralische Mitschuld« an der Verletzung gegeben habe, weil er nicht ausziehen wollte, »das hat die Kammer so noch nicht erlebt«.

»Sie wollen die Wahrheit nicht wahrhaben, und deshalb können Sie sich nicht bekennen.« Livia habe eine »histrionische Persönlichkeit« und neige dazu, »Verantwortung zu externalisieren«. Damit habe sie Imre »in die Situation gebracht, aus Liebe für Sie zu lügen«. »Schweren Herzens hat Imre bestätigt, was die Aktenlage schon hergab. Diese Aussage hat sie immer noch nicht bewogen, auszusagen. Wir waren völlig ratlos, wie man sich in einer solchen Situation so verteidigen kann. Ich habe Ihnen alle goldenen Brücken gebaut, die man einer Angeklagten bauen kann.« Erst als durch den Rechtsmediziner »auch noch der wissenschaftliche Beweis für die Aktenlage« geliefert war, »auf den letzten drei Metern«, habe Livia so eine Art Geständnis abgelegt. Imres Schock führt der Vorsitzende an, »als er aussagte, er plane eine gemeinsame Zukunft, und ich musste ihm vorhalten, dass Sie gesagt haben, er wollte sich selbst töten«. Dass bei ihm »keine bleibenden Schäden zurückgeblieben sind, spricht zu Ihren Gunsten, aber das ist ein Glück und ein Zufall und nicht Ihr Verdienst«. Doch eine »Ersttat mit 47«, die zehn Monate Untersuchungshaft, die Livia durchaus »beeindruckt« haben, ihr lückenloses Arbeitsleben, das von »einer gewissen Disziplin« zeigt, ihr eigenes Bemühen um eine Alkoholtherapie führen dazu, dass Livia mit zwei Jahren zur Bewährung davonkommt. Mit der Auflage, nicht in ihre Wohnung zurückzukehren und eine mehrmonatige stationäre Alkoholtherapie innerhalb von vier Wochen ab Zustellung des Urteils anzutreten. Anschließend, überwacht von einem Bewährungshelfer, 250 Stunden gemeinnütziges Arbeiten, sofern sie keinen neuen Job findet, ist eine weitere Auflage. Bei Imres Vorgänger Willy, der dem Gericht schriftlich bestätigt hat, dass er Livia in seinem Haus aufnehmen werde, solle sie bis zum Therapiebeginn einziehen oder in ein betreutes Wohnen. In ihre Wohnung dürfe sie erst zurück, wenn Imre dort ausgezogen sei. »All diese Dinge dienen dazu, Sie vor sich selbst zu schützen.« Imre, der wie Willy im Zuschauersaal ist, traut seinen Ohren und seinem Deutsch nicht. Ungläubig befragt er die Dolmetscherin nach dem Ende der Verhandlung, er bestürmt Livia, die mit verschlossenem Gesicht vor ihm steht und sich nicht anfassen lässt. »Sie begreift es nicht«, kommentiert der Richter die Szene, er macht ein Gesicht dabei, als reue ihn sein Urteil. Die Tränen laufen Imre, als ihm die Übersetzerin verdeutlicht, was verkündet wurde. Er geht im Flur auf Willy los. »Was? Was?«, fragt er fassungslos die Wachtmeister, die Staatsanwältin, die ihn umdrängen, während Livia mit Willy das Gerichtsgebäude verlässt. Richter und Staatsanwältin reden noch lange eindringlich auf Imre ein. Er ist verzweifelt.

Die Zuhälterballade

Metin ist angeklagt wegen Zuhälterei und »Menschenhandel zum Zwecke der sexuellen Ausbeutung«. Für die ermittelnden Polizeibeamten ist die Sache eindeutig erwiesen. Für das Gericht nicht.

In einer Zeit, die nun vergangen ist,
Lebten wir schon zusammen, sie und ich.
Die Zeit liegt fern wie hinter einem Rauch,
Ich schützte sie, und sie ernährte mich.
Es geht auch anders, doch so geht es auch.

Metin ist angeklagt wegen Zuhälterei und Menschenhandel. »Angeworben, beherbergt, genötigt«, so die Anklage, habe Metin mindestens vier Frauen, um sie zur Prostitution zu zwingen. Ihre Notsituation ausgenutzt, ihnen vorgespielt, dass er sie liebe, sie heiraten wolle, eine gemeinsame Zukunft mit ihnen plane. Zu Hause, in Bulgarien. Für diese romantische Zukunft müsse man sich nur vorher schnell das Geld zusammenverdienen. Wo gehe das besser als in Deutschland. Und am schnellsten verdiene man das Geld mit Prostitution.

Vor viereinhalb Jahren glaubte ihm das Samira, genannt »Maggy«. Vor dreieinhalb Nadia, die unter dem Namen »Sissy« hier arbeitete. Samira glaubt an Metins Liebe bis heute. Wenn auch mit Hilfe von Drogen. Trotz ihrer Schwangerschaft. Der Vater des ungeborenen Kindes ist ein Freier, ein Deutscher. Er hat ihr geraten, zum Sozialamt zu gehen. Nadia ist mittlerweile mit einem anderen Mann zusammen. Die beiden anderen Frauen, teilt die Polizei der Kammer mit, werden vor Gericht nicht erscheinen. Eine ist nicht aufzutreiben, die andere weigert sich.

Der Vorsitzende der Strafkammer versucht, auf Umwegen die Frage der Herkunft der beiden Frauen, Nadia und Samira, zu klären, die als Zeuginnen geladen und erschienen sind.

»Sie kommen ja aus Bulgarien. Sprechen Sie zu Hause bulgarisch oder türkisch?«

»Gehören Sie zum gleichen Familienverband?«

»Gehören Sie zum gleichen Romaverband?«

Er bekommt ausweichende Antworten, also eigentlich keine. Man sei nicht aus dem gleichen Ort, man sei nicht verwandt, so in etwa; weiter nachgefragt wird nicht.

Die Kammer steht vor einem Dilemma. Beide Frauen hatten bei der Polizei in etwa die gleiche Geschichte erzählt: vom Heiratsversprechen. Dem Anschaffengehen in Frankfurt »sieben Tage die Woche«. Dass sie das gesamte Geld, das sie einnahmen, an Metin abgeben mussten. Dass Metin sich habe aushalten lassen.

»Hundertsechzig Euro am Tag« kostete das Zimmer im Bordell im Bahnhofsviertel. Zwischen hundertfünfzig bis zweihundert Euro hat Nadia am Tag verdient, »mehr hab' ich nicht geschafft«, sagt sie. Deshalb ging sie noch putzen. Samira schaffte mehr, bis zu siebenhundert Euro täglich. Das macht sie immer noch.

Geschlagen seien sie auch worden von Metin, sagten die Frauen bei der Vernehmung durch die Polizei.

Und wenn kein Zaster war, hat er mich angehaucht.
Da hieß es gleich »du, ich versetz dein Ring«.
Ein Ring, ganz gut, doch ohne geht es auch.
Ich fragt' ihn manchmal direkt, was er sich erdreiste.
Da hat er mir aber eins ins Zahnfleisch gelangt.
Da bin ich manchmal direkt drauf erkrankt!

In der Verhandlung ist keine Rede mehr davon. Beide erzählen so offensichtlich unwahr, wie absolut freiwillig sie als Prostituierte arbeiteten. Wie sie sich mit Metin die Kosten des Lebensunterhaltes teilten. Dass er auch arbeiten ging, »auf dem Bau«.

Nadia allerdings hyperventiliert zu Beginn ihrer Vernehmung im Gericht so stark, dass man befürchtet, sie breche jeden Moment zusammen. Keinen Blick wagt sie in Metins Richtung. Der sitzt eh mit gesenktem Kopf da. »Mit einem Türken« sei sie nun zusammen und brauche nicht mehr arbeiten, beantwortet sie die Frage der Kammer, ob sie immer noch als Prostituierte arbeiten würde. Ihre Angst springt einen an. Hat Metin sie bedroht, damit sie wieder für ihn anschaffe, fragt sie der Vorsitzende. Nein. »Sind Sie geschlagen worden?« Nein. »Haben Sie aber bei der Polizei so gesagt.« Nadia hält sich die Brust und atmet schwer. Sie antwortet mit heiserer, kaum hörbarer Stimme.

»Hat man Sie unter Druck gesetzt, auf eine bestimmte Weise hier auszusagen?«

»Nein.«

»Hat man Ihnen Geld angeboten, wenn Sie heute hier in einer bestimmten Weise aussagen?«

»Wer sollte mir Geld geben.«

Genau die gleichen Antworten von Samira. Die einzigen

Probleme, die es mit Metin je gegeben habe, hätte nur »die Miglena« verursacht, diese Frau habe ihr den Metin wegnehmen wollen, sagt Samira. Sie starrt Metin an. Der rührt sich nicht.

Der Vorsitzende gibt auf und entlässt Samira. Sie setzt sich in den Zuschauersaal.

Eine dritte Frau erscheint als Zeugin. »Die Miglena.« Bei ihr besteht nicht der Verdacht, dass Metin ihr Zuhälter war. Allerdings kennt sie ihn schon »seit vielen Jahre, noch aus Bulgarien«. Miglena wird vorgeworfen, »auf Nadia und Samira eingewirkt zu haben«, für Metin anschaffen zu gehen. »Wie sollte ich das machen?«, entgegnet sie. »Sollte Sissy noch weiterarbeiten?«, fragt der Richter. Er meint Samira, nicht Nadia. »Wie sollte sie, sie ist doch schwanger, wie sollte das gehen?« Miglena zuckt mit den Schultern. Der Vorsitzende mustert sie. Einen Moment lang spricht niemand. Metin »hat mein Haus gebaut«, in Bulgarien, »er war immer in Arbeit, er ist ein wunderbarer Mann«, so Miglena weiter. Er habe »goldene Hände«. Miglena ist hart und abgebrüht. Ihre Stimme sicher und kühl. Die Kammer kann ihr gar nichts. Ob sie wisse, dass die Nadia sich von Metin getrennt habe, um mit einem Türken zusammenzuleben, fragt sie der Vorsitzende. »Sogar der Bandenführer in Bulgarien weiß das«, antwortet sie lässig mit einer Selbstverständlichkeit, die alle Anwesenden erst stutzig macht und dann auflachen lässt. Nachfragen gibt es keine dazu. Metin habe zu ihr immer gesagt, sie solle sich eine normale Arbeit suchen. »Wir haben sogar am Flughafen nach Arbeit gesucht, und in ein paar Tagen werde ich dort vielleicht anfangen«, sie wirft ihr langes Haar in den Nacken. Zusammenziehen wollen sie und Metin, sagt Miglena ungerührt. Der Vorsitzende seufzt. Die Zeugin wird entlassen.

Nach ihr erscheint einer der Ermittlungsführer der Polizei vor Gericht. Yussuf, 35 Jahre alt. »Meine Kollegin und ich sind eigentlich Rauschgiftermittler.« Die Telefonüberwachung von Metin erfolgte, weil man »Kokainschmuggel aus Bulgarien in nicht geringer Menge« vermutete. Schnell kamen die Beamten aber auf Zuhälterei. Bei der Vernehmung der beiden Frauen auf der Dienststelle hätten sie »das Gefühl gehabt, dass die frei aussagten. Da kamen ja auch vernünftige Antworten, die zu den Fragen passten. Seine Masche ist, die Gründung einer Familie zu versprechen, eine gemeinsame Zukunft, und das Geld durch Prostitution zu verdienen.« Der Richter hält dem Beamten die heutigen Aussagen der Frauen entgegen, die gesagt hätten, sie seien freiwillig nach Deutschland gekommen, hätten freiwillig diese Arbeit gemacht. Yussuf schüttelt den Kopf. »Die Nadia ist nicht in der Lage, sich alleine eine Wohnung zu suchen!« Sie hätte nicht mal eine Ahnung gehabt, wo genau sie in Deutschland gelandet sei. Nadia hat nie eine Schule besuchte. Sie ist in Bulgarien aufgewachsen und kann nur türkisch.

Der Polizist spricht eindringlich, engagiert und im Laufe seiner Vernehmung zunehmend frustrierter. Für ihn und seine Kollegin ist die Sache klar: »Es ist doch ganz deutlich: Er bestimmt die Dauer, den Ort. Er versorgt die Prostituierten mit BTM«, Betäubungsmitteln, um durcharbeiten zu können, »er droht. Er lenkt, bestimmt und kassiert. Das ist doch eindeutig! Ich kann gar nicht verstehen, wie man zu anderen Schlüssen kommen kann!« Für den Ermittler der Polizei ist die Sache offensichtlich. Der Richter hält ihm vor, dass beide Frauen hier aussagten, sie hätten das alles aus Liebe gemacht. »Ja«, stöhnt der Beamte irgendwann leise auf und faltet ergeben die Hände.

Seine Kollegin, Konstanze, 31 Jahre, die andere Ermittlungsführerin, wird nach ihm hereingebeten. Metin »hat nicht gearbeitet«. Nach »Liebeslist klingt das für mich. Nadia, ohne ihr zu nahe zu treten, kann nicht für sich sorgen, ist drogensüchtig. *Wenn du nicht arbeitest, verlieren wir die Wohnung, dann landen wir auf der Straße*, sagt er zu ihr am Telefon. Sie weiß nicht, dass es Obdachlosenheime gibt.« Die Polizistin zitiert aus den Protokollen der Telefonüberwachung: »Sissy fragt weinend, warum Metin sie wieder nach Deutschland gebracht hat. Sie fragt ihn, ob sie Deutschland noch vor der Abtreibung verlassen kann. Nein, sagt er. Ob sie einen Monat später darf? Nein.« Die Beamtin legt die Hände auf die Akte vor sich. Die ist voller Markierungen, extra für die Hauptverhandlung. Die Beamtin blickt auf: »Das heißt doch, er bestimmt!« Der Vorsitzende, nach einer kleinen Pause, wirft ihr hin: »Sie kennt die Sprache nicht, sie kennt hier keinen. Aber das geht mir auch so, wenn ich im Ausland bin.« Die Beamtin geht noch einmal in die Startlöcher. Sie spricht über die abgehörten Bedrohungen, die Beschimpfungen und fügt hinzu: »Man kann auch gegen Metin keine Aussage machen. Alle kennen ihn im Bahnhofsviertel.« Bei Miglena, »die ganz anders im Leben« stehe, »hat man fast den Eindruck, dass sie zusammen mit Metin arbeitet«. In einem Telefonat sagt Metin zu Miglena: »*Ich bring ihr Zigaretten und Pizza*. Pizza steht wahrscheinlich für Drogen, *damit sie weiterarbeiten kann*.« Nadia »soll 24 Stunden durcharbeiten«, das sagte auch Samira aus. »Hat sie hier wahrscheinlich auch nicht wiederholt«, bemerkt die Ermittlungsführerin resigniert, klappt ihre Akte zu und wird entlassen. Auf dem Flur tauschen die beiden Polizisten ein Kopfschütteln, bevor sie wieder zum Dienst gehen.

»Gestatten Sie mir eine Frage zu Ihrer Person?«, wendet sich der Richter nach einer kurzen Pause an Metin. Ja. 1976 ist der in Bulgarien geboren. Die Eltern arbeiteten in der Landwirtschaft. Bis zur achten Klasse ist Metin zur Schule gegangen, hat dann auf dem Bau gearbeitet. Vor ungefähr zehn Jahren ist er nach Deutschland gekommen und pendelt seitdem zwischen Bulgarien und Deutschland.

»Haben Sie Kinder?«

»Ja. Drei. Wenn ich Geld habe, unterstütze ich die auch.«

»Aber Sie haben ja kein Geld.«

»Nein.«

Der Staatsanwalt erhebt sich zu seinem Plädoyer: »Menschenhandel zum Zwecke der sexuellen Ausbeutung seh' ich nicht. Mit Zuhälterei hab' ich auch Schwierigkeiten. Ausbeuterische Zuhälterei seh' ich auch nicht. Das Aushalten ist sicher misslich, aber nicht strafbar. Es ist nicht strafbar, das Geld von Prostituierten zu nehmen.«

Der Verteidiger erklärt, dass sein Mandant »für eine Verfahrenseinstellung« auf eine Entschädigung für die fünf Monate, die er in Untersuchungshaft saß, verzichtet. So geschieht es. »Das Verfahren wird eingestellt. Die Kosten und notwendigen Auslagen trägt die Staatskasse«, verkündet das Gericht. Samira bekreuzigt sich viele Male.

Das war so schön in diesem halben Jahr,
In dem Bordell, wo unser Haushalt war.

»Die Zuhälterballade« singen Seeräuber-Jenny und Mackie Messer in der »Dreigroschenoper« von Bertolt Brecht / Kurt Weill.

Schlangengrab

»Die Schlangen wirkten teilnahmslos«, so die Amtstierärzte vor Gericht. Für die meisten der Tiere aus Herrn Krks Zucht kommt jede Hilfe zu spät. Ja, »das ist wirklich schlecht gelaufen«, gibt er zu.

Schlangen sind morphologisch ja ähnlich aussehend, nämlich lang«, führt die Amtstierärztin aus, »jedoch sind die Arten sehr unterschiedlich. Die wechselwarmen Tiere sind schwierig zu halten. Ihre Lebensfunktion hängt vom Stoffwechsel ab. Zur Häutung schaben sie an Gegenständen. Sie fangen mit dem Kopf an und ziehen sich die Haut ganz runter.« Wenn sie »Häutungsprobleme« haben und beispielsweise die Haut auf den Augen nicht loswerden, kann es auch passieren, dass sie erblinden. »Schmerzen-Leiden-Schäden zeigen Reptilien erst spät.« Sie könnten weder lachen noch sich durch Laute mitteilen, so die Ärztin. Wenn man bemerkt, dass es ihnen schlechtgeht, »ist es eigentlich schon zu spät«. Boas oder Tigerpythons hätten auch gerne einen Baum zum Hochschlängeln. Die Tiere benötigen eine Grundumgebungstemperatur von zwanzig bis dreißig Grad und eine »lokale Strahlungswärme an einem Rückzugsort von dreißig bis 35 Grad«. Der Kollege Tierarzt führt aus, dass, »wenn eine Schlange stirbt, es durchaus üblich ist, diese im Hausmüll zu entsorgen, so wie Singvögel auch«. Bei einer größeren Anzahl Kadaver könne man einen speziellen Dienstleister der Entsorgungsbetriebe rufen. Der Preis »geht nach Kilo«.

In dem Fall, der vor der Abteilung 943 des Amtsgerichts verhandelt wird, hätte der Preis wohl zwischen zweihundert und dreihundert Euro gelegen.

Tomas Krk muss sich dafür verantworten, »Wirbeltiere ohne vernünftigen Grund getötet zu haben«. Wegen eines Wasserrohrbruchs war die Polizei zu einem Haus gerufen worden, das zu Wohnzwecken »nicht mehr zugelassen war«. Durchs Fenster sah man eine Schlange an der Wasserleitung hängen. Der Clubbesitzer von nebenan erzählte den Beamten, dass regelmäßig »ein Mann mit Mäusen« komme. Den ermittelte man und rief ihn herbei, einen Veterinär auch – nachdem man die Tür geöffnet hatte. Offenbar war schon lange niemand mehr mit »Mäusen, Ratten oder Meerschweinchen« vorbeigekommen. Zum Saubermachen noch länger nicht; auch nicht, um die Wasserschalen aufzufüllen. 26 tote Schlangen, darunter eine 35 Kilo schwere Albino-Tigerpython, werden gezählt, wie viele tote Tiere es genau sind, ist nicht mehr feststellbar. »Wegen der Autolyse.« Plastiksäcke voller Kadaver finden sich, viele schon zersetzt. 27 Tiere leben noch. »Sie wirkten teilnahmslos.« Alle sind sehr abgemagert, zum Teil ist die »Wirbelsäule stark sichtbar«, und jede der Schlangen ist von Milben befallen. Die beiden Räume sind völlig verdreckt. Es gibt auch keine Einstreu für die Tiere. Überall liegen Hautreste herum, wochenalte. In den ausgetrockneten Trinkschalen finden sich nur Schuppen der Tiere.

»Das ist wirklich schlecht gelaufen«, gibt Herr Krk zu. Er hatte halt ein schweres Leben zu dem Zeitpunkt, sein Gehalt nicht bekommen, Stress gehabt, viel gearbeitet. Er wollte ja ein Terrarium bauen!

»Wann hat das denn angefangen mit dem Schlangensterben?« – »Im November, Dezember.« Mitte Januar wird die Schlangengruft entdeckt. Die Richterin, die ausführliche Mappe mit Fotos durchblätternd, ist konsterniert. »Ja, aber wenn einem die ersten vier Tiere sterben, dann holt man doch spätestens einen Tierarzt!«

»Den Wasserschaden hat die Schlange verursacht, weil sie die Heizung hochgeklettert ist.« – »Weil sie sie nicht artgerecht gehalten haben!« Wozu er sich als Privatperson überhaupt sechzig Schlangen halte? »Ich wollte eine Zucht aufbauen«, Reptilien halte er schon seit dreißig Jahren, »nicht so, aber ich kenn mich aus«. Das darf bezweifelt werden.

Die Staatsanwältin betont die »Rohheit in der Einstellung«, auch dass er sich noch hier zu belustigen scheine, regt sie auf. »Der Grad der Vernachlässigung macht einen sprachlos.«

42 Tagessätze à dreißig Euro sowie ein Verbot der Reptilienhaltung für drei Jahre urteilt die Strafrichterin. Um die Schlangen, die überlebt haben, kümmert sich der Zoo.

Haben Sie »Nein« gesagt?

82 Jahre alt ist der Mann, den seine letzte Ehefrau, eine Dame von 71 Jahren, angezeigt hat wegen Vergewaltigung. Der Zuschauersaal ist in diesem Verfahren vor dem Amtsgericht bis auf den letzten Platz gefüllt.

Wie trägt man Sex in die Öffentlichkeit? Wie schildert man Szenen einer Ehe vor Gericht? Intimitäten? Vor einer Kammer, Journalisten, einer Klasse von Auszubildenden, den Rentnern, die sich ihre Zeit dort vertreiben? Wie spricht man vor Fremden über Bettgeschichten, sexuelle Vorlieben, »gewohnte Stellungen«? Beantwortet detailliert Fragen nach »Analverkehr, wie?«

»Wie oft?«

»Wie haben Sie sich dabei gefühlt?«

»Wollten Sie das?«

»Wie haben Sie zu verstehen gegeben, dass Sie nicht einverstanden waren?«

»Haben Sie geweint?«

»Haben Sie *Nein* gesagt?«

Verhandlungen vor Gericht sind öffentlich. Ausgeschlossen wird das Publikum in der Regel nur, wenn Jugendliche angeklagt sind oder eine Scheidung abzuwickeln ist.

Wenn eine 71-Jährige ihren Ehemann wegen Vergewaltigung anzeigt, ist das Interesse groß und der Zuhörerraum gefüllt. Der Richter in diesem Verfahren, etwa halb so alt wie die ehemaligen Ehegatten, ist bedächtig, zurückhaltend. Er muss all das fragen. »Zur Klärung des Sachverhalts. Wir wollen ein gerechtes Urteil fällen.«

82 Jahre alt ist der tiefgebräunte, teuer, lässig weltläufig gekleidete inzwischen »Ex«-Ehemann. Es war seine sechste Ehe. Seiner ehemaligen Ehefrau, blondiert, die Haare zum Zopf gebunden, Faceliftingnarben hinter den Ohren offenbarend, was ihre traurigen Schnabellippen erklärt, sitzt er abschätzig gegenüber. Selfmademillionär, stolz auf sein Lebenswerk schauend, hat der kleine, zähe Mann nur gar nicht verhohlene Geringschätzung übrig für all die Frauen, »die immer nur sein Geld wollten« und ihn deshalb bezichtigten, sie schlecht behandelt zu haben. »Diese da« genauso wie ihre Vorgängerin, »die 300 000 Euro« bei ihm herausholte, auch mit dem Vorwurf, er habe sie vergewaltigt. »Ergaunert« habe diese sich das Geld. »Erlogen und erschwindelt« seien deren Vorwürfe gewesen, wie auch die seiner sechsten, ihm nun gegenübersitzenden Exgattin. Die Ehe, diese letzte, währte nicht lang, ein paar Monate nur. Über eine Kontaktanzeige lernte Frau Koralle Herrn Ferdinand kennen. Man traf sich zum ersten Kennenlernen in einem Restaurant in der City. »Erschrocken« habe er sich, sagt Herr Ferdinand mit entspannter Verachtung in der Verhandlung, »als da diese Omi kam«.

Er ist zu dem Zeitpunkt noch verheiratet, seine Frau Nummer fünf ist Spanierin und lebt auf Gran Canaria, wo er, der Münzdrucker, sich »als zweites Standbein ein Hotel und Restaurants gekauft hat«, denn »Gran Canaria hat ja das beste Klima der

Welt«. Wenn er seinen Lebensweg, den beruflichen, schildert, wird der Saal mit Stolz, Vergnügen, Begeisterung, Unglauben und ungemeinem Hochmut geflutet. Sein Verteidiger agiert wie ein bestellter Applausant. In der Tat hat der Mann einen erstaunlichen Lebensweg genommen. »Mit neuneinhalb zum Volkssturm von der SS gezogen«, hat ihn »ein Tieffliegerangriff am Oberschenkel« verwundet. 25 Jahre hatte er »daran zu tun. Die Volksschule – nur halb.« Aber, »da haben mir meine Götter geholfen«, er macht mit fünfzehn eine Lehre als Schaufensterdekorateur beim Kaufhof. Nach vier Jahren macht er sich mit einem Kompagnon selbständig. Der stirbt bald darauf. Er baut das Geschäft allein weiter auf, kauft ein Grundstück. Stellt »Kassetten für Münzen« her und wird reich damit. Mit »zwei Fabrikationshallen und einer Siebdruckerei« und einem »Auftrag des Finanzministeriums« ist der Grundstein für das persönliche Wirtschaftswunder gelegt. Nach »zehn, zwölf Jahren« kommt ihm in den Achtzigern die Idee, auch »Münzen zu machen«. Er investiert »zwei Millionen« und »springt ins kalte Wasser«. Kopfschüttelnd, lachend kommentiert er, wie er »ohne zu wissen, wie's geht«, wagt und gewinnt. 2002 schließt er seine überaus erfolgreiche Firma und widmet sich nur mehr dem Hotel und der Gastronomie auf Gran Canaria und dem schönen Leben in dem »Schlösschen, dass ich mir gebaut habe« im Taunus.

Frau Ferdinand-Koralle, jetzt wieder bitte nur Koralle, sagt sie, hat Herrn Ferdinand angezeigt wegen Vergewaltigung, Beleidigung und Bedrohung. Es geht um zwei Geschehnisse zwischen dem Ehepaar an aufeinanderfolgenden Tagen, die das Zusammenleben und die Ehe beendeten. »Wir hatten die jüngste Tochter von Herrn Ferdinand im Haus«, berichtet Frau

Koralle dem Schöffengericht. »Ich bin selbst Mutter und Großmutter, wenn Kinder im Haus waren, war Sex ein absolutes Tabu. Sexvideos guckt er alleine in seinem Herrenzimmer, das hat er trotzdem gemacht. Am Vortag auch, deshalb hatten wir Streit.« 2002 hatte er seine Prostata-OP, seitdem hat er Viagra genommen und sagte dann immer, »wenn ich Viagra nehme, hab' ich nicht lange Zeit«. Um sechs Uhr morgens wurde sie wach, »weil mir jemand auf den Kopf gehauen hat. Ich habe meine Vitamine genommen, können wir Sex haben. Er hat es zwar anders ausgedrückt, aber ich schäme mich, es zu sagen. Nie hatte er solche Probleme, nur mit mir, nur ich würde mich so anstellen. Ich hab' nachgegeben.« Noch schlaftrunken von der Schlaftablette, die sie jede Nacht nimmt, lässt sie ihn gewähren, nur als er, von hinten in sie eindringend, anschließend auch noch Analverkehr will, sperrt sie sich. Nein – nein sagt sie nicht. »Wir sind verheiratet, ich kann mit dir machen, was ich will. Anderen Frauen gefällt das. Nimm das Kissen und beiß' da rein«, habe er gesagt. Herr Ferdinand grinst an dieser Stelle. Er hatte zuvor erzählt, dass ihm sein Arzt »Hilfsmittel verschrieben« hätte, auch »einen Penisring« habe er getragen, »ganz normalen« Geschlechtsverkehr hätten sie gehabt. Analverkehr? »Nie gemacht! Das find ich 'ne Sauerei! Bösartige Unterstellung!« Wegen des jungen Mädchens, seiner Tochter, die direkt im Zimmer über ihnen geschlafen habe, hätte sie sich nicht lautstark zur Wehr gesetzt, beantwortet Frau Koralle die Frage der Staatsanwaltschaft. Noch Wochen habe sie Schmerzen gehabt und tagelang unter Inkontinenz gelitten.

Zwei Tage später – beide kommen mittags aus seinem Büro und bereiten sich in der Küche jeweils ihre eigenen Mahlzeiten zu, sie Kartoffeln, er brät sich Spaghetti vom Vortag »nach Lafers Art« – zieht er seine Hose runter, er trägt den Penisring und fordert sie auf, vor ihm zu knien und ihn zu befriedigen. Sie weigert sich. Da kommt ihm die Erleuchtung, da ist es ihm nun schlagartig klar, da sagt er: Mit dem Gärtner treibt sie es! Deshalb hat sie so wenig Lust auf ihn! Und der Gärtner »ist beim medizinischen Dienst, der gibt dir was, das machst du mir ins Essen, du vergiftest mich. Mir ist ja immer so schlecht!« Sie sagt, sie will zum Schrank, wo alle Telefonnummern aufbewahrt werden, den Gärtner anrufen, den ungeheuerlichen Vorwurf klären. Er packt sie am Pferdeschwanz, zieht sie daran, »wenn ich an die Messer komme, bist du tot«. Ganze Haarbüschel reißt er ihr aus. Ihr gelingt die Flucht nach draußen, weil sie ihn durch Ziehen an einem Teppichvorleger zu Fall bringen kann. Beim Nachbarn ruft sie die Polizei.

Dem ist ihr Auftritt bei sich im Haus peinlich. Die Frau, die Kinder. »Eine Stunde« habe sie ihm geschildert, was zwischen den Gatten, seinen Nachbarn, hinter verschlossener Tür abging. »Dass sie quasi in Gefangenschaft nebenan gelebt hat«, richtig erinnern kann er sich nicht an das, was sie berichtete, denn »ich wollte nichts hören«. Er hatte ihr, im Winter nur in einer Jogginghose und einem T-Shirt bekleidet, seine Jacke geliehen, als sie aus dem Haus geflüchtet war und auf sein Grundstück lief. Als sie diese am Abend zurückbringt und anfängt zu erzählen, hat er »das Gefühl, beeinflusst zu werden«, dass »sein Geist gelenkt werden soll«. Die Nachbarn »bedanken sich an Weihnachten«, ansonsten lebt jeder für sich. »Das war ziemlich blöd. Sie müssen ja ein schlechtes Bild von mir haben«, sagte Herr Ferdinand ein paar Tage später zu ihm. »Herr Ferdinand. Ich will nicht mal darüber reden«, habe er geantwortet. »Aus dem Haus geprügelt« worden sei sie, hatte sie dem Nachbarn erzählt. »Und am Dienstag musste ich noch die Vergewaltigung ertragen, das ist mir so rausgerutscht. Dicke fette Kuh, zu nichts zu gebrauchen. Du bist nichts wert, du hast lediglich zwei Kinder auf die Welt gebracht und einen Job gehabt«, habe sie sich von Herrn Ferdinand anhören müssen. Die »Haushure«, sagte er, sei sie. »Rassistisch« wäre er auch noch, erklärt sie ihrem iranischen, nunmehr ehemaligem Nachbarn.

Frau Koralle packt ihre Sachen im Beisein der eingetroffenen Beamten, geht erst mal in ein Hotel, am nächsten Tag zu ihrer Schwester und erst am dritten Tag zum Arzt. Dass ihr Haare ausgerissen wurden, kann dieser sehen, dass sie Hämatome an den Handgelenken hat, auch. Gynäkologisch untersuchte sie ihr Hausarzt natürlich nicht. Aber der Herr, den Frau Koralle »als einzige Vertrauensperson« vor Gericht bezeichnet, sagt, einen »sexuellen Hintergrund haben wir nicht diskutiert. Aber wenn man mir gesagt hätte, dass man unter Inkontinenz wegen sexueller Gewalt leide, hätte ich sicher geraten, noch am Abend in ein Krankenhaus zu gehen. Das würde ich nicht vergessen, und das hätte ich sicher vermerkt.« Als Arzt wundere man sich ja über nichts mehr. Deren »Beziehung war geprägt von Aufregungen, Krieg und Frieden, Versöhnungen, und plötzlich war man verheiratet«. Frau Koralle sucht Tage nach der Geschichte ein Krankenhaus auf und lässt sich untersuchen. Die Oberärztin erinnert sich vor Gericht, dass Frau Koralle »nicht nur im vertraulichen Gespräch, sondern auch vorher der Pflegekraft schon etwas erzählt hatte«. Selbstbewusst sei Frau Koralle aufgetreten, »hat gesagt, das ist schon mehrfach aufgetreten und sie wolle das jetzt endlich mal dokumentieren und dagegen vorgehen«. Der Mann würde sie regelmäßig missbrauchen. Die Gynäkologin stellte »Hautläsionen an After und Scheide fest«, dass »der Schließmuskel klaffte«, »Einrisse an der Schleimhaut«. »Es war sicherlich kein sanfter Verkehr.«

Doch »es gibt ja auch einvernehmlichen Geschlechtsverkehr mit Gewalt«.

»Einkaufen durfte ich schon lange nicht mehr alleine. Das Handy musste ich im Wohnzimmer auf den Couchtisch legen zur Kontrolle.« Bei allen Telefonaten »musste auf Lautsprecher gestellt« werden. »Eine Frau gehört an den Herd mit einem Strick um den Hals, dass sie gerade noch bis zum Mülleimer kommt«, habe er immer gesagt. Viel gereist seien sie. »Dreimal auf die Philippinen« für einige Wochen. »Ich bin so alt, lass mich noch mal was erleben«, meinte er zu ihr. Sie besorgte ihm »zwei Mädchen. Ich hab' da angerufen, wo die Mädchen vermittelt werden.« Über »verschiedene Leute« besorgte sie auch »Hilfsmittel« für ihn. »Plastiksäcke voll hat er schon gehabt, als wir uns kennenlernten.« Von diesen Urlauben gibt es Erinnerungsfotos, sie werden dem Gericht vorgelegt. Geschossen sind diese von ihr. Der Herr Ferdinand und die jungen Philippinas. Frau Koralle zeigt auch ein paar der blauen Tabletten, die sie noch in einer Zigarrenschachtel »›Blonde Señoritas‹, seiner Haus-und Hofmarke« aufbewahrt hat.

Es sei ja »sehr viel leichter an Geld ranzukommen, wenn man verheiratet« ist, Herr Ferdinand hat wieder das Wort. »Diese Person« da habe ja nie Geld gehabt. »In einer schwachen Stunde« habe er ihr 200 000 Euro geliehen, weil sie sich eine Wohnung kaufen wollte. »Daraus wurde dann ein Haus am Bodensee.« Im Prinzip hätten sie »nie eine richtige Beziehung gehabt«. Und »Vergewaltigung – das ist der große Witz des Jahrhunderts«. Viagra nehme er nicht, das vertrage er gar nicht. Im Übrigen kann er nicht gut laufen, hat »zwei Stents und einen Filter« im Herzen, ist zu Sex gar nicht mehr in der Lage. »Zum Glück habe ich mein Schwimmbad im Haus«, ohne Schwimmen würde er morgens gar nicht mehr in die

Gänge kommen. Und die andere Geschichte, »ganz ruhig habe ich mit meinen Nudeln gesprochen. Auf einmal schreit sie, das war 'ne andere Stimme als hier im Gericht, und reißt sich die Bluse auf und rennt aus dem Haus.« Herr Ferdinand zeigt der Kammer auch ein Foto seines beschädigten Beins. »Haben Sie auch ein paar Strandbilder dabei?«, fragt ihn der Anwalt von Frau Koralle.

Die Staatsanwältin plädiert eineinhalb Stunden. Während ihrer Ausführungen moniert Herr Ferdinand, dass er nichts verstehe – sein Gehör ist geschädigt, weil er in seiner Münzfabrik nie einen Ohrschutz trug, und seine sechste Frau weint leise. Die Staatsanwältin zieht Kreise. Große, kleiner werdende. Die Aussage »Analverkehr ist eine Sauerei« sei unglaubwürdig, die Verletzungen seien da. »Die alte Rechtsprechung erfordert aber ein Mittel der Gewalt. Wir haben keine objektiven Zeugen. Das ist natürlich immer das Problem.« Die Anforderungen »für Vergewaltigung sind hoch, wenn es zunächst einvernehmlich« zum Beischlaf kam. Es gebe »gewisse Zweifel an der Gewaltanwendung« und »viele kleine Anhaltspunkte, die dagegen sprechen«. Der Vorwurf sei »nicht mit der erforderlichen Sicherheit« für eine Verurteilung erwiesen. Die »sehr detaillierten Informationen«, auch durch den Hausarzt, belegen für das zweite Geschehnis genügend Anhaltspunkte für eine Körperverletzung, wie die sichtbar herausgerissenen Haarbüschel, außerdem sei »der Tatbestand der Beleidigung und Bedrohung« erfüllt. Sie fordert eine Geldstrafe von hundertsechzig Tagessätzen à zweihundert Euro, seinen finanziellen Verhältnissen entsprechend.

Der Verteidiger führt kurz aus, dass es »von unserem Standpunkt keine Vergewaltigung, Bedrohung und Körperverletzung«

gegeben habe, und fordert einen Freispruch »in dubio pro reo«. Herrn Ferdinands letzte Worte: »In meinem ganzen Leben hab' ich keine Frau geschlagen, hab sie verwöhnt, manchmal zu viel, und dafür bin ich ausgenommen worden wie eine Weihnachtsgans.«

Das Amtsgericht folgt den Ausführungen der Staatsanwaltschaft zur Gänze und verurteilt Herrn Ferdinand außerdem noch zur Zahlung eines »angemessenen Schmerzensgeld«. Dass es »keine Beziehung auf Augenhöhe war«, sei offensichtlich, doch »Gewaltmittel oder Gefahr für Leib und Leben« seien nicht erwiesen. »Letztendlich« habe Frau Koralle »es über sich ergehen lassen«. Zu Herrn Ferdinands Gunsten spreche sein Alter, dass er keine Vorstrafen habe. Es sei außerdem »mehr als unglücklich gewesen, dass das Verfahren so lange dauerte«. Drei Jahre sind seit diesen Szenen einer Ehe vergangen, bis sie vor Gericht landeten.

Abgefackelt

»Eine fremde Hütte« soll Heiderose angezündet haben. Brandstiftung lautet die Anklage. Nein, widerspricht Heiderose glockenhell. Eine fremde Hütte war das nicht.

Heiderose ist 46 Jahre alt. Eine schmale Frau in derben Arbeitsschuhen. Die hohen Wangenknochen geben dem Gesicht Kontur. Die Haut ist ebenmäßig, ihr Haar kurzgeschoren. Die Bewegungen, mit denen sie vor Verhandlungsbeginn die Ärmel ihres Shirts hochkrempelt, die zarten Unterarme bloßlegend, sind sehr geführt.

Brandstiftung, Paragraph 306a, wird Heiderose vorgeworfen. Vor acht Monaten soll sie »eine fremde Hütte« angezündet haben, trägt der Staatsanwalt vor. Er ist sehr jung und sehr ernsthaft. Jeden Satz spricht er, als würde er ihn noch mal prüfen und im Nachklapp wiegen. Ziemlich entwaffnend ist das.

Wie bei jedem Strafprozess werden zunächst »die Personalien erörtert«. Heiderose antwortet auf die Frage nach ihrer Adresse: »Ich bin ohne festen Wohnsitz.« Ihre Stimme ist klar und kultiviert. Ihre Verteidigerin übernimmt es zunächst, die Anklage zurechtzurücken. Es war keine »fremde« Hütte. In der gemeinsam selbst ausgebauten Gartenlaube wohnten Heiderose und Dieter zusammen. Als Wohngemeinschaft, nicht als Paar. Es gab die Vereinbarung zwischen ihnen, »niemand sonst dort zu beherbergen«. Als Heiderose Dieter an dem Tag an der U-Bahn-Haltestelle trifft, ist er in Begleitung zweier Frauen, eine trägt ihre Jacke. Er hatte in ihrer Hütte mit den beiden Kaffee getrunken. Das habe »eine ziemliche Wut« in Heiderose ausgelöst.

»Es war keine Wut«, widerspricht Heiderose ganz ruhig. Ihre Stimme wandert leichtfüßig dahin. »Diese Drohungen, mein Zuhause zu verlieren«, seien es gewesen. Denn als sie nach Hause gekommen war, früher schon einmal an dem Tag, saß diese Frau »auf meiner Bettseite, mit meinen Kleidern, trank meinen Kaffee aus meiner Tasse. Mein Pfandgeld hatte er sich auch genommen. Wir hatten ganz klare Absprachen«, nicht noch andere Leute in die Hütte einzuladen.

»Die Schwägerin der Pächterin von nebenan hat erlaubt, dass wir da leben, solange wir nicht so viele sind. Uns dreien.« Es gibt noch eine zweite bewohnte Hütte dort auf dem Grundstück. Es gab auch eine dritte, in der Heiderose vorher alleine lebte. Zu Dieter war sie gezogen, als »ich im Januar versehentlich mein Haus abgebrannt hatte«. Die Schöffin fragt, wie das passiert sei. »15,90 Euro kostet eine Gasflasche«, so viel hatte sie nicht. Sozialhilfe hatte Heiderose abgelehnt, sie lebte vom Flaschensammeln. Eine Gaskartusche hingegen kostet nur 1,50 Euro, »deshalb hab' ich in Gaskartuschen investiert«.

Ihre Finger waren von der Winterkälte ganz steif, deshalb hantierte sie ungeschickt. »Dann ist Gas ausgeströmt und hat sich an einer Kerze entzündet. Ich hatte Teppiche an den Wänden, die sofort Feuer gefangen haben.« Zum Nachbarn in der anderen Hütte lief sie, damit er Hilfe rufe, doch sein Handyakku war leer. Ihr Zuhause danach war vorher ein Schuppen für

Gartengeräte gewesen, den sie und Dieter gemeinsam zu ihrer Wohnung machten. »Ein Ein-Zimmer-Appartement sozusagen«, sagt der Richter. Das Material dazu sammelten sie in der Stadt zusammen. Sie bauten ein Fenster ein und besorgten ein Schloss. Wieso sie überhaupt obdachlos sei, will der Richter wissen. »Das kann ich ihnen selber nicht sagen.« Zu ihrer Biographie erzählt sie nicht viel. »Ab zwölf« habe sie bei ihrer Mutter gelebt, »die neunte Klasse abgebrochen«. Vor sieben Jahren hat sie »bei der IHK zu Köln« einen Waffensachkundeschein gemacht, anschließend dort für die Deutsche Bahn als Sicherheitsmitarbeiterin gearbeitet und auch in einer Gartenhütte gewohnt. Vor drei Jahren kam sie zu einem Vorstellungstermin nach Frankfurt. Dort nächtigte sie im Obdachlosenheim. Abends ging sie durch den Park, an dem das Asyl liegt, um Tabak zu kaufen. »Wegen drei Euro siebzig, die ich dabei hatte«, wurde sie »zusammengeschlagen« und ihr »das Nasenbein gebrochen. Da hat die Frau vom Obdachlosenheim gedacht, dass ich Männerbesuch hatte« und sie rausgeworfen. In ein anderes Asyl »mit drei Frauen in einem Zimmer« sollte sie umziehen. »Da bin ich gegangen und habe unter der Brücke geschlafen.« – »Mm«, macht der Richter. »Alkohol?« – »Ich trinke seit meiner Jugend«, antwortet Heiderose schlicht; man sieht es ihr nicht an. Die blauen Augen sind ungetrübt, ihre Haltung ganz gerade. »BTM?«, Betäubungsmittel? »Ab und zu Haschisch.« »Andere?« »O nein. Nein, nein.« Ob sie an dem Tag auch getrunken habe? Fünf, sechs Bier, wie normal um diese Uhrzeit so gegen vier, aber das »schlägt bei mir nicht so an«. Sie will keinen Strafnachlass deshalb. »Ich weiß, was ich getan habe. Es tut mir nicht leid.« Wie es zu dem »Zerwürfnis« mit Dieter gekommen sei, will der Richter wissen. »Es gab kein Zerwürfnis«, antwortet Heiderose, hell und mit leisem Staunen. Bei der Schlüsselübergabe habe Dieter gesagt, »wenn ich nach Hause komme, ziehst du aus. *Wenn ich mein Zuhause verliere, verlierst du auch dein Zuhause*«, erwiderte sie. Heiderose ging zu dem Grundstück, sie wusste, wo sie einen Benzinkanister finden würde, ging in ihre Hütte, übergoss eine Rolle Küchenpapier und zündete ihr Zuhause an. Ohne vorher ihre eigenen Sachen zu retten. Vier Wochen lang baut sie es wieder auf. Mit Dieter. Aber sie ziehen nicht mehr zusammen da ein. Heiderose findet Unterkunft bei dem Herrn, der in der anderen Gartenhütte wohnt. Sie lacht wie ein junges Mädchen an der Stelle, »auch als Wohngemeinschaft«. Dieter sieht sie nicht wieder. Er verschwindet einige Zeit später von dort. Auch sie muss bald fort. Eine Zufahrtsstraße soll über das Grundstück gebaut werden. »Wir wissen nicht, wohin« dann. Es schwingt weder Klage noch Bedauern in ihren Worten, ihr Tonfall ändert sich nicht. Sie berichtet die Dinge und ist nicht eine Spur sentimental.

»In 22 Jahren hab ich das auch noch nie so gehabt«, bemerkt Heideroses Verteidigerin. Eine Mandantin, die »ausdrücklich auf ihrer Tat besteht« und ebenso ausdrücklich »keine Minderung« will. Die »zuverlässig« sei. Heiderose habe sich eine Postadresse organisiert und sei stets zu erreichen gewesen, habe auf Schreiben immer umgehend reagiert.

Der Staatsanwalt scheint sich ein bisschen zu quälen mit seinem Plädoyer. Er hat davor bei der Verteidigerin nachgefragt, wie es mit Wohngeld sei, denn mittlerweile hat Heiderose Sozialhilfe beantragt. Auch Jobangebote gab es, am Flughafen, doch nur in »Zwölfstundenschichten, was ich momentan noch nicht schaffe«. Die Verteidigerin erläutert öffentlich in der Hauptverhandlung, was der Staatsanwalt schon weiß. Ohne

Wohnung gibt es kein Wohngeld. Und ohne Geld keine Wohnung. Der Staatsanwalt nickt. Die Tat, die Brandstiftung, ist ein »Verbrechenstatbestand«, doch die Umstände seien besonders, führt er aus. Den »minderschweren Fall« könne man annehmen, auch wenn die Angeklagte keine Reue zeige. »Ihr eigenes Zuhause« habe sie angezündet und wieder aufgebaut. »Hartz IV gibt ihr vielleicht die Möglichkeit, stabilere Verhältnisse aufzubauen.« Heiderose folgt seinen Ausführungen höflich aufmerksam, ohne Bewegung im Gesicht. Sie hat das letzte Wort: »Ich habe nichts mehr zu sagen, Euer Ehren. Danke«, glockenhell.

Das Schöffengericht verurteilt Heiderose schließlich zu zehn Monaten auf Bewährung, zwei Monate mehr, als vom Vertreter der Staatsanwaltschaft gefordert. »So viel Mühe und Arbeit« habe Heiderose in die Hütte gesteckt, die sie anzündete »und wieder aufgebaut« habe. »Ich hab' sie auch wieder eingerichtet, auch einen Teppich reingelegt«, wirft Heiderose ein. Dass sie »keine Reue gezeigt habe«, soll aber nicht »zu ihren Lasten sein. Die Ehrlichkeit ist beeindruckend und durchaus auch ungewöhnlich.« Der Strafrahmen liege zwischen einem und zehn Jahren, die Abwägung sei nicht so einfach. »Es soll nicht zynisch klingen, selbstverständlich hat die Hütte einen erheblichen materiellen Wert, ihre Lebensgrundlage, keine Hütte, sondern eine Wohnung« war diese ja. »Der persönliche Eindruck war ganz entscheidend« und führte schließlich zu diesem milden Urteil.

Die Angeklagte erklärt Rechtsmittelverzicht. Der Staatsanwalt schließt sich an. Damit ist das Urteil rechtskräftig.

Was man so Liebe nennen tut

Peter verwechselt Liebe mit Lust und verliert seinen Kopf an die viel jüngere Nicole, für die er seine langjährige Ehefrau verlässt. Als Nicole sich einem anderen Mann zuwendet, dreht Peter durch.

Wo die Liebe hinfällt. Sie guckt nicht hin und schlägt hart auf. Peter trifft sie vor fünf Jahren ins Mark. In einem Einkaufszentrum kommt er ins Gespräch mit einer jüngeren Frau. Achtzehn Jahre jünger ist sie. Er verlässt seine Frau, die er mit 22 geheiratet hat, und zieht zum Sohn, der in der Nebenwohnung wohnt. Wartet abends, bis es bei der Ehefrau dunkel ist, und geht jede Nacht zu Nicole, seiner »jungen Liebe«. Anderthalb Jahre läuft das so, hin- und hergerissen ist er, dann ziehen Nicole und er zusammen. »Er saß ja zwischen zwei Stühlen, wir, seine Familie, und die Frau Gotthart. Er war aber immer für uns da«, sagt seine Frau.

Peters Leben ist seit seiner Kindheit ein bescheidenes, fleißiges gewesen. Verantwortungsgefühl und Ernst sind seine Pfeiler.

Er wird 1962 in Frankfurt geboren. Neun Geschwister folgen ihm noch, zwei davon werden zur Adoption freigegeben. Die Mutter geht putzen, um die Familie durchzubringen, der Vater

»hat mit 32 Jahren einfach aufgehört zu arbeiten, hat bis mittags geschlafen, dann gesoffen«. Als Ältester ist es nun seine Pflicht, sich um die Geschwister zu kümmern, die immer mehr werden. Sieben Jahre ist er alt, als seine Kindheit aufhört. Zehn, elf ist er, als der Vater anfängt, ihn zu schlagen, auch die Geschwister. »Machten die Kleinen Blödsinn, hab' ich auf gut Deutsch die Dresche gekriegt, denn ich war für sie verantwortlich.« Sechzehn ist er, als er sich zu Wehr setzt und droht zurückzuschlagen. Dann hört das auf. Als eine Schwester mit 21 Jahren stirbt und der Vater nicht mal zur Beerdigung kommt, »da war er für mich gestorben«. Zu des Vaters Beisetzung geht er deshalb nun auch nicht.

Er macht bei Hertie eine Lehre zum Elektroverkäufer, geht zum Bund und heiratet. Fünf Jahre später wird sein Sohn geboren.

»Arbeitslosigkeit kennen wir in unserer Familie ja gar nicht«, erzählt sein Sohn, doch Peter lernt sie kennen. Das letzte Unternehmen, für das er gearbeitet hat, entlässt auf einen Schlag zweihundertvierzig Mitarbeiter, er ist dabei. Mit über fünfzig und nicht ganz gesund, findet der Hausmeister diesmal keine neue Stelle mehr, was ihm schwer zu schaffen macht. Doch auf die jüngere Freundin ist er stolz. Seine Kumpel beneiden ihn. Seit seine Ehefrau vor siebzehn Jahren an Krebs erkrankt war, »ist sexuell nichts mehr gelaufen«. Mit Nicole läuft wieder was. Im Zusammenleben zeigt sich jedoch rasch sehr deutlich, was für ein schwer beschädigter Mensch sie ist. Depressionen quälen sie, denen sie mit den falschen Medikamenten und viel zu viel Alkohol aufwartet. Der Tod der Mutter, die Vergewaltigung durch den Schwager und dessen Bruder sind die Furien, die sie heimsuchen, hinab, hinab, und immer schneller, je mehr sie trinkt, geht diese Jagd. Immer öfter muss Peter sie nachts irgendwo aufsammeln, sturzbetrunken. Sie schlägt um sich, schlägt ihn, wirft seine Sachen aus dem Fenster. Ihre Raserei macht ihn rasend. Er trinkt, seit er den Job verlor, nun auch mehr. Das Essen vergessen beide über Zigaretten und Bier. Eines Wochenendes, als ihr die Tabletten ausgegangen sind, besorgt er, »der Rauschgift immer strikt abgelehnt hat«, wie seine Ehefrau erzählt, Cannabis für sie. Raucht einen Joint mit. Seine Nierenschmerzen sind daraufhin weg, deshalb fängt er nun an, regelmäßig mit ihr zu kiffen. Später wird sich herausstellen, dass er drei Tumore da hat. Bei der psychisch kranken Frau verstärkt die Droge die Ausnahmezustände. Regelmäßig steht die von der Nachbarschaft gerufene Polizei wegen der Streitereien der beiden vor der Tür. Verzweifelt versucht er wieder und wieder, ihren Alkoholkonsum schon wegen der Psychopharmaka, die sie einnimmt, zu drosseln. Wenn er nicht mehr kann, ruft er seine Frau an, damit sie ihn abholt, er sich bei ihr auf dem Sofa erholen kann.

»Am 2. August sind wir 32 Jahre verheiratet. Das wirft man nicht weg. Ich wusste, dass er wiederkommt. Ich wollte nicht aufgeben«, erklärt die Ehefrau der erstaunten Richterin auf die Frage, warum sie ihn denn immer wieder aufnahm, ihm immer wieder zu Hilfe kam, ihm verzieh. Die Frau geht in ihrem Kummer und ihrer Ratlosigkeit über seine »180-Grad-Wende« zusammen mit dem Sohn den Hausarzt um Rat fragen. Der erklärt ihr, ihr Mann habe »eine Midlifekrise. Das ist ja eine Krankheit!« Wie er es denn fand, dass sein Vater sich in eine Jüngere verliebt habe, fragt die Vorsitzende den Sohn. »Was man so Liebe nennen tut. Für mich war die Beziehung auf Alkohol aufgebaut. Er war in sie vernarrt und konnte sie nicht verlassen. Er hatte eine Blockade im Kopf, wir haben den Hausarzt gefragt, was man da machen kann. *Nichts,* hat der gesagt.«

Bei einem Krankenhausaufenthalt Nicoles kommt es »zu einem Fehltritt« mit einem Pfleger, den Peter ihr verzeiht, sie kommt ja zurück. Doch sie hat im Krankenhaus noch jemanden kennengelernt und eröffnet Peter, sich nun trennen zu wollen. Obwohl sie also einen neuen Freund hat, schlafen sie noch weiterhin »jeden Tag« miteinander, und der Mann, der Liebe mit Lust verwechselt, hofft deshalb bis zum Schluss, sie bliebe seine Geliebte. Seinen Scheidungsantrag hatte er vor zwei Jahren zurückgezogen, den Ehering trägt er seitdem wieder.

An einem heißen Sommertag kommt es zum täglichen Streit. Peter hatte seine Ehefrau besucht, um nach dem geliebten gemeinsamen kranken Hund zu schauen, auf dem Weg in sein neues Zuhause Bier gekauft, das Nicole und er trinken. Am Nachmittag eröffnet sie ihm, dass sie sich nunmehr zu ihrem Neuen begeben wolle. Fassungslos ist er darüber. Er nimmt ein Messer und droht ihr erst, dann geht er in das Nebenzimmer und kündigt an, sich selbst umzubringen, wenn sie ihn verließe. Sie ruft die Polizei, verlässt die Wohnung. Er packt das Messer ein und macht sich auf den Weg in den nahe liegenden Park. Dort will er sich das Leben nehmen. »Ich mach mich tot, da hab' ich meine Ruhe.« Beide treffen auf ihren Wegen wieder aufeinander. Die lautstarke Auseinandersetzung wird fortgesetzt und findet viele Zeugen. Er nimmt das Messer und sticht es ihr acht Zentimeter tief in den Bauch. Anschließend sich in die Lunge, auch noch ein zweites Mal. Dank der vielen Anwesenden ist schnell die Rettung vor Ort. Das Messer hat Nicoles Leber getroffen, bis zum nächsten Tag wird sie fünf Liter Blut verlieren. Das entspricht in etwa der Gesamtmenge an Blut eines weiblichen Körpers. Trotz zweier Notoperationen ist die Frau nicht zu retten. Nicole stirbt am Nachmittag des nächsten

Tages. Die Art von Peters Selbstverletzung ist ernsthaft genug, dass sie ihn potentiell hätte töten können, wenn er sich etwas besser angestellt hätte, doch kann er das Krankenhaus elf Tage später verlassen. Jeden Monat besuchen ihn seine Frau und sein Sohn in der Untersuchungshaft.

Auffallend viele Herren jenseits des Midlife, zwischen fünfzig und sechzig, wohnen den Verhandlungstagen bei. Acht Jahre Haft urteilt die Kammer. Er könne ohne sie nicht leben, deshalb habe er sie abgestochen, hatte Peter einem der Umstehenden, die sich um ihn kümmerten, gesagt. »Aber das musste doch nicht sein!«, entgegnete der. »Doch. Das musste sein.«

Ascolti! Ascolti!

Dieser Prozess gleicht einer Oper. Obwohl versuchter Totschlag angeklagt ist. Das Auftreten der Protagonisten, Signore Marmitta, der Angeklagte, Senhor Perturbação, das Opfer, ist ungemein theatralisch, und jeder in diesem Verfahren, auch die Zeugen, erzählt gestenreich eine andere Geschichte. In jeweils einer anderen Sprache.

EINE OPER

Es treten auf:
Vito Marmitta. Ein kleiner alter Mann von beachtlichem Körperumfang, an einer Krücke gehend. Schwarzer Anzug, ein Polohemd in der Farbe von Erdbeersorbet. Kleine flinke Augen. 69 Jahre alt, geboren in Canicattì in der Provinz Agrigento im schönen Sizilien. Seit fünfzig Jahren in Deutschland.

Jaime Hastings Perturbação. Ein großer hagerer Mann mit langen schmalen Händen und einem kahlen Kopf. Bitterer Blick. Zu großes Sakko, buntkariertes Hemd, abgetragene Schuhe. 52 Jahre. Kam 1987, um eine Ausbildung zu erhalten, aus Mosambik in die DDR, blieb.

Zwei Verteidiger, ein Anwalt für die Nebenklage, eine Staatsanwältin, eine Kammer bestehend aus drei Richtern und zwei Schöffen, eine Protokollführerin. Diverse Übersetzer. Wechselnde Wachmeister. Zeugen.

OUVERTÜRE

Verlesung der Anklage. Signor Marmitta wird des versuchten Totschlags angeklagt. Er hat letzten Sommer in einem Wettbüro im Bahnhofsviertel (einmaliges sehr kurzes, aber lautes Aufschluchzen von Perturbação), wo er Stammgast ist, mit einem Einhandmesser »mindestens einmal mit mäßiger Wucht« Senhor Perturbação in den Bauch gestochen. Das Messer durchstach unglücklicherweise die Leber. Senhor Perturbação lief anschließend noch bis zum Ausgang, wo diverse Zeugen das Blut an seinem Bauch bemerkten. Schließlich brach er auf der Straße zusammen. Die Rettung war schnell vor Ort, er musste reanimiert werden. Im Universitätsklinikum rettete man mit einer Notoperation sein Leben (erneut ein lautes Aufschluchzen von Perturbação an dieser Stelle).

ERSTER AKT

Signor Marmitta (steht auf, links auf seine Krücke gestützt). »Signora Giudice! Ich bin unschuldig, und ich bin das eigentliche Opfer!«

An diesem Samstag war er im Wettbüro auf die Toilette gegangen, und als er sich gerade am Waschbecken die Hände wusch, kam dieser Mann (mit der Hand auf Perturbação zeigend) und packte ihn an der Schulter, schubste ihn an die Wand, stach mit den Fingern zwischen seine Augen und sagte: »Mafioso. Du kommst jetzt mit in den Park, ich werde dich schlagen. (Pause) Ich hatte große Angst um mein Augenlicht und um mein Leben! Gott hat mir geholfen!« Denn glücklicherweise waren sie nahe der Tür, und so gelang es ihm zu entkommen. (Tremolo) »Dieser Mann ist un grande Schauspieler! Dieses Weinen sind Coccodrillo, Krokodilstränen! Dies ist ein sehr böser Mensch!« (Kurze Pause) Schon oft war er von diesem Herrn beleidigt worden. »Bitte lass mich in Ruhe, ich bin ein alter Mann und krank, hab' ich zu ihm gesagt.« Er habe einen anderen Herrn, mit dem er manchmal dort zusammen am Tisch saß, gebeten: »Balthasar, bitte sprich mit ihm, sag ihm, er soll mir meinen Frieden lassen.« Dafür gibt es »molti testimoni«, viele Zeugen. Einmal kam Senhor Perturbação und hat ihm ganz brutal ins Kreuz gegriffen und ihn schmerzhaft »massiert«. »Ich habe versucht, eine anständige, zivilisierte Beziehung zu haben. Ich habe zu ihm gesagt, bitte benehme dich. Wir können gute Bekannte sein. Ich bin auch Ausländer, bin fünfzig Jahre weg von meine Land. Bitte nicht anfassen, ich bin nicht homosexuell, bitte sprich zivilisiert.« Er habe Senhor Perturbação auch nicht beleidigt. »Es ist nicht mia cultura, so vulgär zu sprechen.« (Laut) »Signora Giudice! Wenn Sie das Video sehen, molto importante, denn mein Leben hängt von Ihnen ab: In diesem Moment gab es keine Security, nur ältere Menschen waren in dem Club. Ich hatte Angst, dass er mich umbringt, deshalb hab ich mich bewaffnet. Es ist nicht meine Mentalität zuzustechen. Ich habe so etwas noch nie getan. Meinen Sie, jetzt, in meinem Alter bin ich ein Mörder geworden?« Mafioso sei eine schwere Provokation, eine schwere Beleidigung, wie »Nazi in Deutschland. Ich habe mein Leben gerade gelebt.« Dieses Wettbüro ist ein guter Platz für ihn. »Da sitzen alte Leute, sie können sitzen, für zwei Euro einen Kaffee trinken, wenn sie wollen oder auch nicht.« Sie schauen die Fußballspiele, wetten, leisten sich Gesellschaft und bleiben doch jeder für sich. »Questo Schauspieler« ist es schon mehrmals passiert, dass er Hausverbot bekommen hat in diesen Clubs.

Der Vortrag gelingt mit eindrucksvoller, gekonnt variierender Lautstärke, zwischen Italienisch und Deutsch hin- und herwechselnd. Er steht auf zu jedem Wort, das er spricht.

»Als ich gesehen habe, dass er zu Boden gegangen war und blutete, bin ich sofort reingegangen und gesagt: Bitte sofort einen Krankenwagen, bitte sofort Polizei rufen.«

Er ist sehr froh, dass Perturbação lebt, dass er so gesund ist, aber vielleicht habe diese Aktion ja sein Leben gerettet? »Posso, Signora Giudice, darf ich sagen, ich bin eine Südländer, ich spreche emotionell. Laut, aber nicht vulgär.« Das Messer, das er verborgen unter dem Tisch aufgeklappt in seiner rechten Hand bereithielt, nachdem er von der Toilette kam, habe er immer dabei. Beim Marokkaner nebenan besorgt er sich nämlich für gewöhnlich Brot und Obst und bereitet sich im Wettcafé eine kleine Mahlzeit zu. Warum er Perturbação denn nicht mit der Krücke weggestoßen habe, fragt die Staatsanwältin Marmitta. Sich wieder erhebend, antwortet er ihr: »Bellissima Signora!«, er würde doch stürzen, wenn es sich nicht auf seine Krücke stütze!

ZWEITER AKT

Jaime Hastings Perturbação betritt den Zeugenstand. Eine Dolmetscherin für Portugiesisch setzt sich neben ihn. Im Laufe der Vernehmung wird sie immer gestenreicher, bis ihre Hände am Ende genauso viel sprechen wie ihr Mund. Ein portugiesisch-italienisches Gemurmel der beiden Übersetzerinnen bildet als Basso continuo das Klanggerüst unter der Szene.

Perturbação hebt an: »Es war an einem Donnerstag, da bin ich in diesen Spielsalon. Ich habe Balthasar begrüßt, er wollte nicht, dass ich ihn begrüße.« (Er steht auf, geht zu der Reisetasche mit Requisiten, die er mitgebracht hat, holt Papiere heraus und breitet diese auf dem Tisch vor sich aus.) »Ich werde das jetzt als Beispiel zeigen. Dieser Herr war mit einem Freund, auch ein Italiener.« Er habe mit den Fingern auf die Wettscheine vor dem Herrn gezeigt (demonstriert es) und gefragt, welche Mannschaft gewinnen werde. Daraufhin habe Signor Marmitta auf seine Hand gehauen. »Am Samstag – haben Sie schon alles? – bin ich in diesen Spielsalon rein, direkt zur Toilette rein. Da hab' ich ihn gesehen. Er pinkelte gerade, und da hab' ich zu ihm gesagt (große Geste): Vito! Warum hast du mich Kaka genannt am Donnerstag? Er sagte: Wir machen das jetzt.« (Fragende Gesichter bei allen Verfahrensbeteiligten. Senhor Perturbação steht ruhig auf, geht zur Tür, nimmt die Klinke in die Hand und demonstriert, wie er an der Toilettentür stand, als dieser Dialog stattfand. Wiederholt seine Sätze. Bedächtig setzt er sich wieder.) »Haben Sie schon alles?« Die Kammer hat. Nur dieses »Wir machen das jetzt« versteht niemand. »Was ich sage, ist alles richtig. Er hat das Messer reingestochen und gedreht. Ja.« (Steht auf, demonstriert einen Stich mit anschließendem schnellen Umdrehen des Handgelenks.) »Er wollte mich komplett umbringen. Es war schon lange sein Plan mit seinem Freund Balthasar. Als er das Messer reinstach und umdrehte, sagte er zu Balthasar: Du bist Zeuge! Weil er und Balthasar haben sich geliebt. Und Balthasar hat gesagt: Ja.« (kräftig, laut) Ein Angestellter des Restaurants von nebenan hatte das Blut an ihm bemerkt, als er aus dem Spielsalon lief, und zu ihm gesagt, er solle sich hinlegen. »Die ganzen Afrikaner, die drinnen waren, haben ihn umzingelt und zu ihm gesagt: Sie müssen hierbleiben, sie haben jemanden umgebracht. Und nur durch die Kraft der Leute ist er nicht abgehauen. Das, was er gesagt hat, ist alles gelogen.« (Kräftiges Händeklatschen, wie wenn man trockenen Sand loswerden will. Weit ausgestreckte Arme.) »Das ist alles gelogen!« Frage der Richterin: »Bei Ihrer Vernehmung auf dem Polizeipräsidium haben Sie das nicht gesagt.« – »Da hatte ich dieses psychiatrische Problem. Von dem Messer. Das kommt nach oben.« Wie er denn darauf komme, nur weil die zwei immer zusammen waren, dass die ihn umbringen wollten, will die Vorsitzende nun wissen. »Wir sind Freunde, aber Balthasar ist Mosambikaner. Und immer mit ihm zusammen. Wenn etwas passiert, dann hält man doch zusammen. Aber die waren immer zusammen.« Richterin: »Aber das macht doch nix! Ich begreif es nicht.« Die Beisitzende Richterin übernimmt: »Sie haben bei der Polizei gesagt, dass alle Angst vor Herrn Marmitta haben, weil er immer mit Messer und Pistole herumläuft.« – »Ja, er ist immer aggressiv mit jedem. Er ist eine negative Person. Eine Person, die von nichts etwas wissen will.« – »Warum sollte er Sie denn umbringen wollen?« – »Das war schon lange sein Plan.« (Perturbação steht auf, breitet seine Arme aus, so, dass er aussieht wie die Jesus-Statue über Rio de Janeiro.) »Ich schwöre! Er wollte mich nicht mehr sehen in dieser Welt. Er wollte mich komplett tot. Keiner weiß, warum er das gemacht hat« (Stimme erhebt sich) »und die ganze Stadt Frankfurt spricht schlecht von ihm!«

Pause.

Allgemeine Ratlosigkeit. Ob er noch Kontakt zu Balthasar habe? »Nein, nein, nein!« (Große abwehrende Geste) »Und es gibt keinen Mosambikaner, der noch etwas mit Balthasar zu tun haben möchte. Balthasar ist bekannt dafür, dass er nichts mit den Afrikanern zu tun haben möchte, sondern nur mit den Weißen sein will.«

Senhor Perturbaçãos Anwalt rührt sich die ganze Zeit nicht. Es ist einigermaßen rätselhaft, warum er zulässt, dass sein Mandant sich dergestalt äußert, dass sich fragende Gesichter breitmachen.

DRITTER AKT

Auftritt der Zeugen. Der Erste, der den Saal betritt, ist ein »Landsmann«, den Signor Marmitta am Vortag aufgesucht hat, um ihn vor Gericht zu bitten. Schon mitten in der üblichen Belehrung durch die Vorsitzende zur Wahrheitspflicht vor Gericht unterbricht er sie (mit weit ausgebreiteten Armen): »Ich schwöre die Wahrheit!« Er redet und redet, bestätigt klärende Gespräche zwischen Marmitta und Perturbação, bei denen er nicht dabei gewesen ist, erinnert sich wortwörtlich an Unterhaltungen im Wettcafé, die zwei Jahre her sind. »Jetzt hören Sie doch erst mal zu!«, versucht die Vorsitzende ihn zu unterbrechen, was für circa zwanzig Sekunden gelingt. »Ascolti, ascolti!«, verzweifelt auch die Dolmetscherin. Signor Marmitta fasst das am Ende so zusammen: »Meine Landsmann ist sehr schüchtern. Er hat nicht alles gesagt.«

Der nächste Zeuge ist ein achtzig Jahre alter Herr in Badelatschen, der unbeweglich auf dem Zeugenstuhl sitzt. Er kennt »diese Italiamann« seit vielen Jahren, »und keine Probleme mit niemand« hat der. Der andere »Kollege«, der »schwarze Mann«, hat »immer Problem mit Bier«, und »normalerweise Bier macht nix stabil im Kopf«. Ansonsten wiederholt er auf jede Frage nur: »Ich alles geschrieben hier« oder »Ich, was geschrieben, heute okay«. Damit meint er seine erste Aussage bei der Polizei.

(Erneute Ratlosigkeit bei der Kammer) Die Beisitzende Richterin wundert sich: Die Polizei vernimmt hier alle ohne Dolmetscher? Sollte man diesen Zeugen nicht auch noch mal mit einem Übersetzer vernehmen? Der alte Herr findet nicht, dass er Verständnisschwierigkeiten hat. »Wegen das keine Problem«, serbokroatisch, albanisch, deutsch, er brauche keinen Dolmetscher. »Alles okay.«

Der dritte Herr ist Herr Balthasar. »Sprechen Sie Deutsch?« – »Ich versuche.« (Aufgeregt, die Stimme zittert.) Vito wollte in Ruhe gelassen werden, er habe deshalb auch mal zu Jaime gesagt, »das ist ein alter, kranker Mann, lass ihn in Ruhe. Aber er hat nur gelacht. Der stört immer die Leute. Er ist nicht mein Freund, er ist nur mein Landsmann.« Signor Marmitta erhebt sich: »Es hat mir weh getan, ihm zu sagen, Balthasar, besser, wir gehen getrennte Wege, damit der Jaime mich in Ruhe lässt.« Jaime sei ein »Alleinläufer«, sagt Herr Balthasar, er wolle immer Unterhaltung. Und Marmitta seine Ruhe. »Er ist ein kranker Mensch. Er ist ein nervöser Mensch.«

Zeuge Nummer vier ist ein junger Mann, hager, hochgewachsen, feine, lange Finger, kurze Haare und ein Bart. Sehr freundlich, sehr ernsthaft, sehr zurückhaltend. Ünit, der Friseur. Er ist ganz zufällig in die Leberstichszene geplatzt, wollte nur schnell einen Wettschein abgeben. Er war es, der erste Hilfe leistete, »ich versuchte es«, sagt er bescheiden, und sorgte dafür, dass Marmitta zurück in das Wettcafé ging, um auf die Polizei zu warten.

Polizeioberkommissarin Hut berichtet dem Gericht, dass Signor Marmitta vor Ort sogleich sein Messer vorzeigte, immer wieder betonte, dass er sich nur habe wehren wollen, dass es ihm leidtue, dass er hoffe, dem anderen gehe es gut. Frau Hut kann bestätigen, dass auch Marmitta jemanden vom Personal gebeten hatte, Polizei und Rettung zu rufen. Das sei ihr von einem Angestellten bestätigt worden. Der alte Serbe wird auch noch einmal mit Dolmetscher geladen. In der Muttersprache kommt immerhin noch heraus, dass Perturbação, als er von der Toilette kam, an den Tisch zu ihnen trat, die Arme erhoben und »Wo bist du, alter Mann« rufend. Das Video der Überwachungskamera wird gezeigt. Wie zugestochen wird, verdeckt ein Pfeiler, aber wie Signor Marmitta »Arschloch« rufend Senhor Perturbação den Weg hinaus aus dem Café folgt, an jungen Leuten vorbei und die Krücke schwenkend, ist zu sehen. Mia cultura!

Signor Marmitta (steht noch einmal auf): »Ich habe die Beherrschung verloren, als er die Hand nach mir ausstreckte.« –

»Einstach und drehte. Mhm!«, ist Senhor Perturbaçãos Replik.

Für die Dolmetscher ist dieser Prozess so etwas wie ein kleines Clubtreffen. Schade, dass weder Tee noch Kaffee ausgeschenkt werden. Herzlich und die neuesten Nachrichten austauschend, treffen die diversen Übersetzer für Türkisch, Italienisch, Portugiesisch, Serbokroatisch im Gerichtssaal aufeinander und füllen die Verhandlungspausen mit munterem, vielstimmigem Geplapper.

VIERTER AKT

Zur Urteilsverkündung erscheint Senhor Perturbação in einem schwarzen Blazer, übersät mit Goldstickereien. (Er gibt sich würdevoll, still und hält sich sehr gerade.)

Die Kammer übernimmt die Forderung der Staatsanwaltschaft und verurteilt Signor Marmitta wegen gefährlicher Körperverletzung zu einer Freiheitsstrafe von zwei Jahren, die zur

Bewährung ausgesetzt wird. »Hier sind zwei Menschen aufeinandergestoßen, die von ihrem Charakter sehr unterschiedlich sind und einen gewissen Hang zur Dramatisierung zeigen.« Das immerhin teilen sie. Perturbação habe Marmitta fortgesetzt mit seinem »distanzlosen Verhalten belästigt«. Dieser fühlte sich »bedroht« und »provoziert«. Nach der Begegnung auf der Toilette sei der Nebenkläger wild gestikulierend mit erhobenem Arm wieder an Marmitta herangetreten. »Aufgrund der Gestik und Mimik und nach dem Eindruck von der Toilettenszene« glaubte Marmitta, dass er angegriffen würde, und stach »ohne jegliche Vorwarnung mit massiver Wucht in den Oberbauch. Den Tod nahm er dabei nicht billigend in Kauf.« Dass er das Messer dabei noch drehte, habe Perturbação sich »in der Verhandlung ausgedacht«, auch die »Komplott-Theorie ist Unsinn«. Aber Marmitta hätte »den Messerangriff ankündigen und in einen weniger sensiblen Bereich stechen können.« Überlebt habe Perturbação »nur aufgrund der engen Rettungskette«. Die Vorsitzende entlässt Signor Marmitta (der ihren Ausführungen auf seine Krücke gestützt lauscht, manchmal dabei nickt und manchmal den Kopf schüttelt) mit diesem Fazit: »Wir hoffen, dass er sich nicht nur selber leidtut. Ein wenig mehr Reue, ein wenig mehr Mitgefühl für denjenigen, der dem Tod von der Schippe gesprungen ist.«

Das Messer wird eingezogen.

Der Kirchenkelch

Gemeinsam mit ihrem Geliebten zieht Mara durch die Lande, auf der Suche nach Drogen und Geld für Drogen. Nach dem Einbruch in eine Kirche werden die beiden gefasst.

Schön wie eine Renaissancefigur ist die junge Frau. Rotbraun ihr Haar, lang ihre Wimpern. Die Nase ist edel und gerade, die Lippen fein geschwungen. Feingliedrig die Hände. Mara, 29 Jahre alt, seit vier Monaten in Untersuchungshaft, seit vier Wochen von der vollen Dosis Methadon von zehn Milliliter auf 0,1 runter.

Sie ist angeklagt des »Diebstahls mit Waffen«, dabei »gemeinschaftlich handelnd«. Gemeinschaftlich mit ihrem »Engel«, Herrn Weiß, 48 Jahre alt. Sein Verfahren läuft gesondert.

Mit einem »schwarzen Škoda Modell Octavia« waren Herr Weiß und Mara mit Hilfe eines Navigationsgeräts zweihundert Kilometer zur Kirchengemeinde Sankt Matthias gefahren. Das Auto, gefahren von ihr, »geliehen« von einem Bekannten. Darin noch ein falsches Nummernschild, Arztstempel einer Praxis in Kassel, Schmuck aus Koblenz, ein Rezeptblock.

Sie brachen ein Fenster der Kirche auf und stiegen ein. Mit dabei hatten sie einen Rucksack, darin die Waffen: Brecheisen, Schraubenzieher, Elektroschocker, Klappspaten, Softairpistole, Rohrzange. In Maras Hosentasche steckte eine Dose Pfefferspray, in der von Herrn Weiß eine 635-Kaliber-Pistole, Modell »Baby«. Geladen und gesichert.

Sie zerschlugen Türen und Schränke auf der Suche nach Wertvollem. Herr Weiß scheiterte bei dem Versuch, den Tresor in der Sakristei mit dem Brecheisen und dem Schraubenzieher zu öffnen. Das einzig Brauchbare, was sie fanden, war ein vergoldeter Weinkelch im Wert von etwa 3000 Euro. Zumindest bevor er zu ihrem schweren Gerät in den Rucksack geworfen wurde auf der hastigen Flucht. Danach taxiert ein Goldschmied den Kelch noch auf zweihundert Euro Materialwert.

Ein Nachbar, der gegenüber wohnt und in der Kirche stets die Kerzen wechselt, beobachtete den Einbruch von seinem Wohnzimmerfenster, ging unerschrocken in die Kirche und rief die Polizei. Seine Töchter bewaffneten sich mit einem metallenen Schuhlöffel und folgten ihm. Herr Weiß war der Erste, der aus dem Fenster sprang und flüchtete. Die älteste Tochter, Magdalena, 33 Jahre alt, rennt, ohne nachzudenken, hinter ihm her und nimmt die Verfolgung auf. »Mehrere Kinder fanden das ganz lustig und sind hinter mir her. Irgendwann blieb er stehen, drehte sich um und zeigte seine Waffe«, sagt sie. Nun endlich überlässt sie die Jagd der Polizei. »Mein Adrenalinschub war so groß, dass ich erst hinterher überlegt habe, was hätte passieren können.«

Als sie zur Kirche zurückkommt, sitzt Mara schon in Handschellen davor. »Ihre Augen waren groß. Sie hat mich von oben bis unten abgeschnitten. Das heißt, hat alles genau verfolgt, was ich den Polizisten gesagt hab«, erzählt Magdalena vor Gericht. Dann bittet Mara, schon in Handschellen, sie um eine Zigarette. »Du hast Glück gehabt, der ist aggressiv«, sagt sie ihr dabei. Mara schüttelt den Kopf an dieser Stelle der Erzählung im Saal 29 des Amtsgerichts. Sie wirkt genervt von ihrem Verteidiger, blättert in den Pausen in einem Strafgesetzbuch und diskutiert mit ihm, was er beantragen soll. Den Maßregelvollzug nach Paragraph 64 will sie. Unterbringung in einer Entziehungsanstalt. »Als Drogenabhängiger muss man doch nicht dumm sein! Ich bin doch aber auch nicht psychisch krank!« – »Das haben Sie nicht zu entscheiden, was Schwachsinn ist«, entgegnet ihr der Verteidiger und beginnt mit der Staatsanwältin eine Diskussion darüber, ob man das Ganze hier nicht abkürzen könne, um »gleich den 63er anzustreben«. Paragraph 63 bringt Angeklagte zwangsweise in die Psychiatrie. »Erhebliche rechtswidrige Taten«, »eine Gefährdung für die Allgemeinheit« infolge eines Zustands »der Schuldunfähigkeit« oder »der verminderten Schuldfähigkeit« müssen dafür begangen worden sein und wieder erwartet werden. In dem Paragraph wird ausdrücklich betont, dass, wenn es sich »nicht um eine erhebliche Tat« handelt, »besondere Umstände« vorliegen müssen, die eine Einweisung rechtfertigen. »Wenn Sie darauf abzielen, verweise ich das gleich ans Landgericht«, die nächsthöhere Instanz, zieht die Staatsanwältin ihre Linie. »Das ist ein sehr scharfes und zweischneidiges Schwert!«, und voller Eifer: »Vor allem, wenn wir noch die Briefe einführen! Ich hab' sie alle gelesen!« Maras Briefe an Herrn Weiß aus der Untersuchungshaft. Die Augen der Staatsanwältin funkeln. Der Verteidiger scheint unangenehm berührt. »Wollen wir mal ein Gespräch führen? In Hinblick darauf, was die Staatsanwältin gesagt hat?«, bietet die Amtsrichterin an. Verteidiger, Staatsanwältin verschwinden mit der Richterin. Lange rührt sich nichts. Als sie wieder erscheinen, beginnen alle drei minutenlang in den Akten zu blättern, um gemeinsam zu überlegen, welche Zeugen man noch bräuchte und welche nicht. Namen fliegen durch den Raum. Am Ende werden die meisten Zeugen ungehört entlassen. Maras Vorstrafen werden vorgelesen. Zehn Eintragungen, Verstöße gegen das Betäubungsmittelgesetz, Diebstähle, Schwarzfahren. »Heroin oder Kokain?«, fragt die Amtsrichterin – »Beides.« – »Kokain in welcher Form?« – »Beide.« Durch die Nase, durch die Pfeife. Zwei Therapien und sechs Entgiftungen hat Mara schon durch. Nach der letzten Therapie war sie vier Jahre lang clean. Dann verletzte sie sich bei einem Reitunfall so schwer, dass sie sechs Wochen in der Klinik liegen musste, wo ihr Morphium gegen die Schmerzen verabreicht wurde. Seitdem ist sie wieder drauf. Mit ihrem dementen Großvater hatte sie bis zu ihrem Krankenhausaufenthalt zusammengelebt. Die Staatsanwältin drängt nun auf die Verlesung der Liebesbriefe. Das Angebot der Richterin, ihr beim Verlesen zu helfen, lehnt sie ab. Nein, nein, das wolle sie alleine machen. »Schöne Schrift!«, bescheinigt sie Mara und leckt sich die Lippen. Die schließt die Augen. Weil es zeige, »dass ihr Verhalten zu dem in der Hauptverhandlung abweicht«, ist die Begründung für die Vorführung. Die »emotionale Abhängigkeit« von Herrn Weiß, ja »fast schon Unterwürfigkeit«, die der Herr Verteidiger behaupte, dazu die Reue, das sehe sie nicht. Sie seufzt laut, bevor sie ihr Plädoyer beginnt. »Schockierend« sei die Tat, »das Geständnis nicht vollumfänglich«, sondern »erst nach einem Rechtsgespräch und unter Androhung einer Verweisung ans Landgericht«. Auch den Paragraphen 21, verminderte Schuldfähigkeit, »worauf der Verteidiger gerne raus möchte«, sieht sie nicht gegeben. Drei Jahre, sechs Monate fordere sie. »Für den Fall, dass sie nicht mindestens drei Jahre kriegt, stelle ich den Beweismittelantrag auf Hinzuziehung eines Sachverständigen für Psychiatrie.« Es lägen ein

»Gefährdung der Allgemeinheit« vor, »Folgetaten sind zu erwarten«.

Das Amtsgericht verurteilt Mara zu drei Jahren. »Das Gefährdungspotential war so immens«, doch nimmt es »zu ihren Gunsten« den Paragraph 21. Wie lange ihre Post noch kontrolliert würde, fragt Mara, ihre Abschätzigkeit zügelnd. Solange sie noch in Untersuchungshaft sei, antwortet ihr die Staatsanwältin mit spitzem Lächeln. Mara erklärt »Rechtsmittelverzicht«, damit ist das Urteil gültig. »Sind Sie sicher?« – »Ja.«

Das ist kein Spaß in Haina!

Dieser Prozess folgt einer »Antragsschrift im Sicherungsverfahren«. Das Gericht soll Herrn Dahlak auf Dauer in die Psychiatrie einweisen, weil er eine Gefahr für die Allgemeinheit ist. Herr Dahlak leidet an paranoider Schizophrenie.

In der geschlossenen Abteilung der Psychiatrie hatte die an Schizophrenie erkrankte Frau Schwarz Herrn Dahlak kennengelernt, einen Mitpatienten. Auch er ist schizophren, »von allen Krankheiten die letzte, die man jemandem wünscht«. Sagt der psychiatrische Sachverständige in der Pause auf dem Gang des Landgerichts.

Das Gericht soll dafür sorgen, dass Herr Dahlak dieses Mal zwangsweise dauerhaft eingewiesen wird. Besser gesagt, dass er die forensische Klinik Haina, aus der er an Hand und Fuß gefesselt vorgeführt wird, vorerst nicht mehr verlässt. Ein raschelndes Geklapper – man hört Herrn Dahlaks Schritte, bevor man ihn sieht. Die Fußfessel, eine etwa vierzig Zentimeter lange Kette zwischen seinen Beinen. Die Hände befreien ihm die Wachtmeister für die Verhandlung, die Füße bleiben gekettet. Nackt stecken sie in Badelatschen. Zwei der drei Wachtmeister setzen sich während der Verhandlung links und rechts neben ihn, den kleinen, schmalen Mann. Seinen Körper hüllt ein hellgrauer Jogginganzug ein.

Herr Dahlak ist vor Gericht, weil er über Frau Schwarz hergefallen ist. Sie hatten sich zufällig nach beider Entlassung aus der Klinik in der Stadt getroffen, einen Kaffee miteinander getrunken. Frau Schwarz, 68 Jahre alt, lud Herrn Dahlak für den nächsten Tag zum Abendessen zu sich nach Hause ein. Sie waren einander nicht gut bekannt, mehr als ein paar Sätze hatten die ältere Dame und der sechzig Jahre alte Herr aus Eritrea auf der Geschlossenen nicht gewechselt.

Herr Dahlak kommt also zu Frau Schwarz zu Besuch. Sie sitzen auf dem Balkon und unterhalten sich, er fragt sie nach ihrem Mädchennamen, ihrer Familiengeschichte und notiert sich, was sie ihm erzählt. »Schreiben ist eine seiner Leidenschaften«, erzählt sein Sohn in der Verhandlung. »Plötzlich hat er sein ganzes Verhalten verändert, und dann muss ich schon einen Schlag abbekommen haben. Ich war ja bewusstlos. Zum Glück hab' ich weiter davon nichts mitbekommen«, berichtet Frau Schwarz dem Gericht. Sie weiß nicht mehr, dass Herr Dahlak in seiner Raserei greift, was in der Nähe ist – einen metallenen Blumenständer, ein hölzernes Fußmassagegerät, einen Feuertopf –, und damit auf sie einschlägt. Beide Arme bricht er ihr, »skalpiert« ihr den Schädel, sticht mit einem Messer in ihre Lunge. Nachbarn und Passanten beobachten die Balkonszene, rufen die Polizei. Zwei Männer versuchen, in das abgeschlossene Wohnhaus zu gelangen, in dem an diesem Nachmittag außer Frau Schwarz niemand zu Hause ist und öffnen kann. Endlich taucht die Polizei auf und bricht mit Gewalt Haus- und Wohnungstür auf. Nur mit der Waffe gelingt es, Herrn Dahlak zu stoppen. Einer der Passanten ist Internist und den Polizisten in die Wohnung gefolgt, er übernimmt die Erstversorgung der schwerverletzten Frau, bis der Rettungswagen da ist.

Aus den Schilderungen der Beobachter der Szene und den Verletzungen von Frau Schwarz rekonstruiert sich die Strafkammer das Geschehen – erinnern können sich weder Frau Schwarz noch Herr Dahlak.

Herr Dahlak ist verrückt. Der ist verrückt, denkt jeder. Er lacht, er zieht sein Oberteil aus, er regt sich auf über das, was über ihn gesprochen wird. Der psychiatrische Sachverständige, mittlerweile im Ruhestand, früherer Leiter der forensischen Klinik in Haina, in die Herr Dahlak eingewiesen wurde, stellt auffallend wenig Fragen an die Zeugen. Herr Dahlak ist ganz auf ihn fixiert. Seine Augen verengen sich zu schmalen Schlitzen, wenn er den Psychiater mustert. Dieser Mann ist für Herrn Dahlak derjenige, der ihn in diese Einzelzelle gebracht hat, eine »B-Zelle«. Ein Raum, in dem es nur eine Matratze gibt, weiter nichts. »Aus heiterem Himmel hat man mich da eingesperrt in der Psychiatrie. Ich hab' ja nichts verbrochen.« Die Zugewandtheit des für das Gericht geladenen Sachverständigen illustriert die Sturzhöhe. Er will seinen ehemaligen Patienten nicht unnötig aufregen.

»In der griechischen Mythologie waren die Schizophrenen ja die von den Göttern Heimgesuchten«, unternimmt der Verteidiger von Herrn Dahlak einen Gesprächsversuch in einer Verhandlungspause. »Wer ist dieser Mann? Ich kenne ihn überhaupt nicht!«, so Herr Dahlak über ihn. Der Psychiater wendet sich von dem Anwalt ab, das Kopfschütteln hält er fest. »Heimgesucht«, wirft er einzig mit bitterem Ton hin, »ja. Heimgesucht.« Sein Mitgefühl hat etwas Tröstliches in diesem Verfahren.

»Es ist kein Leben da in Haina«, ruft Herr Dahlak die Vorsitzende an. Ihre Befragungen führen einen fürsorglichen, verständnisvollen Ton. Warum er denn in der Mittagspause am letzten Verhandlungstag die Zelle mit Kot beschmiert habe? Womit hätte er sonst schreiben sollen, antwortet Herr Dahlak. Es gibt keine Stifte für ihn. Und wenn er Hunger habe, was soll er essen? Er schweift ab. Die Vorsitzende Richterin versucht ihn zu fangen, sie reden über Frühstück, Mittagessen. Sie spricht mit ihm, als wäre er ein kleines Kind. Ein kleines Kind, das beruhigt werden muss. Herr Dahlak möchte Papier und einen Stift. Außer dem weichen Trainingsanzug und der Matratze in seiner Zelle gibt es nichts für Herrn Dahlak. Alles kann zu einer Waffe umfunktioniert werden. Nichts gibt man ihm in die Hand.

Frau Schwarz' Tochter nimmt Platz im Zeugenstand. Und muss erst einmal gleich wieder gehen, um sich fassen zu können. Sie bekam einen Anruf von der Polizei damals, »dass meine Mutter im Krankenhaus ist und dass man nicht davon ausgeht, dass sie es überlebt«. Herr Dahlak lacht. »Herr Dahlak, schön still sein!«, ermahnt ihn die Richterin im Ton einer Gouvernante, die der Herr des Hauses gerade bei der Erziehung seiner Kinder beobachtet. Einer der Wachtmeister hält das so für nicht ausreichend: »Nicht lachen, keine Kommentare mehr, hast du verstanden? War das deutlich?!« Herr Dahlak zieht sich kurz zusammen, wie eine Schnecke, der man auf die Fühler getippt hat. Dann zieht er wieder sein Oberteil aus, »Danke, dass du mir befiehlst«, sagt er mit dem Grinsen eines Betrunkenen. »Ich befehle hier oben. Du ziehst dich wieder an, oder es geht runter in die Zelle« ist die ungehaltene Replik des Wachtmeisters. Herr Dahlak gehorcht.

Die Befragung der Tochter wird fortgesetzt. Im Krankenhaus wusste man nach der Operation nicht so recht, wohin mit dieser Patientin, die bis eine Woche vor dem Geschehen in der Geschlossenen war. »Sie erkennt ihre Krankheit nicht an und nimmt die Medikamente nicht«, zittert die Stimme der Tochter kurz vor dem Verwehen. Was hat die Mutter »denn für bleibende Schäden davongetragen« von der Attacke, fragt die Vorsitzende. »Viele.« Pause. Narben am Kopf, am Körper. Die Metallschienen in den Armen. »Es geht ihr auf jeden Fall viel schlechter als vorher.« Ein sehr bitteres, hilfloses Auflachen schließt sich an. »Sie möchte sehr viel von mir.« Pause. »Dann noch dieses Mutter-Tochter-Verhältnis«, müde klingt die Tochter. »Sie findet keinen Halt, sie merkt nicht, wie fordernd sie ist. Ich schaff' es nicht, *Stopp* zu sagen, deshalb verbring ich nicht so viel Zeit mit ihr, wie vielleicht andere Töchter« das tun würden. Öfter am Tag möchte die Mutter sie anrufen, aber sie muss ja auch arbeiten, sagt die Tochter. Manchmal schaltet sie ihr Telefon aus, »aber es gibt auch andere, an die sie sich wenden kann, die mich dann informieren«, verteidigt sie sich gegen einen Vorwurf, den ihr niemand macht.

»Von wem fühlt sich ihre Mutter verfolgt«, fragt die Beisitzende Richterin. »Vom Staat. Der Polizei. Dem Handwerker, der bei ihr war. Sie flippt aus, wenn der Arzt gerufen wird und die Polizei kommt. Warum nimmt man mir meine Freiheit. Ich hab' keine Krankheit«, regt die Mutter sich dann auf. »Wegen der Gesetzeslage ist es auch schwierig, als Angehöriger eine Pflegeeinrichtung zu finden.« Einfach so kann niemand eingewiesen werden. Nur weil er verrückt ist. Man muss schon sich oder einem anderen etwas antun. So wie Herr Dahlak. »Eine Depotspritze« mit einer Dreiwochendosis sichert eine medikamentöse Grundausstattung bei der Mutter, die ihre Tabletten nicht regelmäßig nimmt.

»Sie müssen verstehen das Innere des Menschen!«, belehrt Herr Dahlak die Vorsitzende daraufhin.

Seine polizeilichen Voreintragungen werden verlesen. Er hat schon des Öfteren andere Menschen angegriffen. Herr Dahlak will nicht darüber reden. Was soll man auch. Herr Dahlak ist ja verrückt. Sein Sohn wird als Zeuge aufgerufen. »Kenn ich nicht! Kenn ich nicht!«, ruft Herr Dahlak. Auot fokussiert sich auf die Richterbank, den Kopf leicht im Nacken fixiert, das ersetzt ihm die Scheuklappen. Nach links, wo sein Vater sitzt, kann er sich nicht leisten zu schauen. Mit aller Kraft bewahrt er Haltung. Deutsch ist seine Sprache, hier sein Zuhause, er hat einen guten Job, Freunde, er will sein Leben leben, ordentlich, verantwortungsvoll, für die Mama da sein, für die Geschwister, für die Freundin. Und dann der Vater. Der Vater, der ihn als Erstes angeht, die Sachen habe er mit ihm zu tauschen, unwürdig sei es, dass er, der Vater, in Trainingssachen hier sitze. Wenn er denn sein Sohn sei. Aber ein Sohn würde ihm ja Kleidung geben. Aout schaut die Richterin an, hält sich beieinander und spricht weiter mit sanfter, tiefer Stimme: »Dass er sich als Mensch verändert hat, sieht ja jeder hier im Raum von den zwanzig Menschen, das ist ja offensichtlich. Mein Vater ist die letzten dreißig Jahre immer für mich da gewesen«, sagt der Dreißigjährige. Bis zur Einweisung ist er »jeden Tag letztes Jahr noch zu ihm hingegangen, so, wie es sich meiner Meinung nach gehört«. Die Mutter habe drei Kinder allein großgezogen und ein Leben zu stemmen. »Du bestehst darauf, dass ich krank bin!«, ruft Herr Dahlak und klopft mit den Fingern auf den Tisch, »Das ist das Problem mit euch!« Ob er auch die Mutter körperlich angegriffen habe, fragt die Beisitzende Aout. »Sie kennen doch die Akte«, antwortet der nur. Herrn Dahlaks Verteidiger fragt ihn, ob der Vater schon einmal zu ihm gesagt habe, er sei nicht sein Sohn. »Nein.«

Der psychiatrische Sachverständige wird gehört. Schon vor 25 Jahren war Herr Dahlak das erste Mal für ein ganzes Jahr in Haina. Bereits 1979 wurde bei ihm eine »Schizophrenie paranoiden Typs« diagnostiziert. Seit einem Jahr beherrscht sie Herrn Dahlak in »chronifizierter Form«. Er hatte in der Klinik berichtet, dass er sich bedroht und eingesperrt fühlte von »der großen Frau«, als sie die Wohnungstür abschloss. Man musste den Schlüssel rumdrehen, damit die Tür geschlossen blieb, weil sie beim letzten Polizeieinsatz eingetreten und das Schloss beschädigt worden war.

Ein »völlig unbefriedigender Erfolg durch diverse Medikamente«, konstatiert der Psychiater desillusioniert. Außerdem verweigere sich Herr Dahlak. »Er hat ja Pädagogik studiert und sich eher als Mitarbeiter statt Patient gesehen« bei seinen früheren Aufenthalten, was für erhebliche Unruhe in der Psychiatrie sorgte, aber »eine Absonderung muss vom Ministerium genehmigt werden, ein Angriff allein reicht nicht aus. Was die Patienten im Wahn erleben, ist für sie genauso Realität wie für uns.« Erst kürzlich hat Herr Dahlak versucht, jemanden durch das Fenster der Tür zu würgen.

Der Vertreter der Staatsanwaltschaft empört sich in seinem Plädoyer darüber, dass man laut »BGH ein Recht auf Krankheit hat. Unser Staat nimmt es in Kauf, dass psychisch Kranke Mord- und Totschlag begehen.« Nicht ganz. Herr Dahlak bleibt wegen des Angriffs auf Frau Schwarz in der Psychiatrie, entscheidet das Gericht.

Resigniert hatte der Sachverständige bemerkt, die Schizophrenie sei »zusammen mit der Demenz die schlimmste Krankheit, die unser Gehirn haben kann«. Es gebe keine Heilung.

Deine Alte hat mich reingelegt

Marius Kwiatkowski wird totgeschlagen. In dem langwierigen Verfahren spielen sich verstörende Szenen vor dem Landgericht ab. Das Motiv kann die Große Strafkammer nicht ermitteln, nur dass Jacek Michalevski der Täter ist, steht eindeutig fest.

Mit einem Schuldspruch geht das Verfahren zu Ende. Der Täter ist eindeutig überführt, es gibt drei Zeugen, die die Tat beobachteten. Es gibt das Opfer, das an den Folgen des Angriffs verstarb. Mit den bloßen Fäusten und mit Tritten war ihm der Schädel zerlegt worden. Der Mann verstarb viereinhalb Monate später, ohne je wieder das Bewusstsein erlangt zu haben, trotz Notoperation, dreier Reanimationen. Doch es ist »eine ebenso überflüssige wie unverständliche Tat«, wie die 21. Große Strafkammer unter Richter Drescher in ihrer Urteilsbegründung ausführt. Die Kammer »sei nicht gehalten«, sich bei der Urteilsfindung für den Angeklagten »die günstigste Variante auszudenken. Der Tod ist kausal auf die Tat zurückzuführen«. Jacek Michalevski bekommt acht Jahre und sechs Monate für den »Totschlag mit bedingtem Tötungsvorsatz« an Marius Kwiatkowski. Einen Mann, den er gar nicht gekannt haben will.

In einer Spielothek, die der Treffpunkt der polnischen Bauarbeiter des Viertels ist, waren Täter und Opfer aufeinandergetroffen. Eine Dame, Frau Cipolska, arbeitet dort. Sie scheint »die Mutter der Kompanie« zu sein. Die – meist jüngeren – Männer versorgen sie mit Zigaretten und Jägermeister in kleinen Fläschchen vom Kiosk. Alkohol ist verboten in der Spielothek. Sie kennt alle, alle kennen sie. Am Tag der Tat ist Jacek dran, ihr »Papirosn« zu bringen. Marius, erst seit drei Tagen in Deutschland, wartet dort am Tresen auf seinen Vater, den er Jahre nicht gesehen hat, der soll ihm einen Job auf dem Bau besorgt haben. Frau Cipolska »weiß, dass Jacek und Marius sich nicht gekannt haben, sonst hätten sie sich doch unterhalten«. Ob sie sich »unterhalten« haben oder nicht, sie gehen jedenfalls hintereinander vor die Tür. Erst Marius, dann Jacek. Mit einem Tritt, den eine junge Dame, die gerade aus ihrem Auto steigt, beobachtet, bringt Jacek Marius zu Boden, bearbeitet ihn mit weiteren Tritten. Die Zeugin ruft: »Lass den in Ruhe, ich ruf die Polizei!« Daraufhin schaut Jacek auf, sie versteckt sich hinter ihrem Auto. »Der andere ist aufgestanden, hat sich den Brustkorb gehalten und ist in eine belebte Gegend gelaufen. Deshalb hab' ich gedacht, er ist nun in Sicherheit«, sagt die junge Dame vor Gericht. Die Tritte hätten »ganz heftig« ausgesehen, »geächzt« habe der andere »und nur versucht, sich zu schützen«. Weil es so brutal zuging, habe sie gerufen. »Auf einen Liegenden schlagen und treten kann ich mir nicht vorstellen«, wirft ihr Jaceks Verteidigerin mit ihrer hellen Stimme spitz zu. »Vielleicht soll ich das vormachen?«, erwidert die Zeugin. Richter Drescher lächelt: »Vielleicht ist das anschaulicher.« Zweiter Versuch der Verteidigung, nach der Demonstration, die Aussage der Zeugin unglaubwürdig erscheinen zu lassen: »Dass er geblutet hat, das haben Sie sich jetzt ausgedacht.« Der

Vorsitzende: »Das lass ich so nicht im Raum stehen, Frau Verteidigerin!« – »Ich habe das Fragerecht, und ich kann das machen.« – »Ich habe die Verhandlungsführung, und wenn ich eine Frage beanstande, dann mach' ich das.« Die Unternehmung der Anwältin, aus einer Behauptung eine zulässige Frage zu gestalten, lautet: »Ich habe den Eindruck, dass Sie sich von dem Zeugenaufruf beeinflussen lassen; dass die Verletzungen nicht so schwerwiegend waren.« Der Richter seufzt mit abgewandtem Kopf: »Woher nehmen Sie das.« Er bedankt sich bei der Zeugin dafür, dass »Sie sich da eingemischt haben, es zumindest versucht haben. Brauchen wir öfter«, und entlässt sie.

Der Stab wird an den Zeugen Madin weitergereicht.

Marius läuft die Straße entlang, aus dem Blickfeld der jungen Dame hinaus und in das von Herrn Madin hinein. Der Rechtsanwalt kommt gerade aus seiner dort gelegenen Kanzlei, montiert und fummelt umständlich die Lichter an sein Fahrrad auf der Straße. »Das Opfer ging an mir vorbei, blieb stehen, ging in eine Hauseinfahrt rein. Kam wieder heraus, guckte um die Ecke. Der Täter kam mit sieben km/h und bog da rein. Hörte dann einen dumpfen Schlag, ohne Schreie. Kam mir seltsam vor. Ging hin und lugte um die Ecke. Das Opfer lag am Boden, und der Täter drosch regelrecht auf ihn ein.« Vier, fünf Schläge und zwei, drei Tritte mindestens habe er gesehen, das »schockierte mich regelrecht«. So etwas »hab' ich noch nie gesehen«, eine »gewisse Angst vor dem Täter« habe er selber gehabt. Herr Madin drehte sich um, sah eine Dame kommen. »Hier wird jemand zusammengeschlagen, rufen Sie die Polizei!« Das tut Frau Thomas, die gerade vom Einkaufen kommt, Schlaggeräusche »wie bei einem Boxsack hört« und deshalb zunächst zur Karateschule dort geguckt hatte, deren Fenster jedoch dunkel sind. Zusammen beobachten beide noch zwei Tritte; »eingreifen war nicht angesagt«, sagt Frau Thomas vor Gericht. Dann lässt Jacek ab und geht schnellen Schrittes, »zielstrebig und seelenruhig« fort. Nicht länger als »zwanzig Sekunden, würde ich sagen, haben die Schläge und Tritte gedauert«, breitbeinig über dem Opfer habe der Täter gestanden und »mit Wucht« mit links und rechts zugeschlagen. »Sah gekonnt aus.« Herrn Madins Eindruck war, »er hat nicht abgelassen, weil wir da waren, sondern weil er wohl dachte, es sei genug«. Während Herr Madin sich um Marius kümmert, ihn in die stabile Seitenlage bringt in diesem unbeleuchteten Hof, holt Frau Thomas – sie ist Ersthelferin im Supermarkt, in dem sie arbeitet – Isolierdecken aus ihrem Auto und versucht dabei noch auszumachen, wohin der Täter läuft, derweil sie weiter mit der Polizei telefoniert.

Der Vorsitzende hat Freude am Zeugen Madin, der vom Fach ist und präzise antworten kann. Er fragt ihn nach seinem Eindruck. »Dass der Täter erregt war, ist eine Schlussfolgerung, weil so schlagen, wenn man weiß, dass man beobachtet wird …«, Herr Madin hebt ratlos die Hände. Er habe nicht den Eindruck gehabt, der Täter sei angetrunken gewesen. »Eine spezielle Geschichte zwischen Täter und Opfer« habe er allerdings vermutet. Die Verteidigerin möchte von ihm wissen, wie er denn darauf komme, dass ihr Mandant den ersten Schlag geführt habe. Richter Drescher faltet ergeben seine Hände und senkt den Kopf. »Wenn ich einen Schlag höre, und anschließend liegt das Opfer am Boden, dann wird wohl der Täter den Schlag geführt haben«, antwortet Herr Madin. Drescher lächelt. Herr Madin hat Bilder und Skizzen von der Örtlichkeit gemacht und gleich in mehreren Kopien für alle Verfahrensbeteiligten mitgebracht.

Frau Thomas hüllte den Sterbenden, »so gut es geht, in die Decken ein«, es ist »bitterkalt« an dem Abend, redet ihm gut zu, »damit er dableibt und weiß, dass er nicht alleine ist«. Herrn Madin und Frau Thomas erscheint es »Ewigkeiten«, bis die Rettung kommt, sie hat derweil das Gefühl, Marius »will sich verabschieden«. »Dann kam die Polizei, und plötzlich waren ganz viele Leute da, die vorher nicht da waren. Auch aus dem Haus.« Frau Thomas hört, wie der Notarzt sagt: »Wir haben ihn. Er ist dem Tod näher als dem Leben.« Herr Madin führt die ihm bis dahin unbekannte Frau Thomas in seine Kanzlei zum Händewaschen und auf einen Tee. Sie warten dort zusammen, bis sie zum ersten Mal vernommen werden.

Frau Thomas sitzt sehr gerade im Zeugenstand, spricht mit angenehmer, ruhiger Stimme. Und wiederholt: »Mit einer Seelenruhe, als hätte er nur in den Hof gepinkelt, ist er da rausgekommen und weggegangen. Kaltblütig. Hat nicht gewankt.«

Der Betreiber des Stammkiosks ergreift den Stab von Frau Thomas im Zeugenstand. In seinem Blickfeld taucht Jacek als Nächstes auf. Das zeigt auch die Videoüberwachung des benachbarten Geschäfts. Das Wasserhäuschen ist der einzige Laden im Viertel, der nach 21 Uhr noch offen hat. Der Kioskbesitzer kennt all die Polen, »die immer schon betrunken«, wenn sie zu ihm kommen, »aber immer friedlich« sind. Jacek kauft an dem Abend zwei kleine »Wodka und eine Caprisonne«. Er hat »eine blutende Wunde an der Hand«.

Jaceks Verlobte wird vernommen. Fassungslos und aus ihrer Welt katapultiert wirkt sie. Es scheint ihr unbegreiflich, was der Mann, mit dem sie lebte, der sich so liebevoll um ihren Sohn kümmerte, wenn sie arbeitete, getan haben soll. Wenn er aus der Haft in den Gerichtssaal vorgeführt wird, hängt sie weinend an seinem Hals, ihn verzweifelt küssend. Die Wachmeister lassen es geschehen. Er beugt sich zärtlich in Handschellen über sie, sein Blick ist besorgt und voller Liebe. Wie sie ihren Verlobten, mit dem sie seit fünf Monaten zusammen ist, charakterisieren würde? Mit polnischer Sprachmelodie und Akzent ist sie die einzige der vorgeladenen Polen, die deutsch spricht. »Das war alles ganz schön. Bin auch selbst Mutter, war mir auch wichtig, dass mein Sohn ihn als Partner akzeptiert. Das war einmalig.« Sie arbeitet in der Gastronomie im Schichtdienst, er hat »alles gemacht im Haushalt, gekocht, geputzt, sich mit dem Kind beschäftigt. Mein Kind hat auch noch nie jemanden vorher so ins Herz geschlossen.« Nie habe sie ihn wütend erlebt. Er habe jeden Tag getrunken, aber nicht so, dass sich sein Verhalten verändert hätte. »Mal Bier, mal Wein, mal Schnaps. Ich habe nicht großartig feststellen können, dass es ein Problem ist.« Die Verteidigerin, mit hoher, leiser, zitternder Stimme, gleichwohl starrsinnig-kämpferisch, weist sie darauf hin, dass ihr Mandant doch gegenüber dem Sachverständigen angegeben hat, mehrere Fläschchen Jägermeister jeden Tag getrunken zu haben. »Ja, ich habe gesagt Schnaps.« – »Ich habe den Eindruck, dass Sie das Problem verharmlosen.« Der Vorsitzende kommentiert: »Wir haben das Problem nicht«.

Am Tag nach der Tat kam die Verlobte mittags von der Frühschicht nach Hause, es war der zwölfte Geburtstag ihres Sohnes, Jacek lag im Bett und schlief so fest, dass sie ihn nicht wecken konnte. Das hat sie ihm schon übelgenommen, »war ich sauer«. Ob er Drogen genommen habe? »Nein. Das wäre für mich das Ende gewesen. Kind und Drogen, das passt nicht zusammen.« Auf die Frage des Richters, wieso sie ihn nicht aus dem Bett getrieben habe, zur Arbeit, antwortet sie: »Jeder ist erwachsen, jeder muss selbst wissen, ob er zur Arbeit geht.«

Und fügt hinzu: »Ich warte selbst auf eine Erklärung. Dass ich das verarbeiten kann.«

Marius' Vater kennt sie vom Sehen. Und Frau Cipolska, fragt die Verteidigerin, die Stimme klirrendes Espenlaub. »... die bekanntlich in der Spielothek bei uns arbeitet, ja?«, erwidert Jaceks Verlobte schneidig. Wieso die nie Kleingeld für den Kiosk gehabt habe? »Man muss auch erst mal großes Geld haben, bevor man es kleiner machen kann«, hebt Jaceks Verlobte für sie den Vorhang zur Wirklichkeit im Souterrain, scharf, mühsam beherrscht und ergeben zugleich.

»Komm mich besuchen«, ruft Jacek seiner Verlobten leise zu.

Jaceks letzter Vorarbeiter, Herr Jaruselzki, ist geladen. Bei ihm hatte Jacek seine letzte Arbeit. »Gut gearbeitet« habe der, »Arbeit war perfekt, gut erledigt, pünktlich. Nur Alkohol, das war sein Problem. Heimlich getrunken, verdeckt. Zum Beispiel, wenn ich zum Baumarkt gehe.« Beim Treffen der Bauarbeiter im Baumarkt habe keiner gewusst, warum er verhaftet wurde. »Ich habe ihn gebeten, weniger zu trinken, weil das schlimmer wird. Er hat gesagt, er muss trinken, weil es ihm sonst fehlt.« Ein Anwalt der Nebenkläger, Marius' Familie, der dem Angeklagten mit seiner Verteidigerin und Dolmetscherin gegenübersitzt, ein älterer kleiner runder Herr mit feinem polnischen Akzent, protestiert: »Je länger die Verhandlung dauert, desto mehr trinkt er, ist mein Eindruck!«

Der beste Freund des Angeklagten, Mateusz. Traumhafte Wimpern und eine Fahne auf fünf Meter. Er ist der Sohn von Frau Cipolska. Was er zu Jaceks Eigenschaften sagen könne, will der Vorsitzende wissen. »Er ist ein guter Junge. Trinkt nur zu viel.« Was das bedeute? »Zwei Besoffene können nicht gegenseitig sehen, ob sie besoffen sind. Verstehen Sie, Herr Richter!« Er lacht. Am Nachmittag des Tattages hätten sie zusammen eine halbe Flasche Wodka getrunken. Bei der Auswertung ihrer Telefonate findet sich Jaceks Satz: »Deine Alte hat mich reingelegt.« Er sagt zu Mateusz, wie denn die Polizei nach ihm fragen konnte. Bei ihrem Treffen am nächsten Tag in einem Waldstück solle Mateusz ihm eine neue SIM-Karte mitbringen, er werde untertauchen so lange. Die Mutter, Frau Cipolska, scheint bei diesem Telefonat danebengestanden zu haben, denn Mateusz wendet sich an sie: »Du musstest doch nichts sagen.«

Die Mutter, Frau Cipolska, ist die nächste der Geladenen. Die Dame aus der Spielothek, von der sämtliche geladene Polizeibeamte aussagen, dass »sie mit Sicherheit mehr weiß«, in allen Variationen, in der diese Vermutung sprachlich auszudrücken ist. »Den Eindruck haben wir hier auch alle so ein bisschen«, kommentiert der Vorsitzende das. Frau Cipolska also, 47, zwanzig Jahre älter als all die Männer, die da zusammen arbeiten, trinken nach Feierabend, sich gegenseitig Stellen besorgen und ihr die Kippen und den Alkohol zutragen, kennt Jacek »seit über zwei Jahren«. Ein »sehr guter Mensch. Sehr gutes Herz. Er hat keine schlechten Seiten.« Er »trinkt sehr viel Alkohol. Das war eine Katastrophe!« Ob sie ihn mal darauf angesprochen habe, will der Vorsitzende wissen. »Ja. Er hat gesagt, er will trinken.« Sie hingegen habe »praktisch nicht« getrunken. Der Staatsanwalt grinst leicht und schief und fassungslos.

An dem Tag sei Jacek »katastrophal betrunken« gewesen. »Man hat gesehen, dass er genug hat.« Dreimal sei er da gewesen. Beim ersten Mal habe sie ihn gebeten, ihr »Papirosn« zu besorgen, beim zweiten Mal kam er mit Wodka für sich, sie bat ihn, draußen zu trinken. Da war dieser Junge, »anderer Pole«, der nach seinem Vater gefragt habe. Beide gingen raus. Nach einer Weile kam Jacek wieder, mit einer blutenden Hand und sagte ihr, er sei »an einer Wand langgeschrammt, weil er so betrunken war«. Sie habe ihm noch ein Tuch gegeben und ihm gesagt, er solle nach Hause gehen. Als die Polizei an dem Abend in der Spielothek erschien, auch weil Frau Thomas vermutete, dass Jacek schlussendlich da hinein verschwunden war, telefonierte sie erst einmal auf Polnisch – bis ihr einer der Beamten das Telefon abnahm und kontrollierte.

Mehrere Gespräche mit Jacek nach der Tat hat sie geführt und zwei Stunden vor der Tat auch eins. Der Vater, Jan, rief sie am nächsten Tag an und sagte zu ihr, »er könne nicht glauben, dass Jacek das war, er wäre so ein guter Junge«.

Jan Kwiatkowski, 53 Jahre, Bergmann, Bauarbeiter, der Vater, betritt den Saal. Der zitternde dissonante Sopran der Verteidigerin erklingt, bevor die Vernehmung beginnt. »Für meinen Mandanten ist es sehr stressig, dass die Verlobte da ist. Würden Sie bitte anordnen, sie auszuschließen von der Sitzung?!« – »Frau Verteidigerin«, entgegnet der Vorsitzende ihr, »ich werde einen Teufel tun, hier jemanden auszuschließen. Das kann er selbst machen.« Die Sitzung wird unterbrochen. Über das Geländer, das den Verhandlungssaal für Verfahrensbeteiligte und Zuschauer teilt, beginnt eine heftige Diskussion auf Polnisch. Die Anwältin von der einen Seite, Frau Cipolska von der anderen, reden eindringlich auf die Verlobte ein. Diese schüttelt den Kopf, wieder und wieder, entschlossen. Schließlich gibt sie offensichtlich widerstrebend nach. Frau Cipolska begleitet sie hinaus.

Der Vater gibt sich mühsam aufgeräumt, er muss zu viel Anlauf dazu nehmen. Mit dem Sohn sei er »na ulicy«, auf der Straße, verabredet gewesen. Leider habe er sich verspätet. Er war auf einer Geburtstagsfeier und hatte getrunken und so den

Sohn verpasst. Schon zwei Jobs habe er ihm verschafft, zum ersten sei er nicht gekommen, zur zweiten Arbeitsstelle auch nicht. Marius habe eine Baufirma in Polen gehabt, er habe keine Erklärung, warum er hier nicht zur Arbeit gegangen ist. »Ich wollte bei der Beerdigung darüber reden, aber niemand wollte darüber sprechen.« Der Sohn »war kein Goldjunge. Sagt man so in Polen.« Das wiederholt er, »kein Goldjunge«. Zweimal habe der im Gefängnis gesessen. Dessen Frau, eine Krankenschwester, und die Kinder leben in England. Für sie ist die Bank der Nebenklage dreifach besetzt. »Wissen Sie, ob Ihr Sohn auch für den Angeklagten arbeiten sollte?«, fragt Richter Drescher ihn. »Bestimmt nicht, bestimmt nicht, bestimmt nicht.« Mit »einem Lächeln im Gesicht« habe er sich mit Jacek stets morgens gegrüßt. »Nicht? Nicht? Nicht?«, wendet sich Jan an Jacek. Der nickt. Er habe am Abend einen Anruf bekommen, ein Krankenwagen sei da. Wer das war, der Anrufer, will die Kammer wissen. »Bestimmt kein Mann, puh …« Ob er Frau Cipolska kenne? »Sicher.« Dass Herr Kwiatkowski aufspringen und hinauslaufen möchte, kriecht dem Zuhörer in den Körper, sein krampfhaftes Lächeln ebenso. Er klammert sich an einer Sache fest und damit alles andere aus: Nach Polen ins Krankenhaus habe man Marius gebracht, in eine Klinik, in der seine Frau arbeitet, Marius' Mutter. »Niemand hat mir gesagt, bei der Beerdigung, woran der Sohn gestorben ist.« Niemand sagte ihm, wer entschieden hat, die Geräte abzustellen. »Jemand hat entschieden, die Geräte abzustellen, und bis heute weiß ich nicht, wer. Und das gefällt mir eben nicht.« Er klopft auf den Tisch. Der Vorsitzende will zurück zur Tat, Herr Kwiatkowski nicht. Was er am nächsten Tag mit Frau Cipolska am Telefon geredet habe? Herr Kwiatowski erinnert sich nicht. Der Vorsitzende Richter ermahnt ihn: »Ich habe so ein bisschen das Gefühl, dass Sie aus irgendeinem Grund die Frau Cipolska decken wollen.« Ein Verständigungschaos wird angezettelt, es hat mit Sprachproblemen nichts zu tun. Er will nicht antworten. Ein Anwalt der Nebenklagevertretung will wissen, ob die Familien irgendetwas miteinander zu tun haben in Polen. Nein. »War ihr Sohn leicht reizbar?«, fragt die Verteidigerin. »Ja. Aggressiv. Er war nicht ruhig, jetzt ist er tot.« Am Ende dieser Vernehmung steht Jacek auf, legt seine Hand auf sein Herz: »Ich möchte mich entschuldigen bei dir.« Lächelnd gewährt der Vater ihm das. Gibt ihm die Hand zum Abschied.

Irritierende, mitunter verstörende Szenen spielen sich im Saal und auf dem Flur des Landgerichts ab. Fröhliche und herzliche Begrüßungen draußen auf dem Flur, untereinander und mit dem Vater – mit Ausnahme der Verlobten, die genauso wie die Zuhörer nicht zu begreifen scheint, welches Spiel hier gespielt wird.

Der Bruder des Angeklagten, lachend und mit Fahne betritt er beschwingt den Saal, umarmt Jacek als Erstes stürmisch. Er wohnt mit ihm in einer dreißig Quadratmeter großen Wohnung für 525 Euro. Er regt sich eigentlich nur über den Polizeieinsatz auf, darüber, dass Fotos gemacht wurden, dass ihm eine Flasche Jägermeister und vor allem »zwei Gramm Amphetamine« abgenommen und »zu wenig wiedergegeben« wurden. »Darf die Polizei das? Ist das legal hier?« Das sei »Katastrophe! Kommunismus! UdSSR!« – »Ein bisschen mehr Respekt!«, ermahnt ihn Richter Drescher, »Wir verhandeln hier darum, dass ein Mensch zu Tode gekommen ist.« Jan kennt er »sehr gut« und hat »sehr gut zusammen gearbeitet« und »nicht über die Sache gesprochen«, mit dem Bruder auch nicht. »Habe mich zu diesem Thema nicht unterhalten«, behauptet er und bleibt dabei. Es gibt nur »Arbeit, schlafen, Arbeit zehn, zwölf Stunden, schlafen, essen«, erklärt er auf Deutsch.

Der nächste lustige Pole kommt in den Saal gestürmt. Jaroslaw. Laut, aggressiv lachend, umarmt auch er zuerst Jacek, bevor er sich auf den Stuhl fallen lässt. »Nicht verwandt, nicht verschwägert?« Jacek verkneift sich ein breites Lächeln. Beide kennen sich schon lange »aus der Siedlung in Polen«. Jaroslaw ist vor zwei Jahren nach Deutschland gekommen, er und Jacek haben sich hier »sehr oft gesehen«, nur zehn Monate vor der Tat, da sei er weggezogen. Ins Gefängnis, meint er, für ein halbes Jahr. Und danach, also nach seinem Aufenthalt im Gefängnis, »anderer Ort und die Arbeit«, ja, sie hätten sich schon noch getroffen, oft, aber nicht so oft. Er will nicht raus mit der Sprache, er gibt eine beinah noch schlechtere Vorstellung als die anderen ab. Nach der Tat hat Jacek ihn angerufen, »er hätte ein Problem mit der Wohnung, müsste woanders schlafen«, sagte der, wird ihm aus der Nase gezogen. »Ein Problem mit einer hoffnungslosen Situation.« Nun, was denn? »›Abgemurkst‹ jemanden.« Der Vorsitzende Richter mustert ihn eine Weile, dann: »Bei Ihrer Tat, für die Sie im Gefängnis waren, gab es einen unbekannten Mittäter. Wer war das? Wer hat Ihnen da geholfen?« – »Ich erinnere mich nicht. Ich war betrunken.« Alles seufzt. Der forensische Psychiater, der als Sachverständiger dem Verfahren beiwohnt, fragt Jaroslaw, ob er »Wutanfälle« bei dem Angeklagten kenne. Der ist sichtlich angespannt die ganze Zeit; Jaroslaw quält sich mit einer Antwort, was könnte die beste sein? Er entscheidet sich nach einer Weile für »Bestimmt. So wie bei mir. Hab' ich aber nie gesehen.« Auch einer der Anwälte der Nebenklage versucht noch einmal, nach dem »Beteiligten« von Jaroslaws letzter Straftat zu forschen. »Die Zeugen waren nüchtern, ich war betrunken« ist die Antwort. Damals hatte er gesagt, dass er das niemals sei. Heute ist er zumindest angeschickert. Das war bis zum Richtertisch zu riechen. »Für einen nichttrinkenden Alkoholiker hat er eine ordentliche Fahne gehabt«, bemerkt der Vorsitzende nach seinem Abgang.

Der Sachverständige jedenfalls hat beim Angeklagten »keinen Hinweis auf reine Rauschtat« gefunden, auch keine »sittliche Verrohung durch den Alkohol. Er ist kein klassischer Kontrollverlusttrinker.« Der Psychiater versucht, die rätselhafte Tat mit einer »überkontrollierten Feindseligkeit« zu erklären, ein »langes Lächeln, das dann überkocht«. Nur warum, hier, das hat er nicht »explorieren« können. »Man wird das Gefühl nicht los, dass mehrere Zeugen schon wissen, was das Motiv ist«, sagt einer der Nebenkläger. Das Gericht erfährt es nicht.

… doch die im Dunkeln sieht man nicht

Bei »prominenten Autovermietungen« Wagen gemietet und im Internet verkauft zu haben, lautet die Anklage gegen Voicu, »als Teil einer Bande«. Es ist gar nicht so einfach, der Hauptverhandlung gegen den Letzten aus der Truppe aus Rumänien zu folgen.

Deutschland hat einen wundersamen Ruf. Zumindest in ökonomischer Hinsicht. Man fährt hin, bekommt »eine Anstellung, ist sofort in der AOK versichert, die Kinder, die Familie auch«. Arbeit in Deutschland gibt es genug, und man bekommt Arbeit, auch wenn man weder die Sprache beherrscht noch einen Berufsabschluss hat.

So jedenfalls hatten es »Bekannte« dem Angeklagten Voicu erzählt. Er ist der Dritte einer Truppe, der wegen »bandenmäßiger Hehlerei« sowie der Urkundenfälschung angeklagt wird. Zwei Kompagnons, Puceanu und Păun, deren Verfahren abgetrennt wurden, haben bereits ihre Urteile zu je dreieinhalb beziehungsweise drei Jahren bekommen. Sie legten ein »Pauschalgeständnis« ab.

Den dreien wird vorgeworfen, »sich zu einer Bande zusammengeschlossen zu haben«, die teure Autos gestohlen und mit gefälschten Papieren weiterverkauft hat. In dem Verfahren geht es für alle um sechs nachgewiesene Fälle innerhalb eines Zeitraums von zehn Monaten. Die Wagen wurden, bis auf einen, allesamt in Spanien bei »prominenten Autovermietungen für ein bis drei Wochen mit fiktiven Personalien angemietet« und nach Deutschland gefahren. Bei einer Autoanmietung hierzulande werden nämlich die Personendaten überprüft und eine Anfrage bei der SCHUFA gestellt. Mit »gefälschten Fahrzeugpapieren und fingierten Kaufverträgen wurden die Wagen auf Strohleute zugelassen und dann auf Internetplattformen zum Kauf angeboten«, trägt die Staatsanwältin vor. Hierbei war man natürlich unter einem gewissen Zeitdruck. Die Wagen, Mercedes, Audi, Chrysler, Kia, Golf und ein Opel, mussten vertickt sein, bevor die Autovermieter die Fahrzeuge als gestohlen meldeten. Bei der Anmeldung half auch eine Mitarbeiterin der Zulassungsbehörde, die »den Zugang zu Kennzeichen ermöglicht und dafür entlohnt wird«, wie es in der Akte heißt. Zum Pech der Bande befanden sich unter den Käufern verdeckte Ermittler.

Cristea Voicu, vierzig Jahre alt, war der Mann der Bande in Spanien. Seine schwarzumrandete Brille lässt ihn smart erscheinen. Er nuschelt leise und ziemlich schnell, weshalb er bei der Telefonüberwachung »gut wiederzuerkennen« ist, egal ob »in Rumänisch oder Romanes«. Niemand sagt Cristea zu ihm, alle reden ihn nur, weil seine Haut dunkler als die der anderen ist, mit »Ciocolată« an. Deshalb brauchten die Ermittler auch eine Weile, ihn namentlich zu identifizieren. Spanisch spricht »Ciocolată« Voicu, weil er mal vier Jahre mit seiner Lebensgefährtin in Spanien gelebt hat. Sie betrieb dort eine Pizzeria, er lieferte aus. Ob das auch die Frau sei, mit der er einen Sohn habe, fragt die Kammer. Nein, die Kindsmutter ist eine andere und lebt mit dem Kind in Rumänien. Sein Sohn, nun zwanzig Jahre alt, leidet an einer Stoffwechselerkrankung, »hat irgendetwas mit dem Gehirn zu tun, das Kind hat Dauerhunger«, wiegt 185 Kilo bei einer Körpergröße von 1,65 Meter. Er wollte es hier operieren lassen, sagt Herr Voicu, deshalb hat er sich nach Deutschland aufgemacht. In Rumänien würde die Operation 10 000 Euro kosten, »die ich nie erwirtschaftet hätte«. Er bewohnt in Deutschland mit seiner »Lebensgefährtin« ein Zimmer in einer Wohnung, »hat aber Zugriff auf das ganze Wohnhaus«, sagt der ungefähr schickste Kriminalkommissar weit und breit aus, einer Boss-Casual-Kampagne entsprungen. Wie und warum Voicu im ganzen Haus Zimmer vermieten konnte, wurde nicht ermittelt. (»… doch die im Dunkeln sieht man nicht«, könnte an dieser Stelle ertönen. Tatsächlich aber erklingt auf dem Handy des Dolmetschers Siri: »Entschuldigung, das habe ich jetzt nicht verstanden.«) Eine andere Bleibe hatte Voicu in Spanien. Die Schöffin muss nun einmal bei ihm nachfragen: »Ich komm mit den Frauen noch nicht klar?« Der Verteidiger lacht, die anderen Verfahrensbeteiligten sind dankbar für die Frage. Also, es gibt die in Spanien, eine in Rumänien und die in Deutschland, eine Rumänin, die er hier kennengelernt hat.

Über seinen Anwalt lässt Voicu sich »zur Sache« äußern. Die Kompagnons, zwei Brüder mit den unterschiedlichen Familiennamen Puceanu und Păun, »habe ich vor dem rumänischen Osterfest 2014 in einem Lokal, wo sich Rumänen treffen, im Bahnhofsviertel kennengelernt«. Wagen eins und drei gibt er zu, angemietet, Wagen zwei von Spanien nach Deutschland gefahren zu haben, für Wagen fünf hat er nur »die Papiere per DHL von Spanien nach Deutschland geschickt«. »Du hast die falsch gefälscht«, heißt es dazu in der Telefonüberwachung, in der es sich eher anhört, als gebe Voicu die Anweisungen. Ansonsten habe er weiter »nichts« mit den Fahrzeugen zu tun. Ach so, für Wagen drei habe er noch einem anderen Rumänen zwanzig Euro in die Hand gedrückt, damit dieser das Auto reinige und die Fingerabdrücke beseitige, weiter nichts. An dem Geschäft mit dem Mercedes, der in Mailand angemietet wurde, war er gar nicht beteiligt. Doch in sein Zimmer ist einmal eingebrochen worden, »Telefon und Schmuck meiner Frau« waren verschwunden. Jemand anderes muss dabei auch sein Telefon mitgenommen haben und für das Mercedes-Geschäft benutzt haben, sagt er. Für seine jeweils »unterschiedliche Beteiligung« hat Voicu, je nachdem, zwanzig bis dreißig Prozent vom Verkaufspreis gekriegt. Er sagt gekriegt, nicht kriegen sollen, denn von den sechs angeklagten Fällen ist nur ein Verkauf geglückt, und selbst bei dem hatte die Polizei den Wagen bereits am nächsten Tag gefunden und beschlagnahmt. Das Auto wurde der Vermietungsfirma zurückgegeben, der Käufer ist die 12 000 Euro los, die er für den Kia bezahlt hatte, und kann sehen, wie und ob er die gerichtlich eintreiben kann.

Das vorangegangene »Pauschalgeständnis« der Kollegen macht es möglich, den eigenen Einsatz dosiert anzugeben. »Verschwinde, kehr nicht in die Wohnung zurück, dass sie dich nicht auch noch erwischen«, wurde Ciocolată gewarnt, als die Kompagnons bereits verhaftet waren. »Die waren gut vernetzt«, sagt der modische Kommissar mit den langen Wimpern, und dass »die drei Haupttäter eine Beziehung auf Augenhöhe« hatten, so der Eindruck der Ermittler. Voicu wird schließlich in den Niederlanden festgenommen, wo er seinem Bruder als Kraftfahrer hilft, der dort im Blumengroßhandel arbeitet. Ihre Mutter betreibt in Rumänien einen Blumenladen, und »Blumen sind in Holland billiger als in Rumänien«, deshalb kauft der Bruder sie in den Niederlanden ein. Voicu hat früher auch im Geschäft der Mutter geholfen, »Ich mag Blumen sehr. Wir verkaufen Blumenarrangements.« Als Koch im Restaurant des Vaters arbeitete er auch. »Die Pflichtschule hab' ich lediglich besucht«, das sind acht Jahre in Rumänien, eine Art Hauptschule. Einen Beruf erlernt hat er nicht.

»Aber wenn Sie in Rumänien Arbeit hatten, versteh' ich gar nicht, warum Sie nach Deutschland gekommen sind«, fragt die Richterin und erwartet keine Antwort.

Verhaftet wurde, vor den drei Bandenmitgliedern, zuerst ein 25 Jahre alter Mann, Herr Neascu. Er ist der Hauptbelastungszeuge. Jeans, Turnschuhe, Hoodie, Lederjacke, eine Art südosteuropäische Straßenjungsuniform kleidet den schmächtigen, zornigen Körper. Der junge Mann echauffiert sich während der gesamten Vernehmung vor Gericht mit seiner rauen Stimme derart, dass der gemütliche und nach Vanille duftende bärtige Übersetzer für das Rumänische manchmal kaum zu verstehen ist. Der Zeuge fühlt sich nicht nur reingelegt von seinen Landsleuten. »Jetzt wird es viele geben, die die Schuld auf mich abladen werden«, er will endlich sein Verfahren. »Könnte ich jetzt bitte auch mal einen Termin für mich machen! Dass meine Sache bereinigt wird«, jetzt!

»Ich hab' genug von diesem Land. Nichts hab' ich verdient hier.« Obdachlos war er acht Monate gewesen. »Warum sind Sie dann nicht nach Rumänien zurück?«, fragt ihn die Richterin. »Ich hatte doch das Fahrgeld nicht! Nicht das Geld für das tägliche Brot!«

Doch seine Frau »hat gekannt die Schwester des jungen Mannes, der sich die Miete mit ihm«, Voicu, geteilt hat. Diese Schwester sagte ihnen, »vielleicht könnt ihr zwei Tage bleiben,

Geld machen und nach Rumänien fahren«, sie frage ihren Bruder mal. Wie sie denn so viel Geld in zwei, drei Tagen hätten verdienen sollen, fragt die Vorsitzende. »Pizzeria, Minijob, geliehen, irgendwie hätten wir schon was gefunden.« Und wie er für die Unterkunft bezahlt hätte? »Irgendwie werden wir das schon glätten. Kein Problem, wir werden das schon regeln, sagte sie«, die Schwester. Nach einem Monat kam Voicu aus Spanien. Er und seine Frau müssten nicht auf die Straße, »ich schmeiß euch doch nicht raus«, sagte Voicu. »Dann kam er mit dem Vorschlag auf mich zu. Ich war so verzweifelt! Ich wollte doch das Fahrgeld für Rumänien!« Zweihundert Euro verspricht ihm Voicu dafür, dass er ein Fahrzeug mit seinem Ausweis auf ihn zulässt. »Das war genug für mich, ich wollte ja nur das Fahrgeld verdienen.« Er händigt Păun die Papiere aus.

Doch die Polizei fahndet bereits nach dem Auto und schnappt ihn. »Dann fingen die Probleme an.« Den Polizisten erzählt er, »ich hab' gelogen«, dass er das Geld für das Auto von seinen Großeltern geerbt hat, die Land besessen haben, was er verkaufte. »Du hast keinen Cent«, halten ihm die Beamten gleich entgegen. »Um 14 Uhr hat man mich in Handschellen auf das Revier geführt und um 19 Uhr rausgelassen. Ich hab' nichts zu essen und zu trinken bekommen!«

Voicu erzählte ihm, er habe 1000 Euro für einen Anwalt für ihn bezahlt, das Geld schulde er ihm nun. »Dieser Anwalt – was ist das überhaupt für ein Anwalt, der einen nicht aus dem Gefängnis holt? Keinen Finger hat der für mich gerührt!«

Nein, mit dem Mercedes habe Voicu wirklich nichts zu tun. Das war auch Păun. Und Nicoliță und Wajs. »Ich komm da nicht mit«, sagt die Staatsanwältin, »Ich auch nicht«, der Verteidiger, »Ich auch nicht«, die Vorsitzende. Herr Neascu lässt sich nicht beirren und krächzt einfach halb brüllend weiter. »Auf der Zulassungsstelle« hatte er die zwei »zum ersten Mal gesehen, auch rumänisierte Zigeuner«. Die beiden wohnten nicht weit weg in einem Hotel. Er bekam »das rote Kennzeichen für einen Monat«, danach ging man gemeinsam in das Hotel, aber »meinen Sie, die hätten mir das Geld gegeben? Nein, nein. Du kriegst das Geld erst, wenn wir das Auto verkauft haben.« Nur einen Vorschuss von dreihundertfünfzig Euro bekommt er, 2000 sollen es werden, wenn der Verkauf klappt. Am Abend »kamen andere Leute in die Wohnung« von Voicu. »Die kannten sich alle.« Voicu sei wütend geworden, »er hat geschlagen, gespuckt. Beschimpfte mich und den Fahrer«, der das Auto nach Deutschland gebracht hatte. Welches Auto jetzt? Na, den Mercedes. »Zu den anderen hat Voicu gesagt: *Warum hast du den genommen, das ist doch mein Mann!*«

»Wieso sind Sie mit dem Vorschuss nicht sofort nach Rumänien?«, fragt Herrn Voicus Verteidiger Herrn Neascu. »Konnt' ich jetzt noch weg? Mit all den Problemen?«, antwortet der. »Niemand hätte Sie aufgehalten, die Busse fahren vom Hauptbahnhof«, sagt Neascus Verteidiger lapidar, der Staatsanwältin ein verschmitztes Lächeln schenkend. »Das Auto sollte doch verkauft werden, da wäre vielleicht noch etwas dazugekommen«, ist Neascus Erwiderung. Ob er etwas über einen Einbruch bei Voicu weiß, der als Einziger sein Zimmer verschließen konnte? Das war kein Einbruch, das war die Polizei, die hat die Wohnung durchsucht. Ein anderer Mann wohnte in Voicus Zimmer, der in Spanien zu der Zeit war. Er, Neascu, hat hinterher noch »eine Tüte mit Shampoo für den sichergestellt«. – »Wir hatten ja eigentlich nach dem Handy gefragt«, sagt die Vorsitzende amüsiert und fragt die Staatsanwältin, ob man mal recherchieren solle, dass es tatsächlich mal eine Durchsuchung gegeben habe. »Da gab es sicher mal eine Durchsuchung«, erwidert die Staatsanwältin trocken und tauscht anschließend ein Grinsen und ein Nicken mit dem Verteidiger. »Einige offene Verfahren« in einer anderen Stadt »sind eingestellt wegen unbekanntem Aufenthaltsort«; daraufhin muss der charmante, jungenhafte Herr Verteidiger, seit 39 Jahren im Beruf, nun tatsächlich lachen. In seinem Plädoyer führt er aus, dass sein Mandant doch »etwas unterhalb der Hierarchie stand« und an die Autos »durch die in Spanien ansässige Gruppierung« gelangt sei, worauf in dieser Hauptverhandlung nicht weiter eingegangen wurde. Außerdem: »Wenn schon beim allerersten Auto die Polizei einen Scheinkauf macht«, hätte man »gleich dem Spuk ein Ende machen können«, das sei ein »wichtiger Gesichtspunkt für die Strafzumessung«. Durch das frühe Geständnis seines Mandanten, Monate vor seiner Verhandlung, hat er die Sache »erheblich verkürzt. Ohne das hätte es erfahrungsgemäß ein langes Hauptverfahren gegeben.« Außerdem seien sieben Monate Auslieferungshaft in den Niederlanden anzurechnen. Für seine letzten Worte erhebt sich Voicu weinend: »Ich möchte um Entschuldigung bitten. Weiter weiß ich nichts zu sagen.«

Zwei Jahre und zehn Monate, so das Urteil. »Haftfortdauer wird angeordnet.«

Gott ist groß

Angelique war Muslima geworden und folgte ihrem Mann Abdelkarim in das Territorium des »Islamischen Staats«. Er wurde bereits wegen Kriegsverbrechen in einem ersten Verfahren in Deutschland zu einer mehrjährigen Haftstrafe verurteilt. Er kommt aus dem Gefängnis als Zeuge in dem Prozess gegen sie.

Im November 2016 verurteilte das Oberlandesgericht Frankfurt am Main Abdelkarim wegen »Mitgliedschaft in einer terroristischen Vereinigung, Kriegsverbrechen und Verstoßes gegen das Kriegswaffenkontrollgesetz« zu einer Freiheitsstrafe von achteinhalb Jahren. Dass er Kämpfer für den »Islamischen Staat« war, belegten Aufnahmelisten der Terrororganisation, die in bürokratischer Manier Kampfnamen, »Niveau der Gehorsamkeit«, Kontaktdaten Angehöriger zu Hause, »Schulabschluss« und »Urlaubszeiten« listete. Journalisten war es gelungen, einige der Mitgliederlisten in digitaler Form aus der Region zu schmuggeln. Dass Abdelkarim Kriegsverbrechen beging, belegen wiederum Aufnahmen in seinem Mobiltelefon, die er selbst gedreht hat. In Aleppo waren er und andere islamistische Söldner auf tote Soldaten der syrischen Armee gestoßen. Mit »Gott ist groß«-Rufen feuerte Abdelkarim seine Spießgesellen an, einen von denen zu schänden. Ohren und

Nase sollen sie dem abschneiden, so seine Stimme aus dem Off. Was sie auch taten. Dann zerschossen sie dem Soldaten das entstellte Gesicht, und Abdelkarim trat noch einmal nach dem Kopf des Geschändeten. Danach drehte er lachend die Kamera, so dass sie den Filmenden erfasste.

Abdelkarim wurde im Februar 2014 in Ankara verhaftet, wo er sich zur deutschen Botschaft begeben wollte, um sich für die Heimreise nach Deutschland Ausweispapiere zu besorgen. Er ist deutscher Staatsbürger und in Frankfurt aufgewachsen. Nach Syrien war er heimlich gereist, als seine Familie wegen einer Hochzeit in Marokko weilte. Er schrieb, beim IS angekommen, seinem Vater eine SMS. Dessen Bruder informierte daraufhin die Polizei. Dass der von den deutschen Behörden dann Gesuchte sich gerade in Ankara aufhielt, hatte seine Frau Angelique den Behörden bei ihrer Festnahme gesagt. Beide sind »nach islamischem Recht verheiratet«, wie sie bekunden, doch stellt sich vor Gericht heraus, dass kein Imam sie getraut hat, sondern beide nur am Telefon die entsprechenden Gelübde austauschten.

Angelique war mit ihren Kindern, zwei Jahre alt das Mädchen, drei Monate der Sohn, am Flughafen Gaziantep, einem Ort an der Grenze zu Syrien, verhaftet worden, weil man eine Rohrbombe in ihrem Gepäck gefunden hatte. Vom türkischen Antep, wie seine Bewohner die Stadt nach ihrem ursprünglichen Namen nennen – Gazi bedeutet Kämpfer und wurde dem Stadtnamen 1921 hinzugefügt –, wollte Angelique via Istanbul zurück nach Deutschland fliegen. Fünf Wochen hatte sie da im Einflussgebiet des »Islamischen Staates« hinter sich. Außer ihren Kindern sollte sie auf diesem Rückflug Adbelkarims

Bruder Lotfi begleiten. Abdelkarim erzählte seiner Frau in der Nacht vor der Abreise aus Syrien – Männer und Frauen, ob verheiratet oder nicht, waren getrennt untergebracht –, ihm sei sein Pass in ihrem Hotel gestohlen worden. Sie müsse deshalb alleine fliegen, er komme, sobald er neue Papiere habe, hinterhergereist, um zu Hause in Deutschland »ein neues Leben mit ihr aufzubauen«. So Angelique laut Protokoll der türkischen Behörden. In Wahrheit hatte Abdelkarim wohl schlicht deshalb keine Papiere mehr, weil diese beim Eintritt in die Armee des »Islamischen Staates« einkassiert werden. Dass wusste Angelique nicht. Genau so wenig wie sie wusste, was sie tatsächlich im Gebiet des »Islamischen Staates« in Syrien erwartete. Was Krieg bedeutet, was Terror. Niemand, der diese Gräuel nicht erlebt hat, kann etwas wissen davon, doch dass »Krieg herrschte« und wofür ihr Mann kämpfte, das wusste sie sehr wohl. Die Telefonüberwachung strafte ihrer und seiner Behauptung Lügen, er sei dorthin gereist, er »um einen Krankenwagen zu fahren«, sie vier Monate später ihm nach, »um Medikamente und Brot zu verteilen«. Getreu den Pflichten einer Ehefrau eines islamistischen Kämpfers motivierte sie ihn am Telefon in seinem Krieg, versicherte ihm, stolz zu sein, sollte er als Märtyrer fallen. Zwei Monate nach der Geburt ihres Sohnes, dessen Vater nicht Abdelkarim, sondern ein anderer »polizeibekannter Salafist« ist, so der deutsche Ermittlungsführer vor Gericht, reiste sie ihm nach. Mit den Kindern.

Abdelkarim bringt ein paar Blätter liniertes Papier mit einer handschriftlichen, mehrfach ausgebesserten Erklärung zu Angeliques Verhandlung mit. Sein Anwalt rät ihm ab auszusagen. Dem milde lächelnden Abdelkarim ist das egal. Auch der Vorsitzende belehrt den kahlrasierten, mit Salafistenbart aus der

Haft Gebrachten zweimal zur Wahrheitspflicht einerseits und darüber, dass er sich nicht selbst belasten müsse, andererseits. »Sonst kommen Sie in Teufels Küche!« – »Das hab' ich nicht vor«, entgegnet Abdelkarim mit herablassendem Lächeln. Er hat die Schönheit vieler Marokkaner, lange schwarze Wimpern, warmer Blick. Für Angelique ist sein Auftritt zu viel, sie weint, sie liebt ihn. Er weiß das. Und verliest: »Ich muss klarstellen«, dass Angelique »nichts von der Tasche wusste, da sie genug mit den Babys zu tun hatte. Ich konnte sie überreden, zu mir in die Türkei zu kommen, was sie aus Sehnsucht nach mir auch tat. Ich nutzte das aus, wofür ich mich heute sehr schäme. Ich setzte sie in ein Taxi unter dem Vorwand, sie in der Nähe der syrischen Grenze in einem Hotel unterzubringen. Ich entschuldigte mich tausende Male bei ihr, was ich auch heute tue.« Es sei seine Tasche gewesen, in der die Rohrbombe gefunden wurde. Er habe das Gepäck zur Gepäckaufgabe gebracht, wiegen lassen und »spontan«, als er feststellte, dass es statt Übergepäck noch Spielraum gab, sich entschlossen, seine Sporttasche mit ihren Sachen aufzugeben. »Um leichter reisen« zu können und ohne ihr etwas davon zu sagen. Die Videoüberwachung des Flughafens sagt etwas anderes. Dort sieht man, wie sein Bruder Lotfi das Gepäck aufgibt, Angelique, das Baby auf dem Arm, die kleine Tochter an der Hand daneben. In ihren Taschen: »2160 Euro, ein Deodorant, ein Koran, fünf Bücher auf Deutsch religiösen Inhalts«, laut Protokoll der türkischen Polizei.

Fragen beantwortet Abdelkarim keine. Dann geht es zurück ins Gefängnis für ihn. Vorher umarmt er sie in Handschellen, trotz Verbot.

Angelique ist hübsch, blass, ein schwarzverschleiertes deutsches Streetgirl. Sehr trotzig. 29 Jahre alt, ein Hauptschulabschluss, keine Ausbildung. Die Mutter Alkoholikerin, ihre Kinder vernachlässigend, die Eltern geschieden. Angelique sammelt Jugendstrafen, wegen Körperverletzung, Beleidigung, Diebstahl; ein Klassiker. Irgendwann konvertiert sie zum Islam. Nun trägt sie Niqab und sucht auch im Gericht still Halt im Gebet. »Seit ich Muslima geworden bin, ist mein Leben in Ordnung«, wird aus einem ihrer Briefe verlesen.

Vor dem Verhandlungssaal hängt ein Aushang mit einer »sitzungspolizeilichen Verfügung« des Vorsitzenden Richters, dass »Besuchern, die mit einer das Gesicht verhüllenden Kleidung (Burka, Niqab) erscheinen, der Zutritt untersagt« wird. Ebenso »Kindern, die erkennbar nicht das Schulalter erreicht haben«. Zum ersten Verhandlungstag hatte Angelique versucht, in Abaya kombiniert mit einem medizinischen Mundschutz das totale Verschleierungsverbot zu unterlaufen. Die Wachtmeister sind unerbittlich und gestatten ihr gesichtsverhüllt noch nicht mal den Zutritt in den Saal. In jeder Verhandlungspause verwandelt Angelique ihr Gewand in einen Niqab, indem sie den schwarzen Stoff unterm Kinn bis an die Augen in ihr Gesicht schiebt.

In der Hauptverhandlung selber äußert sie sich nicht. Jedenfalls nicht zur angeklagten Sache, auch nicht zur Person. Ihr Verteidiger widerspricht der Verlesung der Vernehmungsprotokolle der türkischen Polizei, die ersatzweise in kurzen Auszügen vorgetragen werden. Diese seien nicht »unter rechtsstaatlichen Bedingungen« zustande gekommen, auch sei seine Mandantin unter Umständen nicht ordnungsgemäß »nach deutschem Recht« belehrt worden. Sein Widerspruch wird abgewiesen. Seine Mandantin würde »aus vorherigen Verfahren gegen sie« ihre Rechte in einer Vernehmung kennen, gemeint sind ihre Vorstrafen.

Angelique war mit den Kindern nach ihrer Verhaftung sechs Monate im türkischen Gefängnis. Sechshundert Seiten Papiere haben die türkischen Beamten über sie gefüllt und der Polizei in Frankfurt übergeben nach ihrer Ausweisung.

Dem Herrn vom LKA, studierter, aber ungläubiger Islamwissenschaftler, schenkt Angelique Blicke voll spöttischer Verachtung, als dieser der Kammer »Auskunft über die Stellung der Frauen im IS« geben soll. Die Frauen, erläutert dieser, »leben in sogenannten Frauenhäusern, bis sie einem Mann vermittelt werden. Es wird auch berichtet, dass, wenn die Männer den sogenannten Märtyrertod sterben, sie dahin zurückgehen, um, ich sag's mal ganz bewusst, neu vermittelt zu werden.« – »Warum fahren denn überhaupt deutsche Frauen, die an den Islam glauben, zu ihren Männern in ein Kriegsgebiet«, fragt der Vorsitzende eher ohne Fragezeichen. »Wenn der Arbeitgeber IS Frauen für sich werben kann, bindet er sie an sich. Es ist ja eine heilige Pflicht, eine Ehe einzugehen. Und den Männern wird ja versprochen: Beute, Sklavinnen und eine Ehefrau«, geht der Herr vom LKA darauf ein. Pause. Der Richter, ein älterer Herr, sinniert kurz vor sich hin. Angelique liegt mit dem Kopf auf ihrem Schal auf dem Tisch. Ob der Verteidiger Fragen habe?, holt sich der Vorsitzende aus seinen Gedanken. Der junge Mann tippt weiter und antwortet, ohne den Blick zu heben: »Ich sehe sowieso keinen Zusammenhang, deshalb nein. Keine Fragen.« Der Richter: »Wie kann man eigentlich ein zwei Monate altes Kind im Bürgerkriegsgebiet des IS versorgen.« Er lässt den Satz so vor sich auf dem Richtertisch liegen. »Das frag ich mich auch«, kommentiert der Beamte und wird entlassen.

Zwischendurch versucht der Vorsitzende mühsam die transkribierten Gebete vorzulesen. Angeliques Verteidiger wirft in das Geholper ein: »Das versteh ich nicht«, derweil in seinem

Laptop tippend. Der Vorsitzende unterbricht sich darauf selbst: »Ich ja auch nicht.« Angelique rollt mit den Augen.

Über ihre Haft im türkischen Gefängnis aber möchte Angelique Auskunft geben. Fünfundzwanzig bis dreißig Frauen steckten in dieser Zelle, berichtet sie mit atemloser Stimme, »alles Schwerverbrecherinnen«. Der kleine Raum war gefüllt mit Doppelstockbetten, zwischen denen man gerade so hindurchgehen konnte. Wenn noch mehr Frauen hinzukamen, wurden Matratzen in die schmalen Gänge gelegt. »Gott sei Dank hatte ich Muttermilch für die Kinder«, »trotz schlechtem Essen, obwohl ich kaum gegessen habe, mit Gottes Hilfe«. Sie verbrachte die Zeit »größtenteils mit den Kindern auf den Betten«. Versuchte, der Tochter beizubringen, wie man das einzige Plumpsklo in der Zelle benutzt. Nur einmal im Monat habe sie duschen dürfen, die »Kinder in der Wäschetonne gewaschen«. »Damit es meinen Kindern gutgeht, musste ich Dinge tun, die ich nicht tun wollte. Hiebe mit meinem Körper ertragen.« Sie war »angewiesen auf die Hilfe der Frauen, damit die auf die Kinder aufpassen«, wenn sie »zu Aufgaben oder zum Gespräch« kommen musste. »Viele Ängste« haben diese Frauen ihr gemacht. »Viele haben ihre Kinder verloren. Die wollten immer meinen Sohn haben, weil er so niedlich und so klein war. *Es ist unser Kind*, sagten sie. *Du gibst ihm nur die Milch.* Alle Frauen wollten das Kind haben.«

Angeliques Verteidiger plädiert auf Freispruch. »Zu keinem Zeitpunkt« habe seine Mandantin sich »an Kriegshandlungen beteiligt«, vielmehr hat sie »umgehend beschlossen, das Land zu verlassen, als sie gesehen hat, wie gefährlich es ist«. Von dem »Gegenstand im Gepäck, das nicht ihrs war«, existiere »einzig die Kopie eines Röntgenbildes« in den Akten. Es gebe kein

Foto, keine Fingerabdrücke, auch seien hier keinerlei Zeugen gehört worden, die »den Gegenstand« überhaupt je gesehen haben. Der Verteidiger erinnert in seinem Plädoyer eindringlich daran, dass »die Türkei kein Rechtsstaat ist. Niemals würde ein deutsches Gericht türkische Ermittlungsunterlagen als Grundlage zu einer Verurteilung heranziehen.« »Ein Mensch sagt seit drei Jahren, dass er den Gegenstand eventuell mit eingesteckt habe«, gemeint ist Abdelkarim. Seit drei Jahren sage Angelique stringent aus, dass sie keine Ahnung von der Bombe habe. »Ich wünsche niemandem, in der Türkei in U-Haft zu geraten. Und ich wünsche niemandem, dass er sich dann anhören muss, nachdem er bespuckt, geschlagen, drei Tage ohne Essen war, hätte wissen müssen, weil er schon mal in Deutschland belehrt wurde, er kenne seine Rechte.«

Die Staatsanwaltschaft hatte 34 Monate ohne Bewährung gefordert, abzüglich fünfzehn Monate Haftanrechnung in der Türkei, die sie »eins zu drei« wertet.

»Eine Reihe von Unwägbarkeiten« führen dazu, »keine andere Möglichkeit zuzulassen, als die Angeklagte freizusprechen«, so das Urteil der Großen Strafkammer. »Ein fanatischer sunnitischer Terrorist ist ihr Lebensgefährte«, der »für eine Mörderbande, genannt IS, gegen das syrische Regime kämpft«, dessen »militante Tätigkeit« Angelique »billigte«, führt der Vorsitzende aus. Dass es Sprengstoff war im Gepäck, hält die Kammer für erwiesen. »Die Protokolle der türkischen Polizei sind geradezu mustergültig.«

Draußen auf dem Flur freut sich Angelique mit zwei anderen Frauen. Alle drei tragen schwarzen Niqab und Turnschuhe.

Aus Abdelkarims Anklage wurde die Sache mit der Rohrbombe übrigens abgetrennt.

Ich bin ein Monster gewesen

Ludmilla Rosinkova, eine alte Dame, wurde brutal überfallen auf der Straße. Goran Batic steht deshalb vor dem Amtsgericht. Er ist entsetzt über sich selber.

Als die achtzig Jahre alte Ludmilla Rosinkova am Nachmittag aus der U-Bahn stieg, folgte ihr Goran Batic. Auf der Straße schlug er der grazilen Dame »unvermittelt mit der Faust« ins Gesicht. Jochbein und Kiefer zertrümmerte er ihr dabei, beim Sturz brach sie sich den Arm und renkte sich eine Schulter aus. Goran Batic riss Ludmilla Rosinkovas Handtasche an sich. Vierzig Euro waren darin, in einer Lederbörse. Dazu noch ein Fahrschein und ein Behindertenausweis. Das Geld steckte Goran Batic ein, die Papiere und die Tasche warf er fort.

Es war Weihnachten, Heiligabend.

»Er war froh, festgenommen zu werden«, erklärt seine Verteidigerin sieben Monate später zu Beginn der Verhandlung vor dem Schöffengericht. »Aus dem Teufelskreis rauszukommen. Er versteht sich selbst nicht, menschlich kann er es nicht nachvollziehen.« Goran Batic sitzt neben ihr mit gesenktem Kopf. Der Kroate wurde vor 37 Jahren in Jugoslawien geboren und ist in Österreich aufgewachsen. Er hat Schule und Berufsschule besucht und Einzelhandelskaufmann gelernt. Für den Armeedienst kehrte er nach Kroatien zurück. »Einen sehr guten Job« auf dem Bau hatte er dort anschließend. Von einer Baufirma in Deutschland wurde er vor zwei Jahren angeworben, arbeitete in München. Die Firma baute schließlich mit am Sofitel in Frankfurt an der Alten Oper. So kam er in die Stadt. Nach zwei Monaten auf der Baustelle des Fünfsternehotels wurde er entlassen, ohne Geld. Goran Batic machte sich auf den Weg zum Bahnhof, um mit dem Bus zurück nach Kroatien zu reisen. Am Bahnhof wurde er bestohlen. Zwei Wochen sollte es dauern, bis neue Papiere fertig wären. Die zwei Wochen verbrachte Goran Batic im Bahnhofsviertel. Lernte Landsleute kennen, die Heroin nahmen. Probierte, dockte an. Aus den zwei Wochen werden zwölf Monate. Zwei Gramm pro Tag brauchte er zum Schluss. Er pennte in Obdachlosenheimen, sammelte Pfandflaschen, klaute. Sein Vater suchte ihn, doch er wollte der Familie nicht sagen müssen, was mit ihm geworden ist, und ließ sich nicht finden. »So verlor ich alles. Meinen Charakter und alles, was meine Eltern mir an Anstand beigebracht hatten«, schrieb er seiner Verteidigerin aus der Untersuchungshaft. Sie zitiert vor Gericht aus seinem Brief: »Ich bin ein Monster gewesen.« Goran Batic presst die Lippen zusammen und schließt die Augen.

Auf der Pressebank wartet eine Dolmetscherin für Russisch auf Ludmilla Rosinkova, die wiederum warten muss, bis sie hineingerufen wird. Ihre drei Freundinnen sitzen im Zuschauerraum und vervollständigen sich gegenseitig leise flüsternd, was jede verstanden hat. Die vier Damen sind sorgfältig frisiert und gekleidet. Als Ludmilla Rosinkova mit ihren fliederfarbenen Locken im Zeugenstuhl Platz genommen hat, meldet sich sogleich Goran Batic' Anwältin. Ihr Mandant möchte etwas sagen. »Ich verstehe, wenn Sie meine Entschuldigung nicht annehmen. Mir tut es ganz ehrlich leid, und ich schäme mich dafür«, bringt Goran Batic hervor. Es tut ihm ganz ehrlich leid, und er schämt sich. Beides sehr.

»Wie ging es Ihnen?«, fragt die Richterin Ludmilla Rosinkova. »Ich war im Krankenhaus. In der Universitätsklinik wurde ich operiert.« Das Jochbein, das Auge, auch die Schulter. Zwei Operationen hintereinander. »Ich konnte auch lange Zeit nicht essen.« Weil auch ihr Kiefer zerschlagen war. Drei Monate später wurden ihr noch zwei Stifte in die Schulter eingesetzt, berichtet Ludmilla Rosinkova, leise und ungerührt. Goran Batic sieht aus, als wolle er sich in Staub verwandeln. Ludmilla Rosinkova kann ihren Arm nicht mehr heben und die Hand daran nur noch eingeschränkt benutzen. In ein paar Monaten wird es eine erneute Operation an der Schulter geben. Goran Batic schüttelt schmerzerfüllt den Kopf. Ludmilla Rosinkova wartet freundlich auf die nächste Frage der Kammer. Ihre Sehkraft ist seit dem Überfall nur mehr eingeschränkt, »ich sehe alles wie durch einen Nebel«. Wie es ihr psychisch gehe seitdem, will die Vorsitzende nun wissen. »Normalna«, antwortet Ludmilla Rosinkova daraufhin mit zarter Stimme. »Keine Angst, mit der U-Bahn zu fahren?«, will die Amtsrichterin von ihr wissen. Ludmilla Rosinkova schüttelt lächelnd den Kopf, »Ich bin eine nüchterne Person«.

Der Staatsanwalt wendet sich an sie. Sie habe doch ein Hobby gehabt, kleine Figuren und Schatullen restaurieren – Ludmilla Rosinkova strahlt auf –, wie es damit nun sei? »Das geht nicht mehr.« Wegen ihrer Hand, die keine Kraft an dem verletzten Arm mehr hat, und weil sie nicht mehr für längere Zeit den Kopf nach unten halten kann. »Sie können gehen oder hinten im Zuschauerraum bei Ihren Freundinnen Platz nehmen«, entlässt die Richterin sie. Ludmilla Rosinkova setzt sich zu den Damen, die sie begleitet haben. Der Staatsanwalt hebt zu seinem Plädoyer an. »Eine alte gebrechliche Frau als Opfer« habe der Angeklagte sich da ausgesucht, die »Verletzungen sind erheblich«. Goran Batic nickt entsetzt. Zu zwei Jahren auf Bewährung wegen Raubes in Tateinheit mit Körperverletzung verurteilt ihn die Amtsrichterin. »Aufgrund Ihrer Drogensucht den Anstand verloren, wie Sie selber so schön sagten«, habe der Angeklagte, der sieben Monate in Untersuchungshaft saß. Sein »Geständnis wiegt viel«, auch weil Ludmilla Rosinkova »Schwierigkeiten hatte, Sie zu identifizieren«. Er sieht ja jetzt viel besser aus, »entwöhnt und entgiftet« durch die Haft. Die Richterin hofft, dass Ludmilla Rosinkova tatsächlich seither »keine psychischen Probleme« habe, »das wäre sehr schön«. Und zum Angeklagten gewandt: »Bei Ihrem Lebenslauf ist es zu hoffen, dass Sie nach diesem einen Jahr wieder Arbeit aufnehmen«. 34 Jahre habe er schließlich sein »Leben ordentlich geführt«. »Das Gericht hofft, dass es nur eine kurze Episode in Ihrem Leben war.«

»Den gesamten Bereich des Hauptbahnhofs außer zu Reisezwecken« darf er fortan nicht betreten. Sein Vater wird aus Österreich kommen und ihn abholen, bemerkt seine Verteidigerin.

Etwas verwirrt steht Goran Batic nach der Verhandlung auf dem Flur und schaut fragend zum Wachtmeister. »Sie sind ein freier Mann«, sagt der.

Morgen, man denkt immer morgen

Nach Südkorea, in die Heimat seiner Eltern, hatte das Gericht Se-In ausweisen lassen nach einer vorherigen Verurteilung. Ein Land, dessen Sprache er kaum sprach. Wieder und wieder kehrte er illegal nach Deutschland zurück. Um zwanzig Kilo abgemagert, verhaftet ihn die Polizei im Frankfurter Bahnhofsviertel – mit zehn Gramm Crack in der Jacke.

Vor 37 Jahren kam Se-In in Frankfurt auf die Welt. Die Eltern waren zwanzig Jahre zuvor aus Südkorea eingewandert. Sie betrieben hier ein Restaurant. Se-In hat eine ältere Schwester, ein Bruder wird nach ihm geboren. Als er ein Jahr alt ist, wird er zu den Großeltern nach Korea gebracht. Dort bleibt er, bis er vier ist. Als er nach Frankfurt zurückkehrt, besucht er den Kindergarten, die Grundschule und anschließend eines der besten Gymnasien der Stadt. Mit zwölf, dreizehn Jahren häufen sich die Auseinandersetzungen zwischen ihm und dem Vater dergestalt, dass Se-In sich, als er dreizehn ist, selbst an das Jugendamt wendet, damit es ihn aus der Familie holt. Den Eltern gelingt es, dies zu unterbinden. Se-In reißt von zu Hause aus. Wieder und wieder. Zur Schule geht er irgendwann nicht mehr und fliegt deshalb in der achten Klasse vom Gymnasium, von der Realschule dann auch bald. In einer sogenannten »Notschlafstelle« für Straßenkinder lernt er Leute kennen, die ihn mit ins Bahnhofsviertel nehmen und Bekanntschaft mit Crack machen lassen. Die Crackies werden Se-Ins Familie und Crack seine Droge. Er ist noch keine vierzehn Jahre alt. Die Sucht finanziert er durch Diebstähle und als Strichjunge an der Südseite des Bahnhofs. »Was halt möglich war«, sagt Se-In dazu.

Für drei Monate landet er mal in der Kinder- und Jugendpsychiatrie, danach bekommt er einen »Betreuer«. Da er »nicht kooperiert, wird die Maßnahme nach drei Monaten eingestellt«, so steht es in den Behördenunterlagen.

Als er sechzehn ist, bekommt er auch eine Polizeiakte. »Gemeinschaftlicher Diebstahl«, zweimal, mit Jugendarrest beim ersten und Verwarnung beim zweiten Mal. Die dritte Eintragung, erwischt mit Crack, verzeichnet als Strafe eine Arbeitsleistung. Ein Jahr danach, Se-In ist mittlerweile achtzehn Jahre alt, wird er wegen »gemeinschaftlicher räuberischer Erpressung« zu einer Freiheitsstrafe verurteilt und nach Südkorea ausgewiesen, denn er hat nur die südkoreanische Staatsbürgerschaft. Außer den Geschwistern der Mutter hat er dort keinerlei Verwandtschaft. Koreanisch spricht er nur schlecht. Die Schulen dort kosten Geld, das die Eltern nicht haben. Er macht also auch in Korea keinen Schulabschluss. In den ersten Monaten schläft er »in Saunas«. Dort kann man sich waschen und in den Liegestühlen ausruhen. Er lernt besser Koreanisch, stellt sich morgens um drei, vier zu den Tagelöhnern in die Warteschlange und arbeitet auf dem Bau. Zwölf Stunden, sieben Tage die Woche. Er reist wieder und wieder nach Deutschland ein, mit einem Flug nach Paris, von dort mit dem Zug nach Frankfurt. Viermal wird er erwischt und kommt wegen »unerlaubtem Aufenthalt in der Bundesrepublik« jeweils für einige Monate ins Gefängnis. Beim letzten Mal wird seine Strafe nach zwei Drittel der Zeit zur Bewährung ausgesetzt und Se-In mit der Auflage, binnen sieben Tagen auszureisen, entlassen.

Fünf Jahre bleibt er diesmal in Südkorea. Inzwischen hat er dort eine eigene Wohnung, muss sich auch nicht mehr vor Morgengrauen mit den Tagelöhnern anstellen, sondern wird von einer Baufirma direkt engagiert. Umgerechnet 4000 Euro verdient er im Monat, »zum Glück kann man in Korea auch sieben Tage die Woche arbeiten«, sagt Se-In vor Gericht.

Wenn die Spielsucht übermächtig wird, reist er auf die Philippinen, wo ein Cousin ein Hotel betreibt, in dem er kostenlos wohnen kann, oder nach Malaysia. Glücksspiel ist in Südkorea verboten. »Man verliert den Bezug dazu, wenn man spielt, wie viel Geld man verspielt, wie hart ich dafür gearbeitet habe. Man denkt: morgen, und am nächsten Tag wieder: morgen« höre man auf damit, erklärt er vor Gericht.

Eine offene Drogenszene gibt es in Südkorea nicht. Schon aus Angst vor den drakonischen Strafen bleibt Se-In dort clean.

Er spricht in der Verhandlung hier in Frankfurt mit leiser Stimme, über der ein Wehen liegt. Sein Gesicht hat feine Züge hinter der filigranen Brille. Die Haare sind lang genug, um sie mit den Fingern lässig zum Seitenscheitel zu schieben. Er sieht nicht aus wie ein Junkie, er sieht nicht aus wie ein Bauarbeiter. Er sieht aus wie ein Künstler, jemand der Comics zeichnet; vielleicht. Vogelfrei und verloren. Ein Mann wie ein Schulterzucken, ça m'est egal. Er ist zuvorkommend und höflich. Seine Ausdrucksweise klar und nüchtern. Keine Entschuldigungen, keine Klagen.

Im Frühjahr 2017 war Se-In wieder nach Deutschland eingereist. Er nahm den gleichen Weg wie immer, Flug von Seoul nach Paris, mit dem ICE von dort direkt nach Frankfurt. Im Bahnhof hier angekommen mit etwa 2000 gesparten Euro in der Tasche, einer Kreditkarte, deren Verfügungsrahmen er sich selbst auf zweihundert Euro pro Tag beschränkt hat, denkt er, »mich erwartet keiner, ich kann noch mal in die Spielothek«. Und Leute suchen, von früher, seine Bahnhofsfamilie. »Ich hab' halt jahrelang mit den Leuten gegessen, geschlafen«, er wollte wissen, »wie es den Leuten dort geht«, »wer noch lebt«. Und wie. Auch versucht er Menschen zu finden, »die es aus der Szene rausgeschafft haben«. Morgen, »man denkt immer, morgen«, gehe er. »Man rennt rum und macht sich den Plan, morgen geh ich zur Familie.« Nach zwei Wochen im Bahnhofsviertel ist Se-In wieder voll auf Crack. Er schläft nicht, er isst nicht. Nach weiteren zwei Wochen wird er von der Polizei festgenommen. Er wiegt nur mehr 44 Kilo und hat 10,72 Gramm Crack bei sich.

Der Tag seiner Festnahme begann mit einer Glückssträhne im Glücksspiel. Er hatte früher eigentlich nie viel gewonnen. An diesem Tag jedoch knackt er zweimal hintereinander die Höchstsumme von 1000 Euro an zwei Automaten. Für achthundertachtzig Euro kauft er sich Crack erster Wahl mit einem Wirkstoffgehalt an Kokainhydrochlorid von 90,6 Prozent, wie es im Gutachten des Landeskriminalamtes heißt. Ob er sich noch erinnere, fragt der Richter den ersten der beiden Polizisten, die als Zeugen geladen sind. »Jo. Elf Gramm hat man nicht alle Tage«, antwortet der. Vor der »Drogenhilfeeinrichtung« stünden ja immer »die Konsumenten« und ihre Dealer, den Ort steuern er und sein Kollege deshalb auf Streife auch gezielt an. »Jeder, der da reinkommt, hat ja was dabei. Aus unserem Erfahrungsschatz picken wir uns einen raus, das war in diesem Fall er, und Volltreffer«, erklärt der Polizist Kaugummi kauend der Kammer. Mit der Pfeife in der Hand stand Se-In in der Mitte von vier, fünf Leuten, die beim Eintreffen der Polizei »wie immer in alle Himmelsrichtungen« verschwinden. Sie hätten ja »das gute Gefühl gehabt, bei dem finden wir was«, aber als er die Alufolie aufmachte, habe er gedacht, »das gibt's doch nicht«. »Ich persönlich mach das jetzt seit zehn Jahren, solch eine Menge hatte ich noch nicht. Das ist richtig viel, also für die Straße«, so der Polizeibeamte.

Se-In sagt ihnen, »er hätt' den Marokk' leergekauft, der wär ganz verdutzt gewesen«. Wie Se-In damals aussah, im Vergleich zu heute, nach vier Monaten Untersuchungshaft, will der Richter von dem Beamten wissen. »Etwas mehr der Szene zugehörig, sag ich mal vorsichtig.« Kurzes Schweigen. »Rappeldürr.« Zwanzig Kilo hatte Se-In in den vier Wochen im Bahnhofsviertel verloren. Er ist auch jetzt ein sehr schmaler Mann. »Ungewöhnlich« war nicht nur die Menge an Stoff, sondern auch der Schmuck, den Se-In trug. Er mäanderte durch die Drogenszene im Viertel mit einer Rolex am Handgelenk, einem Cartierring und einem Armband von Tiffany. Die Uhr habe er in Singapur gekauft, sagt er, und zahle noch die Raten ab. »Lebensgefährlich«, kommentiert der Staatsanwalt das, der seit zwanzig Jahren im Drogendezernat arbeitet und es noch nicht erlebt hat, dass jemand mit einer Rolex durch die Szene stolpert. »Aus einem Teller gegessen« hat er mit den Leuten dort, entgegnet Se-In. Es würde »mir nie in den Sinn kommen, dass die mir etwas antun würden«. »Sie glauben noch an das Gute im Menschen«, winkt der Staatsanwalt kopfschüttend ab.

Die »Riesenmenge« beschäftigt ihn. Auch den Polizeibeamten. »Da waren eine Menge Leute, er war in der Mitte, unterstell' ich mal, dass er was verkauft«, aber eine Übergabe gesehen haben die Polizisten nicht. Ja, »das Handeltreiben ist immer schwer nachzuweisen«, sagt der Staatsanwalt seufzend. Der Beamte, inzwischen aus dem Zeugenstand entlassen und weiterhin als Zuhörer mit seinem Kollegen der Verhandlung beiwohnend, nickt. Das Crack fanden die Beamten in zwei Stücke verpackt in der Innentasche seiner Lederjacke, als sie ihn festhielten, dazu ein kleines Springmesser in seiner Hose. Das verschärft die Anklage, Drogen, »in nicht geringer Menge«, in Kombination mit einer Waffe. Der Strafrahmen reicht so bis zu fünf Jahren. Se-In erläutert mit entspannter Selbstverständlichkeit der sich ahnungslos gebenden Kammer, dass es ihm lästig war, das Vorderteil eines Scheibenwischers, womit »die anderen«, die meisten, ihre Pfeifen reinigen, bei sich zu tragen, weil das unbequem ist und piekt in der Hose. Die Spitze des kleinen, zusammenklappbaren Messers hingegen passe perfekt in den Pfeifenkopf; mit einer Drehung sei die Pfeife wieder sauber. Das klingt selbst der Kammer dann plausibel. Der Vertreter der Staatsanwaltschaft jedenfalls misst dem Messer schlussendlich doch keine strafverschärfende Bedeutung bei. Er versteht nur nicht, wie er in seinem Plädoyer ausführt, dass Se-In, »der in Korea ja ein relativ normales Leben gehabt hat, nach Deutschland wieder einreist und ins Bahnhofsviertel geht, anstatt zu seiner Familie«. Se-Ins kalter Entzug in der Untersuchungshaft, den dieser auf Nachfrage lapidar mit »etwa anderthalb Monate hab' ich schlecht geschlafen« beschreibt, lässt den Sitzungsvertreter laut überlegen, dass Se-In wohl unweigerlich wieder im Bahnhofsviertel und auf Crack landen wird, wenn man ihn nicht wieder zurück nach Südkorea expediere. Der Staatsanwalt sinniert laut über eine Therapie, beantragt eine Strafe, die nicht mehr zur Bewährung ausgesetzt werden kann. Zwei Jahre, vier Monate. Alle Strafen über zwei Jahren führen unweigerlich ins Gefängnis.

Die Kammer verhängt eine Bewährungsstrafe von einem Jahr, neun Monaten, mit einer Bewährungszeit von vier Jahren und der Auflage, sich innerhalb von fünf Jahren hier nicht mehr blicken zu lassen. Auch geht sie »von einem minderschweren Fall« aus.

Da eine Bewährungsstrafe eigentlich den »Gedanken der Resozialisierung« voraussetzt, »die günstige Sozialprognose«, die die Kammer Se-In hier, in Deutschland, in seiner Heimatstadt, nicht geben kann, ist diese Auflage »rechtlich nicht einfach«.

Für die schriftliche Begründung findet die Kammer das Urteil eines Oberlandesgerichtes in einem ähnlichen Fall, in dem Bewährung, verknüpft an Ausweisung, ebenfalls Bestand vor dem Bundesgerichtshof hatte.

»Das Rauchgerät wird eingezogen« im Übrigen. Der Angeklagte hat die Kosten des Verfahrens zu tragen.

Nach unseren Gebräuchen ist die Ehe heilig

Ein »Martyrium« war diese Zwangsehe, so die Ermittler. Der am Ende seines Lebens schwerkranke Ilker sei einem Herzinfarkt erlegen, urteilte das Landgericht in der ersten Instanz. Die Staatsanwaltschaft ging in Revision. Kein Herzfehler, Ilkers Frau Rafete habe sich seiner entledigt, ist deren Überzeugung.

Im Juni 2015 war Rafete »wegen versuchten Totschlags in Tateinheit mit gefährlicher Körperverletzung zu einer Freiheitsstrafe von drei Jahren« verurteilt worden.

Die Kammer war »aufgrund sicherer medizinischer Beweisanzeichen« davon überzeugt, dass Rafete ihren Ehemann Ilker »stranguliert« hatte, doch glaubte sie ihr, dass sie ihn vorher bewusstlos vor seinem Rollstuhl auf dem Boden liegend gefunden hatte, zwar »spontan den Entschluss gefasst hatte, ihn zu töten, aber, erschrocken« über sich selbst, »von ihrem Tun abließ und Hilfe holte«.

Die aber kam zu spät.

Zu Rafetes Gunsten ging das Landgericht in der ersten Instanz auch davon aus, dass Ilker schlussendlich an einem Herzinfarkt gestorben war, der auch zuerst zu der Bewusstlosigkeit geführt hatte. Sein Herz ist schließlich krank gewesen. Überhaupt war der Mann »multimorbid«. Nachzuweisen war dieser angenommene todbringende Infarkt nicht. Eine halbe bis zu zwei Stunden dauert es, bis sich im Gewebe eine sichtbare Reaktion zeigt, die später zu lehmgelben, schließlich grauen Narben führt. Stirbt der Mensch durch den Infarkt augenblicklich, gibt es naturgemäß auch keine Reparaturmechanismen mehr, die man bei einer Obduktion sehen könnte.

Gegen das Urteil gingen alle Parteien in Revision: die Staatsanwaltschaft, die Verteidigung und Geschwister des Toten, die Nebenkläger waren.

Der Bundesgerichtshof hob das Urteil ein Jahr später auf und verwies den Fall zurück an das Landgericht; eine andere Kammer sollte die Sache neu verhandeln.

Vier Jahre nach der Tat geht es erneut in die Beweisaufnahme.

»Wenn ich ihn hätte töten wollen, hätte ich das früher gemacht«, dieser Satz, ob er oder sie töten wollte oder die Anwandlung dazu gehabt hätte, haben konnte, fällt oft bei Gericht. Hier auch.

»Wenn ich ihn hätte töten wollen, hätte ich das damals gemacht«, sagt Rafete.

Damals, bevor Ilker nach überstandenem Mundbodenkrebs und der beidseitigen Unterschenkelamputation wegen seines Diabetes auf den Rollstuhl angewiesen war, Hilfe brauchte. Nach mehreren Herzinfarkten, und er, wie sein Arzt es ausdrückte, »im Prinzip alles hatte, was man haben konnte«. Exzessives Trinken und andauerndes Kettenrauchen hatten das Übrige dazu getan, dass er sich von seinen Krankheiten nicht wirklich erholte. Es gab zwar noch Streitigkeiten, aber er konnte nicht mehr der Haustyrann sein, der seine Frau schlug, sie »und die Kinder stundenlang zur Bestrafung zwang, auf einem Bein zu stehen«. Rafete wiederholt dieses »stundenlang auf einen Bein stehen« in dieser zweiten, erneuten Hauptverhandlung, das »schlimmer ist als Schläge«, wie sie sagt. Die Kinder und sie schliefen in ihrer Tageskleidung, der Vater kam nachts betrunken nach Hause und holte sie aus den Betten, um sie für diese arrangierte Ehe bezahlen zu lassen.

Mit sechzehn war sie in einem kleinen Ort in Ostanatolien »zwangsverheiratet« worden mit ihrem neun Jahre älteren Cousin. »Meine Mutter wollte das. Weil mein Vater meine Schwester mit seinem Neffen verheiratet hat, konnte meine Mutter das entscheiden. Eine Woche vor der Hochzeit habe ich ihn das erste Mal gesehen.« Ilker arbeitete da schon als Gastarbeiter in Deutschland. Er hatte auch eine deutsche Freundin hier. Einmal im Jahr kam er nach Hause in den Urlaub, machte ihr ein Kind und fuhr allein hierher zurück. Als sie schwanger wurde mit Oğulcan, blieb er sieben Jahre fort. Sie lebte bei ihren Schwiegereltern und seinen sechzehn Geschwistern in seinem Elternhaus. Später holte er sie zu sich, die erstgeborenen Töchter blieben zunächst in der Türkei. Ilker zog mit ihr sogar eine Weile bei seiner Geliebten ein, mit der er auch eine Tochter hat. »Er hat mich festgebunden und vor meinen Augen Sex gemacht mit ihr«, übersetzt der Dolmetscher Rafetes leises Murmeln. Ilker verbietet der Analphabetin in ihrer ersten Zeit in Deutschland, alleine das Haus zu verlassen.

»Seit der Heirat« litt sie »unter Niedergeschlagenheit«, sagt ihr türkischer »Doppel-Facharzt, Neurologe und Psychiater« vor Gericht. Mehrmals wies dieser sie in der Psychiatrie ein, sie ging aber auch von sich aus dahin. »Untergeordnet den familiären, kulturellen Zwängen« habe die Patientin sich. »Schmerzen überall« hatte sie, »somatische«. Organische Ursachen für diese findet kein Arzt. Aber ihre wiederholten Ohnmachtsanfälle? Das kommt »häufig vor bei Migrantinnen, dass sie bei Belastungen mit Ohnmachtsanfällen reagieren.« Ob auch die wiederholten Vergewaltigungen in der Ehe in ihren Gesprächen vertieft wurden, will einer der Anwälte der Nebenklage wissen. »Nur als Ursache für ihren Zustand. Es ist auch schwierig als Mann, als türkischer Mann, das zu kommunizieren. Auch als Arzt im Patientenverhältnis mit einer Frau. Das wissen Sie«, antwortet Rafetes Psychiater ihm leise. Offener und auch auf Türkisch hatte Rafete mit der Assistenzärztin der Psychiatrie am Universitätsklinikum sprechen können. Die junge, zarte Frau mit den langen, feingliedrigen Händen erscheint mit Kopftuch vor Gericht. »Der Antrieb war sehr gemindert, sie litt unter Depressionen. Dass sie Schmerzen hatte, war deutlich zu sehen.« Durch ihren »Blick auf die Schmerzen war sie sehr eingeengt«. Eine »posttraumatische Belastungsstörung« wurde im Kollegenkreis diskutiert. Ihr erzählte Rafete, dass sie sich mit einem Goldstück die Freiheit erkaufte, zurück in die Türkei zu gehen. Sie wollte sich auch scheiden lassen. »Da hat meine älteste Tochter gesagt, früher hast du viel mehr gelitten, da hast du dich nicht scheiden lassen, warum willst du das jetzt?« Wenn sie sich jetzt vom Vater trennen würde, »siehst du uns nicht wieder«. Sie weinte dabei, »da hab' ich es nicht gemacht«. Als er den Krebs bekam, kehrte Rafete zu Ilker zurück, aus Angst »vor der Ächtung der Gesellschaft«, und pflegte ihn, berichtet die junge Psychiaterin.

»Mein Bruder hatte Angst vor dem Tod. Er wollte leben, auch wenn ihm die Beine fehlten«, sagt einer von Ilkers Brüdern vor Gericht und: »Nach unseren Gebräuchen ist die Ehe heilig, ob sie gut ist oder schlecht.« Er habe auch nie gesehen, dass Ilker »es übertrieben hätte« in der Züchtigung der Frau.

»Etwas besser« war Rafetes Leben mit Ilker geworden, als 1990, elf Jahre nach Oğulcan, der jüngste Sohn Badak geboren wurde. Den »hat er geliebt. Oğulcan nicht. Aus lauter Kummer« hat Oğulcan »mit sechzehn all seine Haare verloren«, sagt Rafete mit dieser leisen, alten, müden Stimme und dem immergleichen bleich-gelben Gesicht. Badak war es auch, der sich um den Vater kümmerte. Ihn die Treppe hinauf, hinab trug, nachdem der auf den Rollstuhl angewiesen war. Rafete hatte angefangen zu arbeiten, als Badak im Kindergartenalter war, bei der Lufthansa in der Küche. Sie war es, die ihren und den Unterhalt der Kinder und die Miete bezahlte. Ilker vertrank sein Geld oder schickte es an seine deutsche Freundin.

Vor vier Jahren, am Neujahrsmorgen, geriet Ilker mit Oğulcan in Streit und warf ihn aus der Wohnung. Rafete war außer sich darüber, telefonierte mit den Verwandten, beschwerte sich über ihn. »Für meine Kinder würde ich töten«, soll sie gesagt haben zu einer Schwester von Ilker. Ach, sagt diese lapidar vor Gericht, das sind doch nur türkische Redewendungen, die nichts bedeuten. Ja, erwidert der Richter, diese nicht ernstgemeinten Bemerkungen würden sich ja durch das ganze Verfahren ziehen.

Zwei Tage nach dem Streit mit Oğulcan war Ilker tot. Rafete rief die Nachbarn um Hilfe, ein marokkanisches Ehepaar. Bis auf den »Austausch von Spezialitäten« ab und an zwischen den Frauen gab es sonst wenig Kontakt. Die beiden dachten, Rafete brauche Hilfe, den schweren Mann wieder in den Rollstuhl zu heben, doch der Nachbar sah sofort, dass etwas ganz und gar nicht stimmte, und alarmierte die Rettung. »Hat du gesehen, er hat so Punktchen?«, habe seine Frau ihn gefragt, als sie nach Eintreffen des Krankenwagens zurück in ihre Wohnung gingen, »Pünktchen am Hals«. Ilker war nicht wiederzubeleben. Zwei Kriminalbeamte kamen, von den Notärzten gerufen, dazu und betrachteten das Ganze als »normale Leichensache«. Schnell füllte sich die Wohnung mit »circa dreißig Leuten«, Verwandten. »In dieser Situation hat man zwei Möglichkeiten: Verstärkung holen und alle rausschaffen oder den Leichnam wegschaffen«, sagt einer der Polizisten vor Gericht. Sie entschieden sich für Letzteres. »Im Nachhinein wäre Tatortsicherung richtig gewesen.« Im Nachhinein hätte wohl einiges anders laufen sollen, geben die Beamten zu. Der Leichnam wurde zum Hauptfriedhof statt in die Rechtsmedizin gebracht. Bei der näheren Betrachtung fielen den Beamten nun »Einblutungen in den Augen und Hautrötungen in Hals und Nacken« auf, die ihnen verdächtig vorkamen. Trotzdem dauerte es sechs Tage, bis der Tote im Rechtsmedizinischen Institut obduziert wird. »Verdeckte Maßnahmen wurden veranlasst«, Rafete und Badak abgehört. Die Beamten bekamen »einen Hinweis auf ein Martyrium in der Ehe«, auf ihr »Ärztehopping«, vermutlich wegen »Medikamentensucht«. Erst ein Jahr später jedoch begannen Vernehmungen.

Drei Jahre nach Ilkers Tod fand der erste Prozess statt. Nach Erinnerungen wurde mit Hilfe von Protokollen gegraben. Das ist heute, vier Jahre später, bei dieser zweiten Hauptverhandlung, nicht besser.

62 Jahre ist Rafete mittlerweile und sieht aus wie 75. Die Depressionen, unter denen sie noch immer leidet, wogen mit hoher Windstärke durch den Saal und klatschen den Anwesenden schwer ins Gemüt. Ihr Gesicht regt sich nicht mehr. Einzig ein unbewusstes, angewöhntes Heben der Lippen, der fallen-

den Gesichtszüge, passiert in diesem Antlitz, so, wie wenn eine schlechte Zahnprothese zurückgerückt werden muss. Ihr Gang ist schleppend; sie hebt kaum die Füße, wenn sie von den Wachtmeistern in den Verhandlungssaal geführt wird.

Ihre Kinder verweigern die Aussage. Sie haben alle keinen Beruf erlernt, Oğulcan arbeitet da und dort und bei dem, wo man keinen Abschluss braucht, Badak ist »Gastronom«. Er ist auch der Einzige, der deutsch spricht vor Gericht. Eine der Töchter sagt: »Ich hab' so viel erlebt, lieber mache ich keine Aussage«, ihre Stimme zittert dabei. Als Einziger bekommt der älteste Sohn Oğulcan ein Lächeln von Rafete. Abzüglich Depression und Sedierung ist es beinahe strahlend. Die beiden Söhne umarmen ihre Mutter nach ihrer Nichtaussage.

Die Töchter sind überaus geschminkt und tragen kurze Röcke. Sie sehen viel älter aus, als sie sind. Beide sind geschieden. »Weil sie nicht so leiden wollten wie ihre Mutter«, sagt die Sachverständige aus, eine Fachärztin für Psychiatrie, die Rafete untersucht hatte. An dieser Stelle, nur hier, schluchzt Rafete laut auf. Im ersten Verfahren war sie wiederholt in Ohnmacht gefallen, im Saal, auf dem Gang. »Heute ist sie ja in einer wesentlich besseren Verfassung.« Ob Depressive nicht eher autoaggressiv seien, will die Verteidigung hören. »Wenn man sich suizidieren kann, kann man auch andere töten«, antwortet die Psychiaterin. Auch »die Einsichtsfähigkeit« ist »nicht tangiert«.

Ilkers Schwester beteuert: »Gewalt gibt es in unserer Familie nicht.« Rafete hat ihr den Kopf abgewandt. Ob sie bestätigen könne, dass ihr Bruder viel getrunken habe, fragt der Vorsitzende diese Schwester des Toten. »Die Türken trinken alle viel«, lautet ihre Antwort, wegwerfend. Alles lacht daraufhin gequält im Saal, bis auf Rafete. »Gerne« macht nur einer aus der Familie eine Aussage. Ein Neffe, bei dem Oğulcan nach Ilkers Rausschmiss untergekommen war. Wenn es sein »Lieblingsonkel« gewesen ist, wie er sagt, wisse er etwas über häusliche Gewalt, die es gegeben haben soll? »Das ist ganz normal in südländischen Familien. Bei uns sagt man ja, man liebt das Kind, man schlägt das Kind. Internationale Fußballhärte« sei das. Sein Vater hat ihn auch geschlagen, und das war völlig in Ordnung so. »Badak war der Lieblingssohn, das war klar. Der Onkel war sehr reserviert, distanziert, gefühlsarm. Seine Liebe zur Familie hat er nicht so zeigen können.« Und der Rausschmiss von Oğulcan, »das muss man nicht so ernst nehmen, ist immer noch sein Vater. Bei uns gibt es sowieso keine Obdachlosen, einer von der Familie nimmt einen immer auf. Sie hat den Oğulcan sehr geliebt, das hat man über die Jahre ja so mitbekommen.« Sein Onkel »war ein lebensfroher Mensch, ein Aufmunterer auf gut Deutsch«.

Einer der Hausärzte der Eheleute, 68 Jahre alt: »Er war kein fröhlicher Mensch, auch schon vor all den Beschwerden. Das ist nichts Außergewöhnliches, dass viele türkische Patienten durchgängig gedrückter Stimmung sind.« – »Eine türkische Krankheit!«, ruft einer der Anwälte der Nebenklage ein, die der Richter »die Boygroup« nennt; vier junge Männer, Kinder von Einwanderern, alle hinter ihren MacBooks, mit Staatsanwaltschaft und Sachverständigen den zwei Verteidigern links und rechts von Rafete und dem Dolmetscher gegenübersitzend.

Die eindeutige Beurteilung des Rechtsmediziners, wenn auch zunächst fachärztlich leicht verschwurbelt, lässt die Verfahrensbeteiligten aufhorchen, muss sie doch klarer ausfallen als im Verfahren der ersten Instanz von dessen Kollegen ausgesprochen und der Kammer gewürdigt. »Die Befunde des Drosselns und insbesondere des Würgens kann ich im Hinblick auf den eingetretenen Tod nicht wegdenken. Die Merkmale« haben sie im Kollegenkreis »als akut lebensbedrohlich befunden«. Da sind »rillenartige Vertiefungen im Nacken«, »zahlreiche eindeutige Einblutungen in den Augen, im Ober- und Unterlid, der Nase«, die in ihrer »Häufigkeit und ihrem Ausmaß« sofort den »eindeutigen und dringenden Verdacht« auf ein Erwürgen aufkommen ließen.

An den von der ersten Kammer angenommenen Herzinfarkt klammert sich die Verteidigung in diesem zweiten Verfahren weiterhin, sie befragt den Rechtsmediziner wiederholt auf verschiedene Art und Weise, ob er den ausschließen könne. Während der Sachverständige mit »das ist grundsätzlich bei allen Herzen so, die vorgeschädigt sind« und »in der Natur und in der Medizin kann man gar nichts ausschließen« behutsam in die Kurve geht, kommt er mit einem: »Es gibt keinen Hinweis auf einen Infarkt, zum x-ten Mal«, mit drive wieder heraus. »Es ist vorstellbar, dass das Herz versagt UNTER WÜRGEN«, das sei jedoch spekulativ, »aber dann ist der Ausfall des Herzens durch das Würgen« verursacht worden. »Ein Herzinfarkt ist denktheoretisch«, aber »die Gewalteinwirkung auf den Hals ist bei funktionierendem Herzen erfolgt«.

Die punktuellen Einblutungen am Hals würden zu Fingerspitzen passen, über ein anderes Tatwerkzeug als die Hände »habe ich mir Gedanken gemacht, aber mir fehlt jegliche Phantasie«.

Linksherum und rechtsherum versucht die Verteidigung nun dem Rechtsmediziner eine wenn auch nur minimale Möglichkeit zu entlocken, die Male am Hals des Mannes könnten doch, wie von Rafete angegeben, durch die Wiederbelebungsmaßnahmen entstanden sein. Obwohl Rettungssanitäter und Notarztteam bereits ausgeschlossen hatten, sie hätten etwas

»am Hals manipuliert – den lässt man natürlich in Ruhe«. Entnervt antwortet der Rechtsmediziner irgendwann auf die soundsovielte Nachfrage: »Ich habe es in meiner langen Berufserfahrung noch nicht erlebt, dass Rettungssanitäter zur Reanimation das Kehlkopfgerüst brechen.« Die Sache ist entschieden.

Der junge Staatsanwalt hält in seinem Schlussplädoyer den »vollendeten Totschlag für erwiesen«. Zu Rafetes Gunsten müsse sich aber die dreijährige Untersuchungshaft auswirken, eine Situation, die »man sich nur schwer vorstellen« kann, dieses »Damoklesschwert«, auf eine Verurteilung zu warten. Fünf Jahre und »Haftfortdauer«, fordert er. Die Nebenklage plädiert auf elf Jahre, »da wir schon an der Schwelle zum Mord sind«, und nennt die Ehe nebenbei »nicht perfekt«.

Das Urteil der Kammer lautet auf vier Jahre und drei Monate. Da nun »zufällig« fast genau drei Viertel der Strafe durch die Untersuchungshaft abgesessen ist, kommt Rafete frei. Sie hat die Kosten des Revisionsverfahrens und die Auslagen der Nebenklage zu zahlen. Und kehrt in die Wohnung zu den Söhnen zurück.

Reingestürmt – rausgerannt

Beshir hatte die Sache mit dem Überfall auf einen Juwelier wohl nicht ganz durchdacht. Auch hinterher überlegte er nicht so richtig, was zu tun war. Bescheinigte ihm jedenfalls der Richter, der ihn verurteilte.

Beshir hatte Schulden. 3000 Euro. Bei wem, wodurch, dazu »möchte ich mich nicht äußern«, sagt er vor der Strafkammer. In Handschellen wurde er aus der Haft gebracht. 25 Jahre alt, deutscher Staatsbürger. Bluejeans, weißes T-Shirt. Der Kopf ist kahlrasiert, sein Bart ein Henriquatre. Er sieht irgendwie ernsthaft, nett und ehrlich aus. Vielleicht von einem Hauch Melancholie umgeben. Das ist verständlich, sitzt er doch gerade eine »Ersatzfreiheitsstrafe« ab, weil er »unter laufender Bewährung« einen Juwelier überfallen hat. Wie es ihm denn so geht im Gefängnis, will sein Verteidiger zu Beginn der Hauptverhandlung wissen. »Ich versuche, da klarzukommen. Was leider nicht geht.«

Beshir arbeitet in der Haft, hat sich um eine Ausbildung beworben, um »mit einem guten Fußschritt in die Zukunft zu gehen«, dann, wenn er freikommt. Das wird so schnell nicht sein. »Mit einem unbekannten Mittäter«, der auch vor Gericht nicht verraten wird, hat Beshir an einem Tag im Herbst das kleine Juweliergeschäft mit »eigener Goldschmiede« von Herrn

Kleinmann überfallen. Den Plan dazu, »plausibel und sicher«, hatte der Andere, der Unbekannte, erdacht, ein flüchtiger Bekannter nur, so Beshir. Angeschickert auf der Straße habe man sich kennengelernt, zufällig einen Monat später noch mal wiedergetroffen. Immerzu habe dieser Andere von dem kleinen Laden gesprochen, in dem, wie der Andere sicher weiß, 50 000 Euro in einem Tresor liegen. Vom Schmuck mal abgesehen. Der Besitzer, ein älterer Herr, der bestimmt keine Schwierigkeiten machen beziehungsweise sich nicht allzu sehr wehren werde. Eine einfache Sache also. Hinein, rauben, hinaus. Okay, denkt sich Beshir, okay. Sein Verteidiger nennt ihn »einfach gestrickt«. Der Andere hat auch einen »perfekten Fluchtweg« erdacht, was soll schon schiefgehen. Beshir klaut zwei, drei Tage vor dem Überfall ein Moped, das wird das Fluchtfahrzeug. Der Andere und er treffen sich an dem Tag, der zur Lösung ihrer drückendsten finanziellen Probleme auserkoren wurde, in einem Park und vermummen sich. Die Sachen dafür hat der Andere besorgt. Medizinischer Mundschutz, Motorradhelm und Gummihandschuhe. Dazu noch eine Gaspistole. Dann fahren sie zum Juweliergeschäft. Durch die Scheibe sehen sie, dass gerade Kundschaft im Laden ist. Beshir, der den Anderen gebeten hat, die Gaspistole nicht einzusetzen, überhaupt niemanden zu verletzen bei ihrem Raubzug, kneift und überredet den Anderen, die Sache aufzuschieben. Das gelingt für eine Stunde. Dann lässt sich der Andere jedoch nicht noch einmal davon abhalten, die Sache durchzuziehen. Eine ältere Dame bezahlt gerade die Reparatur ihres Schmucks, als der Andere, gefolgt von Beshir, in das Geschäft stürmt. Der Andere brüllt, »Das ist ein Überfall!«, und schießt sofort erst Herrn Kleinmann und dann der Dame mit der Gaspistole ins Gesicht. Herr Kleinmann schreit schmerzerfüllt »Hilfe, Hilfe, Polizei«, was seinen Nachbarn, einen griechischen Bistrobetreiber, herbeiruft, der erst versucht, die Tür festzuhalten, so das keiner fliehen kann, sich dann aber doch entschließt, lieber einfach die Polizei zu rufen. »Drei Tableaus«, so Herr Kleinmann vor Gericht, haben sich die zwei Diebe gegriffen. 21 Ketten mit und ohne Anhänger im Wert von 19410 Euro. Beshir und der Andere, mit der Beute in einem Beutel, fahren auf dem Moped bis zum nächsten Park. Dort schmeißen sie ihre Vermummung in ein Gebüsch. »Man hätt's in den Main schmeißen können. Oder anzünden«, kommentiert der Richter die Schilderung an dieser Stelle.

Beshir händigt noch im Park dem Anderen das Erbeutete aus, denn dieser hat einen Hehler zur Hand, bei dem er die erbeutete Ware verticken kann. 9000 Euro sind der Erlös. Beide machen redlich halbe-halbe. Beshir kriegt noch drei Ketten obendrauf. Mit denen geht er zum Pfandhaus Grüne. Sein Handy verpfändet er dort auch. »War das nicht auch leichtsinnig, im Nachhinein«, dieser Gang zum Pfandhaus, wo man sich ausweisen müsse, fragt der Richter unbewegter Miene. Beshir nickt.

Die Vermummungsutensilien findet eine ihren Hund spazieren führende Dame im Park. Da sie in der Nachbarschaft des Juweliers wohnt und von dem Überfall weiß, informiert sie die Polizei. Im LKA werden an den Helmen genügend DNA-Spuren gefunden und im System dazu auch ein passender Name. Beshir hat schon zwölf Eintragungen, alles Diebstähle oder, wie Beshirs Verteidiger betont, »nur Eigentumsdelikte, keine Körperverletzung dabei«. Doch »er ist nicht abgeneigt von seiner Persönlichkeitsstruktur, jemandem etwas wegzunehmen, spontan, muss man leider so sagen«.

Beshir möchte, während die Polizei schon eine »Sachfahndung« nach dem Schmuck in diversen Leihhäusern eingeleitet und einen Treffer gelandet hat, sein Handy wieder auslösen. Er geht zu Grünes und bekommt zu seinem Erstaunen dort gesagt, dass auf seinem Telefon eine Sperre der Polizei liege. Beshir ruft im Polizeipräsidium an und fragt, ob er vorbeikommen solle. Nicht nötig, erwidern die Beamten. Er solle einfach nur im Pfandhaus auf sie warten. Das tut Beshir auch. Und wird verhaftet. Weil er auf Bewährung ist, kommt er diesmal auch gleich ins Gefängnis.

»Die Beute, war die fachmännisch gewählt?«, fragt der Richter Herrn Kleinmann in der Hauptverhandlung. »Nein«, antwortet der. »Man hätte gezielter zugreifen können?« – »Richtig.«

Sein Geschäft hält Herr Kleinmann seitdem abgeschlossen und lässt Kunden nur nach Sichtkontrolle herein. Der kleine, sechzig Jahre alte Mann in seinem altmodischen Hemd, das an eine Zeit erinnert, in der sein Geburtsort in der Slowakei noch lange vom Westen getrennt war, spricht mit ruhiger, knarrender Stimme und einem feinen, kleinen Akzent, ein wenig wie der von Spejbl und Hurvinek. »Wären Sie bereit, eine Entschuldigung zu hören?« – »Ja, hören kann ich ja.« Beshir, von seinem Verteidiger dazu leise aufgefordert, steht auf und sagt gesenkten Kopfes: »Wenn ich es wieder rückgängig machen könnte, es tut mir von Herzen leid.« Herr Kleinmann nickt und wird entlassen. Die ältere Dame, die im Moment des Überfalls gerade Kundin war, möchte Beshirs Entschuldigung hingegen nicht anhören. »So etwas entschuldige ich nicht. Ich muss hierherkommen als alte Frau. Wenn das seine Mutter wäre, er hätte das nicht gewollt«, sagt die zarte Dame zornig und ungehalten. Beshir senkt den Blick. Welche Folgen der erlebte Überfall für sie gehabt habe, will der Richter von der

76 Jahre alten, elegant im Sessel sitzenden Dame wissen. »Ich bin sehr ängstlich geworden!«, antwortet sie empört. »Ein relativ schwacher Mensch, der leidet sehr«, nachdem er solches erleben musste, »ich bin ja eine starke Frau«. Mit »gute Wünsche, alles Schlechte!« geht sie, abschätzig mit ihrer Vorladung wedelnd, sehr aufrecht schlendernd an Beshir vorbei hinaus. Zu seinen letzten Worten erhebt sich Beshir wieder und zuppelt nervös an seinem T-Shirt: »Herr Richter, ich bedaure diese Straftat, und es tut mir sehr leid.«

Zwanzig Minuten Beratung kündigt der Richter an. Beshir schließt kurz die Augen und schickt ein Stoßgebet zum Himmel. Unter Einbeziehung seiner Vorstrafen bekommt er eine Gefängnisstrafe von sechs Jahren und sechs Monaten. Das sind zwei Jahre mehr, als sein Verteidiger beantragt, und eins weniger, als der Vertreter der Staatsanwaltschaft gefordert hatte. Der Wachtmeister zückt die Handschellen. Beshir wird abgeführt.

Schlepperfamilienbetrieb

Mahri betrieb mit ihren Kinder Assil, Asiya, Sudaba und ihrem Schwiegersohn Issaq ein kleines privates Schlepperunternehmen, um Afghanen nach Deutschland zu schleusen. Bis zu 15 000 Euro kostete die Tour – pro Person.

Das Schleppergeschäft ist ungemein lukrativ. Und wenn man eine ruhige Reise versprechen kann, warm und sicher, im Flugzeug mit Papieren, kann man erst recht hohe Summen fordern. Dachte sich auch Mahri.

Sie gründete deshalb 2009 mit ihren Kindern Assil, Asiya und Sudaba sowie ihrem Schwiegersohn Issaq ein kleines Schleuserfamilienunternehmen. Mahri und ihre sieben zwischen 1969 und 1987 geborenen Töchter und Söhne waren selbst 1993 nach Deutschland gekommen, aus Mashhad. In der iranischen Stadt hatte die Familie zuletzt lange gelebt. Geboren wurde Mahri 1949 in Herat, Afghanistan. Sie ist immer noch afghanische Staatsbürgerin, hat aber einen unbefristeten Aufenthaltstitel in Deutschland. Das gilt auch für die Tochter Sudaba, mit 38 bereits Witwe, und Sohn Assil. Die Tochter Asiya besitzt bereits die deutsche Staatsangehörigkeit. Sie war »nach afghanischem Recht« mit Issaq, auch er ein Afghane aus Mashhad, verheiratet und ist mittlerweile geschieden.

Der Businessplan sah folgendermaßen aus: Kompagnons

akquirierten in Afghanistan in Rücksprache mit Mahri die Auswanderungswilligen. Diese zahlten für deutsche Pässe, deutsche Aufenthaltstitel oder Flüchtlingsausweise, kombiniert mit einem Flugticket, einen Vorschuss, meistens die Hälfte des jeweils individuellen Schleuserendpreises. Mahris Kinder besorgten in Deutschland die Papiere von wechselnden Bekannten. Manchmal kamen auch ihre eigenen Ausweise zum Einsatz und für Kinderreisen auch der Ausweis von Sudabas Sohn. Alles gegen Bezahlung von 2000 Euro aufwärts, die sie in der Regel an die Papieregeber weiterreichten. Die Kunst bestand darin, Kundschaft und Papiereverkäufer optisch optimal in Einklang zu bringen beziehungsweise Ausweislieferanten zu finden, die aussahen wie die Klienten, halbwegs und zeitnah. Zur Not musste der eigenen Cousine der Pass aus der Tasche geklaut werden. Die kann schließlich zum Amt gehen, den Verlust melden und sich für kleines Geld einen neuen Ausweis ausstellen lassen. Man vertraute auch darauf, dass deutsche Beamte einen Afghanen nicht allzu sehr von einem anderen unterscheiden können, insbesondere nicht die Frauen. Schminktipps wurden telefonisch zwischen Deutschland, Afghanistan und Iran ausgetauscht. Einer Kundin riet Mahri in einem solchen Gespräch, sich die Augenbrauen zu färben und einfach noch mal kurz vor Abflug zum Friseur zu gehen und sich eine Dauerwelle machen zu lassen. Eine andere Dame wollte Mahri überreden, sich das Muttermal entfernen zu lassen, als diese sich fürchtete, wegen mangelnder Ähnlichkeit mit dem Passbild das Risiko der Reise einzugehen. Mehr als zweihundertdreißig überwachte Telefongespräche füllen die Akten der Staatsanwaltschaft.

Dass es überhaupt zu einer Ermittlung kam, ist einem Familienkonflikt geschuldet. Mahris Sohn Feisal gab im Zwist in einem unbeherrschten Moment den deutschen Behörden einen Tipp, der den Familienbetrieb auffliegen ließ. Im Prozess verweigert Feisal allerdings die Aussage. Die Familie gab sich redliche Mühe, konspirativ vorzugehen. Die in Dari gehaltenen Telefonate geben Aufschluss darüber. Sie kommen »nach allseitigem Einverständnis auszugsweise zur Verlesung« vor Gericht. Das Codewort »Hochzeit« bedeutet Schleusung, »Kleider« steht für die Papiere – ein rotes Kleid ist ein deutscher Pass. Ein Flüchtlingsausweis »ein blaues Kleid«. Manchmal wird aus dem »Kleid« auch ein »Heft« oder ein »Hemd«, seltsam nur, dass dieses dann ein Visum braucht. »Das Heft liegt seit einem Jahr da und hat kein Visum.« Manchmal muss »die Kleidung« vorher doch noch zum »Schneider«. »Sobald die Kleider hier ankommen, werde ich sie zu einem guten Schneider geben.« Zum Beispiel bei abgelaufenen Visa oder um Ein- und Ausreisestempel zu manipulieren. »Wenn die Farbe« des Kleides »rot ist, dann können sie ja auch direkt von Kabul reisen«. Mit einem echten deutschen Pass braucht es keinen Reiseumweg über Mashhad.

In Mashhad nämlich, im alten Haus der Familie, war der Wartesaal für die Auswanderer. Sie wurden angehalten, die Zeit dort zu nutzen, um etwas Deutsch zu lernen. Manche Ausreisewilligen verbrachten acht Monate dort, verbrauchten ihre Ersparnisse, wurden ungeduldig oder scheuten schlussendlich angesichts der unpassenden Fotos in den Ausweisen das Risiko. Wie eine Mutter, die Mahri vorhielt, nachdem sie die für ihre Töchter besorgten Ausweise gesehen hatte, dass es »mit Schminken nicht getan wäre«. Mahri, die Geld brauchte, weil sie zu einer Hochzeit nach Dubai reisen wollte, beschwerte sich bei ihren Kindern über solch komplizierte Kundschaft: »Ich bin total sauer auf die Leute. Ich hab' gesagt, sie können sich das Gesicht waschen, wenn sie erst mal hier sind. Die Augenbrauen werden nachwachsen, wenn sie im Asylbewerberheim sind.« Mahris Kinder lachen laut, als diese Stelle aus dem Protokoll in der Hauptverhandlung verlesen wird. Zum »Freundschaftspreis« von 2500 Euro wurde dann manchmal angeboten, die Papiere mit echten Passbildern der Reisenden noch mal zum »Schneider« zu bringen, was natürlich hieß, ein ganz anderes Risiko bei den Kontrollen einzugehen. Entweder die Person stimmte mit dem Foto überein, dann war der Ausweis gefälscht, oder aber der Ausweis war echt, aber reiste mit der falschen Person.

Die meisten Schneiderarbeiten bestanden aber daraus, Visa- und Einreisestempel zu manipulieren, vor allem dann, wenn sich aus irgendwelchen logistischen Gründen die Abreise verzögerte, was Visa verfallen ließ.

Assil, Asiya und Isaaq fungierten oft als Reisebegleiter nach Deutschland. Auch geleiteten sie in wechselnder Besetzung Kundschaft von Afghanistan zur Wartestation im iranischen Mashhad. Das verursachte ihnen natürlich enorme Kosten. Einerseits trug dieser Service dazu bei, die hohen Preise mehr als zu rechtfertigen, anderseits war, im Fall des Misserfolgs, das eine finanzielle Belastung. Das leidige Problem mit dem Soll und Haben wurde untereinander geregelt. Jedes Kind von Mahri hatte alleine das geschäftliche Risiko für »seinen« Schleusungskunden zu tragen. Eine Art Freiberufler. Machte man Minus, also ging ein Geschäft schief, gab man sich dann aber familienintern Kredite.

Der »Fall drei« der Anklage beispielsweise, eine Reise für 10 000 Euro für eine Dame, die »3000 bis 4000 Euro« angezahlt hatte, 2000 allein für den Pass, scheiterte deshalb, weil die Fluggesellschaft deren Ticket für verfallen erklärte. Mit drei

Tickets waren zwei von Mahris Kindern nach Mashhad geflogen, um die Dame dort abzuholen und gemeinsam mit ihr nach Deutschland einzureisen. Durch den nicht angetretenen Hinflug der Dame war das Rückflugticket automatisch verfallen.

In der Regel gingen alle Flüge von Mashhad via Istanbul nach Frankfurt. Die deutschen Papiere hingegen transportierte ein »gesondert verfolgter« Bekannter, Flugbegleiter von Beruf, zum Empfänger. Reiseendpreise bewegten sich zwischen 5000 und 15 000 Euro – pro Person. Die günstigste Reise für nur 5000 Euro wurde für einen Jungen mit dessen Familie in Afghanistan vereinbart, der es schon allein bis nach Griechenland geschafft hatte. Den sollte Assil mit seiner Familie in den Sommerferien, getarnt als Urlaubsreise, dort abholen. Allerdings machten sie den Fehler, schon in Italien einen Asylantrag zu stellen. Assil kam ein paar Tage in Untersuchungshaft, weil die italienischen Behörden Verdacht schöpften, und konnte anschließend den inzwischen zweimal verlegten Jungen nicht finden. Die Aktion war ein Verlustgeschäft, die Endsumme wurde von der Familie natürlich nicht gezahlt.

Manchen Kunden wurden Ratenzahlung gewährt. Eine Familie wollte die vereinbarte Restsumme für die Einreise ihres vierzehnjährigen Sohns nicht zahlen. Mahri wurde unwirsch am Telefon mit ihren Kinder: »Ihr hättet ihn fesseln und in den Kofferraum des Autos sperren können«, als sie den Jungen auf einem Fest in Deutschland wiedertrafen, um Druck auf die Familie auszuüben. »Ich gehe mit sechs, sieben Leuten dahin mit einem Gewehr«, beschwichtigte sie ihr Sohn Assil. Wie diese Sache ausging, wird vor Gericht nicht erörtert.

»Auf unbekanntem Wege«, »aus nicht geklärten Gründen«, »durch eine unbekannte Person« heißt es oft in diesem Verfahren. Von den zwölf Fällen der »unerlaubten Einreise«, die der

Staatsanwaltschaft bekannt waren und die verfolgt wurden, glückten nur vier.

Die Anklage nach Paragraph 96, »Einschleusen von Ausländern«, und zwar »jeweils auch gewerbsmäßig«, zum Teil auch »als Mitglied einer Bande«, und alles, um »einen Vermögensvorteil zu erlangen«, wurde 2012 erhoben. Die zuständige Strafkammer war überlastet und musste das Verfahren abgeben. Wegen dieser »rechtsstaatswidrigen Verfahrensverzögerung« sind »die Passüberlassungstaten«, so der Vorsitzende, mittlerweile verjährt. Auch »die Staatsanwaltschaft verkennt nicht«, welche Schwierigkeiten sich juristisch daraus ergeben, dass hier eine Anklage fünf Jahre auf eine Hauptverhandlung gewartet hat. Im Gerichtssaal wird deshalb am zweiten Verhandlungstag bereits vorsichtig zwischen Verteidigung und Staatsanwaltschaft ein zögerliches Menuett aufgenommen, ein Schritt Geständnis auf einen Schritt Strafe zur Bewährung. Sechzehn Verhandlungstage waren zunächst angesetzt worden.

Mahri hat irgendwann genug von diesen freitäglichen Verhandlungsterminen, die sich über Wochen ziehen. »Wäre es möglich, dass ich zu allem *Ja* sage und wir uns das sparen? Mir geht es so schlecht«, übersetzt ihre Dolmetscherin. Der Richter schnauft: »So schlecht geht's Ihnen net. Wir wollen das Verfahren auch mal ordnungsgemäß zu Ende bringen.« Mahri, ein schwarzes Tuch lose über die Haare geworfen, stöhnt. Ihre schönen Töchter, glänzende lange Haare, beerenfarbener Lippenstift, amüsieren sich. Auch die jungen Männer sind einigermaßen guter Dinge. Über die Reihen werfen sie sich in ihrer Muttersprache Bemerkungen zu, die alle zum Lachen bringen. Außer ihrer Mutter, der scheint das Ganze hier wirklich auf die Nerven zu gehen. Die Töchter sitzen da, tippen verdeckt hinter ihren Handtaschen in ihre iPhones. »Sind die Vorwürfe so richtig«, fragt sie der Vorsitzende nach jedem Punkt, der verlesen wird. »Ja ja«, antworten die Töchter jedes Mal gelangweilt, sehen kurz auf und tippen weiter. Besonders lachen müssen sie alle, als verlesen wird, wie ihre Mutter in einem Telefongespräch sagt: »Ich habe genug von Deutschland und werde in den Iran reisen.« Jede hat einen erfahrenen Verteidiger dabei. Die gute rechtliche Beratung, die als Geständnisse daherkommenden »Jajas« und die Verfahrensverzögerung durch die Behörden beschleunigen die Hauptverhandlung enorm. Die beiden letzten Punkte reduzieren das Strafmaß dazu erheblich.

Am sechsten Verhandlungstag wird Mahri wegen neun, bei denen es bei sechs Fällen »im Versuch« blieb, zu einem Jahr und zehn Monaten, ihre Kinder und ihr Schwiegersohn zu Strafen zwischen neun Monaten und einem Jahr und sieben Monaten, alles zur Bewährung, verurteilt. Sechs Monate werden wegen der Verfahrensverzögerung »als vollstreckt in Einsatz gebracht«. Eine Bewährungsstrafe zieht keine »Ausweisungsverfügung« nach sich. Alle Angeklagten können in Deutschland bleiben.

Ihre Handtaschen am Armgelenk, entschwinden die Damen guter Dinge aus dem Gebäude, die jungen Männer folgen lachend. Nur Mahri seufzt, ihren Rollator schiebend.

Tra·di·ti·on

Dass Dilek sich von ihm trennen und gar scheiden lassen konnte, ohne sein Einverständnis, ist Musa unbegreiflich. »Von seinem Vorstellungsbild« her ist das nicht möglich, sagt sein Verteidiger.

Dem Mandanten haben inzwischen mehrfach diverse Freunde versucht zu erklären, dass sich in diesem Land eine Frau durchaus von ihrem Mann trennen und auch gegen seinen Willen die Scheidung verlangen und bekommen kann, erklärt der Verteidiger gleich zu Beginn der Hauptverhandlung. »Von seinem Vorstellungsbild ist es nicht möglich, dass die Frau sich trennt.«

Die Voraussetzung für eine Scheidung hatte Dilek geschaffen. Sie war mit den drei Kindern ausgezogen.

Eineinhalb Jahre nach ihrer Trennung nimmt sie sich eine Woche Urlaub und fliegt allein in die Türkei. Musa, ihr Ehemann damals noch, kümmert sich in Dileks Wohnung um die Kinder. Just in dieser Woche, zwei, drei Tage nach ihrem Abflug, werden die Scheidungspapiere vom Gericht zugestellt. Musa ist außer sich. Er ruft sie an und bestellt sie mit der Drohung, er würde die Kinder bei der Polizei aussetzen, sofort nach Hause. Sie folgt. Musa holt sie mit dem Auto und den zwei jüngsten Kindern vom Flughafen ab. Der Streit bricht schon im Parkhaus aus. Sie soll die Scheidung zurücknehmen. Musa zieht an ihren Haaren, schreit während der Fahrt unentwegt »Soll ich gegen die Mauer fahren? Soll ich?« und macht Lenkbewegungen nach links und rechts. Hinten weinen die Kinder. Bei diesen »Ausweichmanövern« verliert er die Kontrolle über das Auto und knallt tatsächlich gegen einen Brückenpfeiler. Die Airbags funktionieren, auch ist der Aufprall nicht frontal. Der Zwölfjährige verletzt sich leicht an der Hand, das zehnjährige Mädchen hat Striemen am Hals vom Gurt. Musa steigt aus, zündet sich »ruhig eine Zigarette an«. Dilek ist außer sich, bestellt ein Taxi und fährt mit den Kindern nach Hause. Mit allen Mitteln versucht Musa anschließend, die Scheidung zu verhindern; auch nach dem Termin, bei dem für ihn unverständlicherweise die Trennung dank Trennungszeit amtlich wird, belästigt, bedroht er Dilek weiter. Erzählt in dem kleinen Ort, in dem sie wohnen, sie sei eine Hure. Begründet so vor seinen Freunden, warum sie denn nicht wieder zusammenkommen. Musa sammelt in der Zeit acht Verurteilungen, alles Geldstrafen, wegen Stalking, Verstößen gegen Gewaltschutzanordnungen, wegen Bedrohung, Sachbeschädigung, Beleidigung. Das sind nur die Urteile, die bisher ergangen sind. Der sechzehn Jahre alte Sohn zieht zu ihm. Ist auch sein Dolmetscher. Er hat sich der Mutter völlig abgewandt. Musa, so lange im Land wie sein Ältester an Jahren, spricht kein Wort Deutsch. Dileks Deutsch ist perfekt, es hat eine kleine regionale Spracheinfärbung. Die einzigen Worte, die ihr Ältester noch an sie richtet, sind die Drohbotschaften des Vaters. Musas Verteidiger sagt, »er ist der Mittelsmann«.

Noch am Tag der Scheidung »hatte er die Hoffnung, dass sie zu ihm zurückkommt. Sie sind noch mal im Auto rumgefahren, und sie hat gesagt, gib mir zwei Wochen, dann wird alles gut«, so Musas Verteidiger. »Nacktfotos« von sich habe sie dem

Mandanten auch noch nach der Scheidung geschickt. Die Richterin unterbricht den Anwalt an dieser Stelle, ob der Älteste im Saal sei? »Der sitzt in der dritten Reihe.« – »Soll er das alles mitkriegen?«, so die rhetorische Frage der Vorsitzenden. Musas Verteidiger hat ein Einsehen und veranlasst, dass der Junge »ganz aus dem Gebäude« geht. »Damit er die Mutter nicht sieht.«

Dilek betritt den Verhandlungssaal. Groß und schmal, auf hohen Schuhen, im knielangen Mantel und Jeans. Lange Haare, eine griechische Nase, außer Wimperntusche ungeschminkt. Eine Schönheit. Sie hatte gebeten, nicht von Anfang an dabei sein zu müssen. Musa schaut nicht zu ihr, sie schaut nicht zu ihm. Ihr Körper ist bis zum Äußersten gespannt. Sie sitzt aufrecht auf dem Rand des Stuhls, konzentriert sich starr auf den Richtertisch. »Ist mein Sohn hier im Raum?«, ihre Stimme zittert panikartig.

Nach Musas Darstellung sei mittlerweile »Ruhe eingekehrt«, fragt die Richterin. »Es ist keine Ruhe eingekehrt«, stehen Dilek Tränen in der Stimme. »Meine Kinder werden bedroht von anderen.« Sie sollen auch »nicht Mama zu mir sagen«. Am Telefon kündigte er seiner Tochter an, sie und ihre Mutter umzubringen. »Er hat den Kindern gesagt, ich bring die Mama um.« Daraufhin hat sich das Mädchen in der Toilette eingeschlossen und gekotzt, wieder und wieder. »Das Jugendamt hat sie zehn Tage in Obhut genommen. Ich hab' zehn Tage gekämpft, um sie zurückzukriegen.« Mittlerweile weint Dilek, doch spricht sie weiter dabei, denn »es reicht mir. Ich bin eine Mutter, aber er ist auch ein Vater.« Es muss aufhören. Die Nervenenden hängen wie lange Zöpfe nackt und bloß in den Saal. Dilek belastet ihn wegen der Fahrt gegen den Brückenpfeiler nicht, was ein Leichtes für sie wäre. Es war keine Absicht, er hat die Kontrolle über das Fahrzeug verloren, sagt sie. »Soll ich dich jetzt umbringen, soll ich dich jetzt umbringen, und hinten waren die Kinder.«

Angeklagt ist Musa wegen »gefährlichen Eingriffs in den Straßenverkehr und Körperverletzung«. Würde die Beweisaufnahme ergeben, dass er vorsätzlich gehandelt hat, das Auto gezielt gegen den Beton lenkte, wäre dies »ein Verbrechenstatbestand. Die Frage ist, ob wir hier nicht mit einem Schöffengericht weitermachen müssen«, überlegt die Vorsitzende laut. Verhandelt wird vor einer Jugendrichterin, denn auch die beiden jüngsten Kinder sind als Zeugen geladen. Auf ihrer Vernehmung wird dankenswerterweise »allseits verzichtet«.

»Was ist hängengeblieben bei den Kindern?«, fragt die Richterin. »Extra gemacht«, antwortet Dilek leise. Doch wegen einer anderen Sache waren sie »zwischendurch auch schon vor Gericht«, da hat er gesagt, »wenn ich sie hätte umbringen wollen, hätte ich das schon gemacht«.

»Ich lass mich nicht mehr kleinkriegen.« Die drastischen Worte, die er am Telefon ihr gegenüber gebraucht, möchte sie auf Türkisch nicht wiederholen. Was sie wiedergibt, sind keine Übersetzungen, es ist der flussgewaschene Inhalt. Sie schämt sich. Immer wieder geht es in seinen Botschaften darum, dass sie die Scheidung zurücknehmen soll. Gefragt, warum sie sich denn überhaupt scheiden lassen wollte, antwortet sie: »Ich wollte nicht mehr erniedrigt werden. Sechzehn Jahre, das Erpressen, ich hab' das nicht mehr ausgehalten.« Vier-, fünfmal war sie »nach extremen Schlägen von ihm im Frauenhaus«. Um das Scheidungsverfahren zu beschleunigen, hat sie auf eine Rente, einen Versorgungsausgleich verzichtet.

Sie braucht eine Pause. In der steht der Sohn im Flur bei seinem Vater und übersetzt das Gespräch zwischen dem und seinem Verteidiger, während der vereidigte Dolmetscher für die türkische Sprache an der Tür des Saales wartet. Dilek, auch während ihrer Aussage in Begleitung eines Zeugenbetreuers, verbringt die Zeit in dessen Beisein im eigens dafür eingerichteten Zimmer des Gerichts.

»Ich wurde vom Bruder und von einem Freund meines Vaters missbraucht. Das hat er vorher gewusst. Ich hab' das sechzehn Jahre mit ihm mitgemacht, ich lass mich nicht länger mehr erpressen.« All die Jahre hatte er sie gefügig gemacht, indem er drohte, diese Geschehnisse herumzuerzählen, ihre Ehre so zu verletzen.

Warum sie denn zuerst die Aussage verweigert habe, wird Dilek von Musas Verteidiger gefragt. »Wir wohnen nicht weit voneinander entfernt, wir haben drei Kinder. Ob wir wollen oder nicht, wir begegnen uns.« Aber sie sei doch noch mit dem Mann ins Auto gestiegen nach dem Scheidungstermin, habe gesagt, sie wolle sich die Sache noch einmal überlegen, habe ihm sogar Nacktbilder geschickt? »Er hat ein Messer im Auto gehabt. Er hat immer ein Messer dabei. Acht, zehn Stunden ist er herumgefahren, ziellos. Er hat mir das Telefon weggenommen, durchgeguckt und sich selbst geschickt.« Und anschließend »überall rumgeschickt«. Um einmal auf die Toilette gehen zu dürfen, sagte sie, sie überlege, die Scheidung zurückzunehmen. »Beim Rechtsanwalt durfte ich kurz aussteigen.« Musas Verteidiger entgegnet, warum sie denn vorher nicht einfach ausgestiegen ist? »Ich durfte ja nicht. Hätte ich rausspringen sollen?«

Sein Mandant habe Suizidgedanken gehabt, zur psychischen Behandlung, die der Kammer zu Ohren gekommen war, möchte er sich aber nicht äußern, sagt der Anwalt. »Nein«, sagt Musa.

Zehn Monate Haft, ausgesetzt zur Bewährung für die Dauer von drei Jahren, Entzug des Führerscheins für weitere zwölf Monate, Beiordnung eines Bewährungshelfers, die Kosten des Verfahrens sowie die der Nebenklage zu tragen, so lautet das Urteil. Zweimal monatlich Therapiegespräche beim »Infocentrum für Männerfragen« werden zusätzlich auferlegt.

Wenn jemand stirbt, ist das eine große Sache in Deutschland

Zwei Brüder, Samir und Pamir, führen ein gut integriertes Leben in Deutschland. Nur wenn jemand sie wegen ihrer Herkunft beleidigt, rasten sie aus, schlagen und treten. Beide sind schon mehrfach wegen Körperverletzung vorbestraft.

Zweieinhalb Jahre hatte Samir wegen Körperverletzung im Gefängnis abgesessen, mittlerweile war er Freigänger. Seine vorzeitige Haftentlassung stand unmittelbar bevor. Er arbeitete als Barkeeper und kehrte tagsüber ins Gefängnis zurück. Es war nicht seine erste Verurteilung mit einer solchen Anklage.

In einer Nacht im Spätherbst, unter Verstoß gegen die Auflagen, an die sein Ausgang zur Arbeit gebunden war, besucht er nach Feierabend in Begleitung seines zehn Jahre jüngeren Bruders Pamir einen Club, trinkt, feiert. Nach vier Uhr morgens verlässt man, inzwischen in Begleitung zweier junger Frauen, den Laden. Samir ist betrunken, Pamir rührt Alkohol grundsätzlich nicht an. Vor einem Imbiss, unweit des Eingangs des stadtbekannten Clubs, steht der besoffene Marokkaner Benzema und beleidigt den aus Bangladesch stammenden Imbissbetreiber mit »Scheiß Paki, scheiß Afghi«.

»Scheiß Afghi« ist für die afghanischen Brüder, besonders den Älteren, das rote Tuch, es funktioniert zuverlässig. Obwohl er nicht gemeint war, flippt Samir aus, stürzt sich auf Benzema, verpasst ihm einen Faustschlag und tritt, mindestens einmal, mit dem Fuß auf den Kopf des Liegenden. Pamir springt hinzu, bearbeitet den Deutschen Bloch, der sich eingemischt hat, auf dieselbe Art und Weise. Zeugen halten Benzema wegen der Wucht der Tritte für tot. Reglos lieg er auf dem Trottoir. Die Brüder laufen fort, zurück in die Bar, in der Samir arbeitet. Die beiden Frauen werden telefonisch dorthin bestellt, auch Fahim, ein Kommilitone von Pamir, der mit ihnen gefeiert und sich auch in die Schlägerei eingemischt hatte. Man will sich absprechen.

Nur drei Tage nach diesem Ereignis kommt es vor einer anderen Bar wieder zu einer Schlägerei, es ist der gleiche Cocktail aus Sich-in-seiner-Ehre-gekränkt-Fühlen und Alkohol, der zum Ausraster führt. Diesmal besteht die Beleidigung aus den Worten »Ihr seid keine echten Afghanen«. Wieder folgen einem Faustschlag Tritte. Und wieder ist es Samir, der zuerst durchdreht.

Trotz der vielen Augenzeugen, all die Nachtschwärmer, die sich vor Club und Imbiss zu der Zeit aufhielten, dauert es zwei Monate, bis die Brüder ermittelt werden.

Der Getretene der zweiten Schlägerei vor der Bar allerdings hatte nach einer Woche recherchiert, wer seine Angreifer waren, und erpresste von der Familie Schweigegeld, wenn er die Anzeige zurückziehe. Als er mitbekam, in welchen Schwierigkeiten Samir wegen seiner Vorstrafen und seiner derzeitigen Haft ist, erhöhte er die Summe beträchtlich.

Die Staatsanwaltschaft nimmt Ermittlungen auf und veranlasst eine umfangreiche Telefonüberwachung, die Aufnahmen werden Teil der öffentlichen Beweisaufnahme. »Die haben dem auf den Kopf getreten, zu zweit«, »Wenn einer stirbt, ist das eine große Sache in Deutschland«, »Wichtig ist in Deutschland, wer zuerst schlägt. Deshalb provozieren dich diese türkischen Typen immer so, bis du ausflippst, und anschließend verprügeln sie dich«, lautet es in den Gesprächen zwischen den Bekannten der Brüder. »Es waren zwei Afghanen«, unterrichten sie ihre Freunde, »zwei Brüder«.

Panik herrscht unter den Zeugen der Clubschlägerei, als sie Ladungen zur Vernehmung bekommen, denn man kennt die Täter und fürchtet, einem vollendeten Totschlag beigewohnt zu haben, ohne zu helfen. »Sag denen, das waren zwei Ausländer, die Deutsch gesprochen haben, deshalb weißt du nicht, woher die waren.« Samir und Pamir wird am Telefon geraten, sich die Bärte abzurasieren, damit man sie nicht wiedererkenne.

Benzema und Bloch, die mit unfassbarem Glück und obwohl sogar Schuhabdrücke in ihren Gesichtern zu sehen waren, die senkrecht von oben nach unten geführten Tritte gut überstehen, können sich in der Verhandlung nicht erinnern, von wem und wie sie verletzt wurden. Überhaupt sind sämtliche männlichen Zeugen in diesem Prozess eine Zumutung. Es ist geradezu absurd, woran sich alles nicht erinnert wird. Adressen, Wohnorte, Namen, auch Namen von Verwandten – die Kammer ist schon erfreut, wenn jemand noch sein eigenes Geburtsdatum weiß.

»Hollywoodreif« seien auch die Vernehmungsprotokolle, sagt einer der Polizeibeamten vor Gericht.

»Die afghanische Gemeinde ist eine ziemlich kleine Gemeinde, da weiß jeder über jeden alles besser, als er das selber weiß«, sagt Samir während des Verfahrens in einem wortgewandten Deutsch, in dem nur das rollende »R« die andere Muttersprache verrät.

Sechzehn Tage wird verhandelt.

Am Nachmittag des zehnten Verhandlungstages fließen viele Tränen in Saal 9 des Landgerichts. Sie fließen leise, sie fließen mit Wehgeschrei, sie setzen sich auf die Worte, sie reißen diese fort.

Ein Wehklagen von Mutter und Sohn. Nur um die Taten, die hier zur Verhandlung stehen, wird nicht geklagt. Sie werden nicht einmal erwähnt.

Die Mutter wird in den Zeugenstand gerufen. Sie möchte nichts zu der Sache sagen, gleichwohl wolle sie sprechen. Nur worüber, das will sie selbst entscheiden. »Dann schauen wir mal, wie weit wir kommen«, erklärt der Vorsitzende sich einverstanden. Es erhebt sich ein Lied unter Tränen, sie fließen bei ihr, sie fließen bei ihrem Ältesten Samir. Der jüngere, größere Pamir wird, wie jeden Verhandlungstag, unbeweglich dasitzen, die Stirn in Falten gelegt, die Lippen aufgeworfen, die zu breiten Schultern vorhängend, soweit es der übertrainierte Brustkorb zulässt. Ab und zu wendet er sich seiner Verteidigerin zu. Was er ihr zuflüstert, macht diese in schöner Regelmäßigkeit rasend.

Direktorin eines Waisenhauses war sie in Afghanistan, erzählt die Mutter. »Herr Richter, wir sind keine Wirtschaftsflüchtlinge! Wir waren politisch verfolgt!« Zweimal wird sie das beteuern. »Wir hatten ein gutes Leben in Afghanistan. Von einem Tag auf den anderen haben die Taliban unser Leben zerstört«. Shaghayegh ist 1960 geboren und hat sieben Kinder zur Welt gebracht. Alle leben bis heute zusammen. Bis auf Samir und Pamir natürlich, die seit achtzehn Monaten in Untersuchungshaft sind. Mit ihrem Mann habe sie »Politik gemacht«

in der Heimat. Deshalb wurden sie verfolgt. Sie schildert, wie dankbar sie waren, als sie, in Deutschland angekommen, erfuhren, dass die Kinder in die Schule gehen durften. »Meine Kinder waren sehr respektvoll, sehr diszipliniert.« Samirs jüngere Schwestern und der Bruder studieren. Die jungen Frauen tragen allesamt ihr glänzendes schwarzes Haar offen, den Lidstrich dick und geschwungen, die Lippen rot, die Schuhe hoch, die Hosen eng. Nur die gramgebeugte, verwitwete Mutter, ganz in Schwarz, hat ihr halb ergrautes Haar nachlässig zum Zopf gebunden.

Man kreist um die Sache, die hier verhandelt wird. Man kreist herum und kommt ihr nicht nah. Auf Nachfragen des Richters wird – mit dem Sidestep der Übersetzung – geantwortet, was erklärt, was erzählt werden will. »Ich geb' es auf. Fahren Sie fort«, seufzt der Vorsitzende. Als die Mutter vorträgt, der Vater habe aus Kummer, »weil das mit den Kindern passiert ist«, den Herzinfarkt erlitten, da wirft es Samir zurück.

Samirs ehemalige Freundin war nach der Trennung mit den beiden gemeinsamen Töchtern aus der Stadt weggezogen. Dass so die Kinder aus dem Leben der Familie verschwanden, das könne er ihm nie verzeihen, hatte Samirs Vater zu Samir gesagt.

»Samir, Samir, bitte, ich sag das nicht, damit du weinst!« Für die Beiwohner der Klageszene, die sich zwischen der Mutter und ihrem Ältesten für das Publikum abspielt, entsteht eine eigentümliche, atemberaubende Spannung dadurch, dass sie Samirs Reaktion erleben, bevor die Übersetzerin ihnen die Untertitel liefert.

Man müsse doch einsehen, dass alle anderen Ereignisse fünf, sechs Jahre her seien und dass sie sehr gute Söhne sind. »Sie haben ja niemanden umgebracht!« Moment. »Frau Aziz, es hat ja nicht viel gefehlt!«, justiert Richter Drescher die Waage.

Ob der »Herr Richter« nicht dafür sorgen könne, dass sie die Kinder wiedersehen kann, ist das nächste Boot, in das sie steigt. Nein. Das nun in diesem Verfahren wahrlich nicht. Die Zeugin wird entlassen, geht zur ersten Tür raus, zur zweiten rein, sitzt nun als Zuhörerin im Kreise ihrer Töchter im Saal. »Ich weiß ja, dass ich zwei Kampfhunde großgezogen habe«, hatte die Mutter am Telefon zu einer Freundin gesagt.

In jedem Strafprozess gibt es für die Angeklagten Gelegenheit, sich »zur Person« zu äußern. Manche beschränken sich auf knappe Lebenslaufdaten, viele nutzen die Chance, sich zu erklären, die eigene Geschichte zu erzählen und die Zuhörer in den persönlichen Guckkasten zu führen. Hier wird vorgetragen mit allen Mitteln der Kunst. Über Stunden.

In sehr guten Verhältnissen war er aufgewachsen in Kabul, beginnt Samir. Der Vater arbeitete im Finanzministerium, aus Angst vor Entführungen habe ein Chauffeur ihn von der Schule abgeholt. Eines Nachts seien die Taliban in ihr Haus gekommen, um nach dem Vater zu suchen, der sich verstecken konnte. Die Verwandtschaft drängte die Eltern daraufhin, das Land zu verlassen, und organisierte die Flucht. Der Vater wollte nicht fort, die Familie musste ihn überreden. Man floh getrennt, des Nachts. Er ging mit einem Onkel fort, der Vater reiste über Pakistan, in Kundus habe die Familie sich wieder vereint. Von dort ging es mit einem Schiff nach Tadschikistan, nach ein paar Wochen von dort weiter nach Moskau. In einer Einzimmerwohnung mit einer alkoholkranken Frau lebten sie da. Diese schlief in der Küche und sie, zu fünft waren sie damals, im Wohnzimmer. »Was ich sehr schnell lerne, sind Sprachen.« Der Zehnjährige beobachtete, wie in Bretterbuden vor den großen Einkaufszentren Eis verkauft wird, und sprach die Verkäufer an, ob sie ihm etwas vom »Moroschno« geben würden, um es am Bahnhof zu verkaufen. So verdient er das Geld für die Familie. Er sieht, wie sein Vater von der russischen Polizei geschlagen und ausgeraubt wird. Sie sind illegal im Land und haben keinerlei Rechte. Auch ihn schlägt die Polizei, einmal nehmen sie ihn auch mit für drei, vier Stunden. »Mein ganzes Eis war danach geschmolzen, und ich konnte meiner Mutter kein Geld geben an dem Tag.«

Er weint, seine Mutter weint, im Saal steht die Luft, die drei Verteidiger starren stoisch vor sich hin.

Sie bekommen mit, dass Schleuser Leute nach Deutschland bringen. Verwandte schicken das nötige Geld aus Afghanistan. Die erste Station ist die Ukraine, wo man zusammen in einer Wohnung mit einer anderen Familie wartet, dass es weitergeht. Der Vater organisiert in der Zeit von irgendwo Zigaretten, damit der Lebensunterhalt verdient werden kann. »Es tut mir leid, mein Sohn, aber du musst das verkaufen, ich komm dafür ins Gefängnis.«

Endlich geht es per Zug Richtung Deutschland. Irgendwo auf der Strecke in Polen kontrolliert die Polizei ihre Papiere und entdeckt die Fälschungen, nimmt ihnen ihr Geld ab, misshandelt sie und schickt sie zurück nach Moskau. Auf einem Markt dort begegnet der Vater einem Bekannten, einem Musiker aus Afghanistan, der ihm hilft, mit richtigen Papieren per Flugzeug nach Frankfurt zu reisen. Wieder sind es die Verwandten in Afghanistan, die das Benötigte besorgen. Als ihre Papiere am Flughafen Frankfurt kontrolliert und ihnen mit einem unverständigen »Tschüss« zurückgegeben werden, können sie es kaum fassen: Man lässt sie rein.

Im Asylheim meldet sein Vater ihn sofort zum Deutschkurs, schnell lernt der Elfjährige die Sprache und fungiert bald als Dolmetscher für die anderen. Er findet heraus, dass das Geld hier auf der Straße liegt, und sammelt Sperrmüll, um ihn zu verkaufen. Wie immer gibt er alles der Mutter. Der Vater, dessen Ehrgefühl an den Schulden, die ihr Gang ins Exil der Verwandtschaft abverlangte, schwer trägt, besteht darauf, dass mit den Sozialhilfegeldern zuerst alles zurückgezahlt wird. Samir machte sich nach der Schule auf, Einkommensquellen aufzutun. Am Hauptbahnhof beobachtete er, dass viele Leute den Gepäckwagen nicht zurückbringen. Von dem Geld, das er aus den Wagen holt, lebt die Familie.

So geht es weiter und weiter. Eine eigenartige Stimmung herrscht im Saal, in dem beinahe jeder Stuhl besetzt ist. Zwei Angeklagte, drei Verteidiger, ein psychologischer Sachverständiger, zwei Staatsanwältinnen, eine Schwurgerichtskammer mit drei Richtern, zwei Schöffen, einer Protokollführerin. Der Zuschauerraum fast voll besetzt, Familie, Bekannte der Brüder und dann all die, die immer kommen. Es ist eng, es ist warm, der Verhandlungstag schon fortgeschritten, die Nachmittagssonne hat die Fensterseite erreicht und leuchtet den Saal gleißend aus. Sämtliche Verfahrensbeteiligte hängen während der griechischen Tragödie, die geboten wird, konzentriert eigenen kontemplativen Übungen nach, während Chorvers und Spielvers von Mutter und Schwestern im Zuschauerraum und Samir auf der Anklagebank mit höchstem Einsatz laufen. Pamir gibt den regungslosen Statisten.

Verzweifelt und mit wachsender Panik kämpft Samir im Laufe der weiteren Verhandlungstage um sein »Leben«. Als Wiederholungstäter und wegen der potentiell tödlichen Art der Angriffe droht ihm eine lange Haftstrafe. Zudem ist er, als einziges Kind der Familie, afghanischer und nicht deutscher Staatsbürger. Mit einer Ausweisung ist deshalb auch zu rechnen.

Ja, es stimme, er habe Jara, die Mutter seiner beiden ersten

Kinder, geschlagen. Auch Khatera, mit der er parallel eine Affäre hatte, habe Schläge von ihm bekommen. Nur zeigte Khatera ihn wegen häuslicher Gewalt an. Durch die Post vom Gericht erfuhr Jara von seinem Zweitleben mit dieser.

Aber er habe ja nun, über das geforderte Maß hinaus, eine Verhaltenstherapie gemacht. Erfolgreich. Er habe sich verändert. Samir will Zeugen aus dem Gefängnis, den Geistlichen, der die Häftlinge betreut, um zu bestätigen, dass er sogar »deeskalierend« wirke, sich »nicht mal von den Marokkanern, die einem das Leben dort zur Hölle machen«, provozieren lasse. Einer seiner Verteidiger seufzt leise: »Jetzt kommt der wieder mit diesem Rassismus.« Er bestreitet die Taten, für die er nun vor Gericht steht. Unter Tränen – »Bitte, Pamir, was soll ich machen. Du bist mein jüngerer Bruder, aber guck mal, wie lange ich schon in diesem Loch bin« – erklärt Samir, dass es sein Bruder war, der vor der Diskothek losschlug. Dass er den Bruder nur zurückhielt. Dass die Tritte von jemand anderem gekommen sein müssen. Pamir regt sich nicht. In einem mitgeschnittenen Telefonat sagt Samir: »Ich bin wegen Pamir im Gefängnis, und ich gehe wegen Pamir ins Gefängnis.« In Pamirs Telefonprotokollen wiederum findet sich der Satz, »Den Stress mit den Blaulichtleuten hab' ich immer nur mit Samir.«

Um sich ein Bild zu machen von Samirs Persönlichkeit, hatte die Kammer auch die Frauen geladen, mit denen er zusammen war. Ihr Auftreten wird für ihn zur Katastrophe. Sie entwerfen alle das Bild eines Mannes mit »zwei Gesichtern«. Fürsorglich, zärtlich und unberechenbar, gewalttätig, »das Recht in die eigene Hand« nehmend, wenn er seine Moralvorstellungen verletzt fühlte. Die schöne Khatera, ebenfalls aus Afghanistan stammend und Strafverteidigerin mittlerweile, etwa wird von der Verteidigung gefragt, wie sie dazu käme zu behaupten, er habe sie töten wollen, als er sie würgte. Die Frage hätte besser nicht gestellt werden sollen, denn ihre schlichte Antwort ist: »Weil ich ihm in die Augen gesehen habe.« Die Würfel sind gefallen.

Zehn Jahre Haft und Sicherungsverwahrung fordert die Staatsanwaltschaft für Samir, sieben Jahre und sechs Monate für Pamir für den »gemeinschaftlichen versuchten Totschlag in arbeitsteiliger Weise. Jeder wollte hier Täter sein.« Samir versagt der Kreislauf während der Ausführungen. Unter Tränen fallen seine letzten Worte: »Ich möchte für meine Kinder da sein. Ich möchte für meine Mutter da sein, das hab' ich ihr als Kind schon versprochen.«

Seine Verteidiger können nicht erkennen, dass die Beweisaufnahme tatsächlich erwiesen hätte, dass und wie ihr Mandant Täter war, und fordern einen Freispruch. Pamirs Verteidigerin räumt einen Faustschlag vor dem Club ein, den »kurioserweise« das Gericht gerade für nicht erwiesen hält.

Die Kammer folgt den Anträgen der Staatsanwältinnen, sie kürzt die Urteile nur jeweils um ein Jahr. »Ob die Sicherungsverwahrung angetreten werden muss, wird die Strafvollstreckung zeigen.«

Die Verteidigung geht in Revision. Eineinhalb Jahre später bestätigt der Bundesgerichtshof das Urteil. Inklusive der Sicherungsverwahrung.

Ich würde es wieder tun

Cornelia und Ruì führen eine desaströse Beziehung seit vielen Jahren, mit Beleidigungen und Schlägen. »Irgendwann ist es genug«, hatte Cornelia, ein halbes Jahr bevor sie zustach, zu Ruì gesagt.

»Dieses Rindvieh« kommt die Treppe hoch, ist angetrunken. Sie hat gekocht für ihn, sich danach mit ihrer Katze in ihr Zimmer verkrochen.

»Die Tür geht auf.

Die Katze springt vom Bett.

Mein Herz hat sich gekrümmt.«

Er betritt die Küche, hebt polternd die Deckel von den Töpfen, beschwert sich über das Essen und brüllt »Du Hure, du Schlampe« – das Übliche, wenn er gesoffen hat. »Da hat nur noch meine Wut und mein Hass regiert. Ich hab' wochenlang keine Luft bekommen, weil er mich so geschlagen hat. Das Schwein hat mich immer nur fertiggemacht. Ich hab' ihn in sein Zimmer gestoßen, das ging alles so leicht! Das blöde Schwein nimmt sich das Bügeleisen und schlägt auf meine Hand, da hab' ich rotgesehen, bin in die Küche gegangen und hab zwei Messer geholt. Ich wollte ihm den Schwanz abschneiden. Zu mehr würde ich nicht taugen, als ihm den Schwanz zu lutschen, hat er immer gesagt. Jedes Mal, wenn er wieder hochkam, hab' ich zugestochen. Vierzehn, fünfzehn Mal. Es war wahllos, ich wollte ihn einfach nur treffen. Er hat gewinselt wie ein Hund.« Dann ist sie ins Bad gegangen und hat eine Spraydose mit Silberfarbe aus Chrom geholt. »*Du Sau* wollte ich auf ihn sprühen. Von oben bis unten. Ich erinnere mich, dass ich ein Feuerzeug an den Sprühstrahl gehalten habe. Es ging aber nicht.« Doch als sie das Zimmer verlässt für eine Zigarette und sich umdreht, schlagen plötzlich Flammen hoch. »Da hatte ich auch erst mal ein Trauma. Ich wollte ja nicht die Wohnung abfackeln.« – »Aber ihn?«, fragt die Beisitzende Richterin bedächtig. »Wenn ich ihn hätte anzünden wollen, hätte ich Grillanzünder genommen. Das hätte ich einfacher haben können.«

Schweigen. Im Zuschauersaal wird vorsichtig wieder Luft geholt. Der psychologische Sachverständige wechselt Blicke mit der Rechtsmedizinerin. Bei der Kammer rührt sich für einen Moment niemand.

Da wirft Cornelia »Ich wollt' ihn umbringen. Und ich würd's wieder tun« in die Stille. Ihr Verteidiger sitzt ihr aufmunternd zur Seite, den Kopf in die Hand gestützt.

Beendet wird Ruìs Martyrium durch ein Klingeln an der Wohnungstür. Ein Freund von ihm ist gekommen. Als sie die Tür öffnet, ruft Ruì um Hilfe. Der Freund benachrichtigt die Polizei. Sie geht den Beamten entgegen: »Ich will mich stellen, ich hab' ihn abgestochen.« Rettung und Polizei finden den Mann im Bett liegend, auf der Matratze stehen die Blutlachen. Aus 29 Wunden an Kopf, Hals, Bauch und Beinen pulsiert der Herzschlag immer neue Blutspritzer. Er hat Verbrennungen, im Bereich der Oberschenkel dritten Grades, eine Stufe unter der Verkohlung, zweiten Grades an Kopf, Hals und Penis. Dem Notarzt »stellt es sich so dar, als wäre die Farbdose als Flammenwerfer« gebraucht worden. Im Schockraum des Krankenhauses braucht es acht Blutkonserven, um ihn halbwegs zu stabilisieren. Vier Stunden lang werden in »einer wirklichen Notfalloperation« die Wunden, darunter auch »zwei Perforationen im Dünndarm und der inneren Brustwandarterie«, geschlossen.

»Sie haben das ja noch gut im Kopf«, kommentiert die Vorsitzende die Schilderung des Chirurgen vor Gericht. »Ja, war schon spannend. Also, ähm, schon fordernd.«

Ruì wird am Folgetag »tief sediert« nach Ludwigshafen in eine Spezialklinik für Brandverletzungen geflogen, die eine interdisziplinäre Intensivstation hat, auf der er einen Monat liegt.

Ob sie mal daran gedacht habe, dass er Schmerzen hatte, fragt die Beisitzende Richterin Cornelia. »Ich hab' die gleichen Schmerzen erlitten, wenn nicht noch mehr. Der Ruì war gar nicht mehr da für mich. Da komm ich nicht mehr raus aus der Sache, dafür geh ich in den Knast, war mir schon klar. Hab nur noch überlegt, wie ich meine Sachen geregelt kriege. Ein paar Überweisungen tätigen und die Katze versorgen.« Ob er alkoholisiert war? »Ich weiß es nicht. Sein Zustand hat mich nicht interessiert. Ich habe ihn gehasst. Ich bin eine sehr stolze Frau, diese Beleidigungen – entweder ich werde ihn so los oder so.« Die Vorsitzende fragt sie: »Sie wollten *Du Sau* auf ihn schreiben, und weiter?« – »Ich wollte ihn da liegen lassen. Ich hab' mir überhaupt keine Gedanken gemacht, ob er stirbt oder nicht stirbt. Ich hab' wahllos in den Bauch gestochen. Wenn das Messer ins Herz gekommen wär', wär's auch gut gewesen.« Nur um die Spraydose zu holen, und einmal, um sich eine Zigarette zu drehen, habe sie ihre Attacke unterbrochen, antwortet sie auf die Frage ihres Verteidigers. Und setzt hinzu, »Ich kam ja gar nicht mehr zum Regenerieren, hab ja jeden Tag einen neuen blauen Fleck bekommen.« Sie schaut ins Leere.

Stille im Saal.

Cornelia muss hübsch gewesen sein, bevor Alkohol, Antidepressiva, Armut, Schmerzen und Ruì sie verwandelten in eine unendlich müde, resignierte Frau, deren Körper wie ihr Geist die Fassung verloren hat. In der Wohnung werden Zettel gefunden, »Ich glaube, ich bin zu alt, um mir zu helfen. Ich möchte sterben.« »Mein Herz ist so schwer«, steht auf einem anderen. Sie zuckt mit den Schultern, als diese verlesen werden. »Das sind so besoffene Gedanken.« Ein halbes Jahr vor dieser Tat schafft sie es, ihn im Bad einzusperren, nachdem er mit einem Küchenbeil auf sie losgegangen war. Sie bewaffnet sich mit einem Messer und treibt ihn vor sich her ins Bad. Ausnüchtern soll er da, sie verbarrikadiert es mit zwei Bügelbrettern. Wie lange Ruì eingeschlossen war, will die Kammer wissen. »Keine Ahnung, bei uns gehen keine Uhren.« Mit ihrem Tablet macht sie Sprachaufnahmen seines besoffenen Gebrülls hinter der Tür – und ihren Repliken. Eine halbe Stunde schallt »Hure«, »Schlampe« in Endlosschleife durch den Verhandlungssaal, bis alle Anwesenden endlich von diesem akustischen Angriff auf die Nerven erlöst werden.

Aber zu hören ist auch, wie sie ihm durch die Tür sagt, »*'ne Frau kann hassen, 'ne Frau kann vieles ertragen, aber irgendwann ist es genug. Du hast mich das letzte Mal verletzt.*«

Cornelia wurde 1967 in Jena geboren. »Ich bin das sechste Kind meiner Mutter«, einer Straßenbahnfahrerin. Die älteren Brüder ziehen sie auf. Der Vater misshandelt das Baby, sie erleidet einen Schädelbasisbruch. Die Mutter verlässt den Mann, zieht mit den Kindern zur Oma. Der Vater nimmt »sich mit Gas das Leben«. Sie lernt nach dem Abschluss der zehnten Klasse Zootechnikerin und beginnt in einer LPG in der Lausitz zu arbeiten – da, wo auch einer ihrer Brüder lebt –, als »Kuhschwanzpilotin«, so nennt sie das, in der Rinderzucht. Mit 22 bekommt sie ihre Tochter. »Der Vater des Kindes hat sich von mir bewirtschaften lassen«, er erzählte ihr, er sei aus politischen Gründen im Gefängnis gewesen. Das ist wohl nicht wahr. »Nach dieser komischen Wiedervereinigung« wandert sie durch ABM-Maßnahmen, macht eine Umschulung zur Speditionskauffrau. Einer ihrer Brüder, schnell in den Westen gegangen, findet eine Stelle für sie in Eschborn. »In einer Gastronomie« lernt sie Ruì kennen. »Mein erster Mann nach zwölf Jahren. Ich war so verknallt gewesen. Ich hab' ihn zu mir gezogen, weil der so eine schreckliche Behausung hatte. Da ging es auch gleich los mit der Klopperei.« Sie ist öfter krankgemeldet wegen der blauen Flecken und verliert ihre Jobs deshalb. Dann trifft sie auf den Inder Lahore, »zum Glück«. Mangels einiger Papiere heiraten sie in Schweden. »Es war mir nicht vergönnt, noch ein Kind zu bekommen. Von dem ersten hab' ich ja nur so wenig gehabt, weil ich immer nur am Arbeiten gewesen war.« Vor sechs Jahren wird sie an Gebärmutterkrebs operiert. Schmerzen hatte sie vorher schon ein Jahr, geht aber nicht zum Arzt, weil sie nicht krankenversichert ist. Zwei Jahre später wird die Ehe geschieden. »Was soll ich denn machen, wenn es sexuell nicht mehr ging.« Seit der Operation hat sie vierzig Kilo zugenommen, 55 wog sie vorher. Auch in der Zeit ihrer Ehe kümmert sie sich um Ruì, der nicht in der Lage ist, seine Angelegenheiten zu regeln. Sie erledigt seine Korrespondenz, begleitet ihn zu Behörden. »Er hat auch furchtbare Angst, allein zu sein.« Nach ihrer Scheidung zieht sie wieder zu ihm, eine Wohnung kann sie sich allein nicht leisten. Eine Weile probiert sie das Zusammenleben mit der Tochter und der kleinen Enkelin im Wohnwagen, die Tochter ist mit einem Schausteller zusammen. Sucht in dieser Zeit Hilfe gegen ihre depressiven Verstimmungen, kriegt etwas verschrieben und fertig. Die Tochter, vor Gericht Cornelia ein kleines Lächeln entlockend, erträgt es nicht, dass sie trinkt. »Ich halte mich zurück mit Leuten, die getrunken haben, weil die die Welt dann ganz anders sehen. Meine Mutter ist in meinen Augen auch Alkoholikerin. Ich komm damit nicht klar, deshalb hat es mit dem Zusammenleben nicht geklappt«, sagt sie. Und ihre Mutter »sieht es halt nicht so, wie andere Leute wirklich sind. Meine Mutter will immer anderen helfen.«

Cornelia geht zurück zu Ruì, nachdem sie zwei Tage auf der Straße verbracht hat, »doch wieder zurück zu diesem Menschen«. »Ich mach dein Zeug, ich koch, aber dafür lässt du mich in Ruhe«, erzählt die Tochter, war die Vereinbarung. Fragen nach den Verletzungen ihrer Mutter kann sie zeitlich nicht einordnen. »Grün und blau geschlagen« war diese zu oft. »Man konnte beiden nicht helfen. Beide haben jedes Mal den gleichen Weg gewählt.«

Ihre »somatischen Schmerzen kompensiert sie ja gut mit Alkohol«, bescheinigt der psychologische Sachverständige Cornelia, die er keineswegs für eine Alkoholikerin hält. »Es war aber nicht leicht für mich«, wirft sie ein. »Sehr gut! Schöner hätte ich es nicht sagen können!«, nickt ihr der Psychiater freudig zu. An die Kammer gewandt: »Sie toleriert Mengen, die bei anderen behandlungswürdig sind, mit einer Nonchalance.« Mit zwei Bier sei ja nun mal »vieles gesellschaftlich erträglicher, das ist ja erwünscht und schön«.

Die Beisitzende Richterin möchte doch jetzt aber mal diesen »Schädigungsdrang« erklärt bekommen. »Jetzt muss ich mich wehren, sonst geh' ich kaputt?«, schlägt Cornelias Verteidiger vor. »Toll! Ja!«, belobigt ihn der Psychiater. Von einem »Rapsus« könne man nicht sprechen, »Affekt, nein.« Es reicht auch nicht für »den psychisch-emotionalen Ausnahmezustand«, dagegen spricht der Waffenwechsel. »Sie hat angekündigt, sich zur Wehr zu setzen. Es ist ein lang hingezogenes, mehretappiges, in sich schlüssiges Geschehen« mit »klarem Ansprechverhalten danach«. Gut in Erinnerung sei ihm noch, wie sie bei seinem Besuch in der Justizvollzugsanstalt zu ihm gesagt habe: »Ja, jetzt ist es endlich vorbei. Wenn ich jetzt zehn, fünfzehn Jahre kriege, dann seh' ich ihn nicht. Dann ist er fort.« Er habe eine Frau vor sich, »die viele Traurigkeiten erlebte«. Eine Beeinträchtigung in der Handlungsfähigkeit sei jedoch bei ihr nicht gegeben. Der Alkohol wirke bei ihr »antidepressiv«.

Immer wieder hatte es Anzeigen wegen wechselseitiger häuslicher Gewalt gegeben. Bei der Polizei war das Paar gut bekannt. Ruì schon seit längerem. Zu gewalttätigen Szenen war es bei ihm auch schon mit Cornelias Vorgängerinnen gekommen. Cornelia zog immer wieder ihre Anzeigen zurück, schrieb Briefe an die Behörden. In einem heißt es: »Er ist ein Kind noch und sucht seinen Lebenstraum. Ich bin nicht ganz schuldlos und möchte die Anzeige zurückziehen. Ich bitte um Begutachtung seiner Kopfverletzungen, seiner Dellen und Beulen. Er verträgt auch keine zwei Flaschen Bier. Er braucht ein Hobby und eine Aufgabe.« Die Liste von Ruìs Verurteilungen wird verlesen. Alles Geldstrafen, die er für die Fälle von Bedrohung, Hausfriedensbruch, Körperverletzung und Widerstand gegen Vollstreckungsbeamte bekommen hat. »Das hat er bezahlt. Da hab' ich noch die Anträge für ihn geschrieben.« Für die Ratenzahlungen nämlich. Cornelia starrt erschöpft vor sich hin. »Wenn er so eine Strafe kriegt, kann ich die ja mitbezahlen. Wir schmeißen ja unser Geld zusammen«, hatte sie auch schon früher des Öfteren zu den Polizeibeamten gesagt.

Die Vorsitzende Richterin, deren Kammer im Akkord und zeitweise parallel diverse Mord- und Totschlagsverfahren bewältigt, mustert Cornelia, ein kleines Rätsel im Gesicht. Schließlich wirft sie ihr ein »Hätten Sie ihn einsitzen lassen, dann wären Sie ihn los gewesen. Sie hätten ihn einfach nicht zahlen lassen, dann hätt' er alles absitzen müssen« hin. Der Sachverständige, ein Facharzt für Psychiatrie, lacht auf. Er spricht von Cornelias »dysfunktionaler Beziehungsgestaltung«, »ihrer Unfähigkeit, sich abzugrenzen«. »In der Beziehung war sie zweifellos diejenige, die sich unterordnete, sich um des lieben Friedens versuchte, anzupassen.«

Wenn »ich keine Angst vor Schmerzen hätte, würde ich mich vor den Zug werfen. Weiß ja nicht, was passiert. Einschlafen ist besser«. – »Sagen Sie das nicht«, sagt die Beisitzende sanft. Cornelia weint: »Ach Scheiße«.

Ruìs Zeugenvernehmung mit einer Dolmetscherin für Portugiesisch: Ein weiß-rosa-schwarzer, recht zierlicher Mann betritt mühsam den Saal. Die linksseitige Lähmung durch einen Schlaganfall vor bald zwei Jahren lässt ihn nur eingeschränkt vorwärtskommen. Sein Zustand habe sich verschlechtert seit »dem Vorfall«, hat seine Hausärztin vor Gericht geschildert.

»Wie soll ich sagen, ich habe schon vergessen, was passiert ist. Mein Gedächtnis funktioniert nicht.«

»Weiß er, wer die Frau Lahore ist?«, wendet sich die Vorsitzende an die Übersetzerin. »Sie ist meine Frau«, antwortet Ruì.

»Sie sollen sie geschlagen haben?« – »Das stimmt.«

»Sie sollen sie beleidigt haben?« – »Ja.«

»Haben Sie sie als Hure und Schlampe bezeichnet?« – »Ja.«

»Erinnern Sie sich an einen Vorfall mit einer Spraydose?« – »No.«

»Dass die Frau Lahore mit zwei Messern kam?« – »No.«

»Haben Sie noch eine Erinnerung, wann Sie zuletzt ins Krankenhaus gekommen sind?« – »No.«

»Haben Sie Narben?« – »Ja. Hier und hier« (er deutet auf seinen Bauch) »und die Beine. Alles verbrannt.«

»War das eine WG mit Frau Lahore oder eine Liebesbeziehung?« – »No. Amor. Ich möchte, dass sie wieder zu mir zurückkommt.«

»Wissen Sie, warum wir alle hier sind?« – »No.«

Die Staatsanwältin: »Wissen Sie, wo die Frau Lahore sich gerade aufhält?«- »No.«

»Sie ist im Gefängnis.« – »Ich weiß nicht, warum«, antwortet er.

Pause. Stille. Niemand rührt sich. Schließlich meint die Vorsitzende zur Dolmetscherin: »Aber Sie können ihm sagen, dass die Frau Lahore nicht wieder zu ihm kommen wird.« Der Sachverständige hebt erstaunt den Kopf. »Warum?«, fragt Ruì. »Weil Sie sie schlecht behandelt haben.« – »Jeder kann mal Fehler machen.«

»Es muss sich niemand schlagen und beleidigen lassen.« Ruì breitet die Arme aus. Schweigt. Wird entlassen.

Versuchter Totschlag oder versuchter Mord? Für die Staatsanwaltschaft ist ein besonderes Mordmerkmal, in diesem Fall das der Grausamkeit, verwirklicht: »unbarmherzig«. Ruì sollte langsam sterben, mit der »Spraydose als Flammenwerfer« wurde er »besonders gequält«. Doch gebe es vieles, was für Cornelia spreche. Es sei auch »bemerkenswert angesichts ihres Lebens«, dass es keinerlei Vorstrafen gebe, sie war dazu »geständig und kooperativ«. Ruì hingegen habe erhebliche Eintragungen, die »seine Aggressivität bestätigen«.

»Ein versuchtes Tötungsdelikt kann die Verteidigung objektiv und subjektiv nicht zurückweisen«, doch wer eine »solche Tat begeht, kann nicht mehr Herr seiner Sinne sein«, plädiert Cornelias Verteidiger auf versuchten Totschlag. Die Strafzumessung möchte er dem Gericht überlassen. Für »schuldig« erklärt sich Cornelia in ihren letzten Worten noch einmal, nicht aber, dass es ihr leidtue.

»Es fällt schwer, eine angemessene Strafe zu finden«, führt die Vorsitzende in ihrer Urteilsbegründung aus. Cornelia sei »entwaffnend ehrlich« gewesen, »fast bis zur Selbstschädigung«, wie man »es wirklich selten hat«. Einzig ihre Schilderungen des Brandes waren »höchst unwahrscheinlich« und sind vom Brandexperten widerlegt. Doch »ohne ihre Angaben hätte man die Tat so nicht aufklären können. Sie hätte auch eine Notwehrsituation schildern können.«

Die 22. Große Strafkammer des Landgerichts verurteilt Cornelia Lahore zu einer Gesamtfreiheitsstrafe von sechs Jahren und neun Monaten wegen versuchten Mordes und gefährlicher Körperverletzung.

Service, vollumfänglich

Kortschagins Escort-Service schickte auf Wunsch die Damen auch mit Koks vorbei. Als Kortschagin sich von seiner Freundin trennte, nahm sie Rache.

Die Dienstleistungen von Pearl Escort waren umfassend: Ein Shuttle-Service fuhr »die Ladies«, wohin es gefiel, selbstverständlich in der gewünschten Aufmachung. Wenn der Kunde wollte, brachten die Damen auch Champagner mit. Der wurde natürlich extra abgerechnet. Die Flasche kostete zwischen hundertzehn und hundertfünfzig Euro. Manchmal war der Champagner beinahe Champagner, ein Brut d'Argent, hergestellt immerhin »méthode champenoise«. Die sehr günstige Quelle »der edel aussehenden Flaschen« wird auch der Wirtschaftsstrafkammer nicht verraten. Manchmal bedeutete Champagner auch Kokain, »im niedrigen einstelligen Bereich«. Kokain wiederum hieß aber manchmal auch »Freundin«, dechiffrierte die Polizei aus den Aufzeichnungen der abgehörten Telefonate.

Die Anklage lautet: Verstoß gegen das Betäubungsmittelgesetz, insgesamt in siebzig Fällen (einmal mit einer Schusswaffe), ein Fall von Körperverletzung, dazu Steuerbetrug und »Nichtabführung« von Sozialversicherungsbeiträgen. Auf der Anklagebank sitzen Herr Kortschagin, geschäftsführender Gesellschafter von Pearl Escort, zwei seiner ehemaligen Mitarbeiter, Herr Peter und Herr Götz, sowie das Ehepaar Leberecht, Betreiber eines kleinen Puffs, der seine besten Zeiten hinter sich hat.

Die »liebe Ex« von Kortschagin hatte ihn aus Rache nach der Trennung bei der Polizei verpfiffen. Steuerhinterziehung in Kombination mit Drogen – da kommt schon mal das SEK vorbei. Vor allem, nachdem sich durch umfangreiche, sofort veranlasste »TKÜ-Maßnahmen«, Telefonüberwachungen, die Beschuldigungen von Kortschagins »Exfreundin« zu bestätigen schienen. Die Menge Kokain, mit der tatsächlich gedealt wurde, war dann aber doch enttäuschend gering.

Der Vorsitzende will vorwärtskommen in dieser Hauptverhandlung, die vorsorglich über viele Wochen terminiert ist, »etwas Speed« in die Sache bringen: »Wer möchte sich denn einlassen?« Kortschagins Verteidiger übernimmt es für seinen Mandanten, den Lebenslauf zu schildern.

Herr Kortschagin sieht ein wenig aus, wie man sich einen Pornodarsteller vorstellt. Die Haut glatt und poliert und etwas zu rot. Die Haare sehr kurz und gescheitelt. Jeans, Hemd, Sakko, schwarze Schuhe. Jahrgang 81, gelernter Einzelhandelskaufmann, bei REWE angefangen, Handelsfachwirt mit IHK-Abschluss, Gebietsmanager bei REWE, anschließend die gleiche Position bei einer Bäckereikette. Mal zwei Jahre verheiratet gewesen. Er lebt mit seiner schwerbehinderten Mutter zusammen in ihrem Elternhaus, das er »richtig ausgebaut« hat. Eigentlich habe er auch ein Kind, sagt der Angeklagte: sein Vater, der zu »hundert Prozent schwerstbehindert ist« und um den er sich »rund um die Uhr« kümmere. »Es gab ja auch Gründe für die Trennung« von seiner Frau, erklärt er. Sie habe im Escort gearbeitet, ohne es ihm zu sagen. Zwei Jahre nach der Trennung gründete er seine eigene Escort-Agentur in der nächstgelegenen Großstadt. Die Logik ist bezwingend. »Für einen REWE-Manager ist das ja ein ganz anderes Geschäftsfeld«, so der Kommentar vom Vorsitzenden Richter an dieser Stelle. Kortschagins Verteidiger pflichtet ihm bei. Im Ort, in dem die Familie, auch weil dem Opa früher eine Kneipe dort gehörte, wohlbekannt ist, denken alle weiterhin, dass er Filialleiter ist, auch wenn der Hausausbau zwar nicht protzig, aber doch üppig ausfällt. Der Vorsitzende: »Da gibt es die Straße der Bewunderer, auch wenn's einem keiner ins Gesicht sagt, spürt man ja, dass getuschelt wird.« Die Familienstruktur ist »auseinandergefallen, nachdem das SEK da durchmarschiert ist«, so Kortschagins Verteidiger. Die Eltern haben sich nach dreißig Jahren scheiden lassen, die Schwester hat ihre Sachen gepackt und ist weit weggezogen. »Was glauben Sie, was da los war?«, sagt Kortschagin zum Vorsitzenden. »Ich kann es mir lebhaft vorstellen«, antwortet der. Auch der Richter kommt aus einem kleinen Ort. Die Partnerin von Kortschagins Bruder hat sich von diesem getrennt wegen des »Rotlichtbruders«. »Das lasten Sie sich alles selbst an?« – »Ja, na klar, was glauben Sie!«

»Ja, das war kein diskreter Einsatz«, nickt der Vorsitzende. Die ganze Straße wurde abgesperrt. Kortschagins Verteidiger: »Der Schlüssel steckte von außen, und trotzdem hat das SEK die Tür eingetreten.« Ein Drogenlager wurde nicht gefunden, nur 45 000 Euro unter der Spüle. Herr Kortschagin hat sich mittlerweile »ganz neu aufgestellt«, berichtet er der Wirtschaftskammer. Er betreibt nun eine Werbeagentur. Aus Pearl Escort ist ein reines »Erotikonlinewerbeportal« geworden, auf dem die Damen, allesamt »freie Unternehmerinnen«, ihre Setcard präsentieren dürfen, dazu bietet er weiterhin noch einen Shuttleservice an, der extra gebucht werden kann. Mit dem

Finanzamt und den diversen Krankenkassen seiner ehemaligen Angestellten hat er sich im Vorfeld des Prozesses geeinigt und mit dem Abstottern seiner Schulden begonnen.

Das Ehepaar Leberecht. Frau Leberecht, gelernte Zahnarzthelferin, muss ein einsatzvolles Leben geführt haben. Sie ist Mitte fünfzig, sieht aus und bewegt sich wie eine Siebzigjährige. Raue Stimme, platinblonder Zopf, ein Lächeln im Gesicht. Seit 1993 ist sie mit Herrn Leberecht verheiratet. In einer Tennisbar hat sie gearbeitet, dann mal fünf Jahre ein Frauenfitness-Studio betrieben, mit »Rollen- und Bandmassage«. Das ging aber bankrott. Dann wurde sie Hausdame in Herrn Leberechts Puff und sorgte dort »für Recht und Ordnung«, eine Formulierung, die den Richter sehr amüsiert.

»Haben Sie den Herrn Leberecht beim Tennisspielen kennengelernt?« – »Nein, beim Zahnarzt!« Seit ihrem Schlaganfall vor einiger Zeit sitzt sie zu Hause. Schreiben kann sie nicht mehr, den Haushalt besorgt der Gatte. Eine richtige Therapie kann sie sich nicht leisten. Eine Rente kriegt sie nicht. Sie klagt nicht. Sie sorgt für Stimmung, ist freundlich und aufgeräumt.

Herr Leberecht, Jahrgang 41, old school. Gefärbte Haare, weiße Kleidung, tiefgebräunt, Loafers an den Füßen und Porsche fahrend – alles, wie es sich gehört. Acht Jahre Volksschule, dann »Zuckerbäckerlehre«. In diversen Cafés der benachbarten Großstadt hat er nach der Ausbildung gearbeitet und auch noch ein paar andere Jobs ausprobiert. Seine Mutter pachtete in den Siebzigern einen Kiosk im Waldschwimmbad seines Heimatortes, das betreibt er so, »dass man die anderen sechs Monate leben konnte«. In der großen Stadt gab es ein legendäres Bordell, da war er mal. »Ich hab' 160 Mark bezahlt, hab gesehen, was die vor mir und was die hinter mir bezahlt haben.« –

»Und da haben Sie sich gedacht, besser betreiben als bezahlen«, fasst der Vorsitzende zusammen. 1980 eröffnete er seinen eigenen Puff, dreihundert Quadratmeter im Souterrain eines Mietshauses, das seine Mutter gekauft hatte. Der Laden war in den Achtzigern eine Größe. Seit 2004 geht's wirtschaftlich schlechter. »Seit die großen FKKs aufgemacht haben«, wirft seine Frau ein. Was er jetzt damit machen wolle?, fragt der Vorsitzende. Herr Leberecht zuckt mit den Schultern: »Ob da Asylanten reinkommen.« – »Da gibt es durchaus Vorbilder hier« in der Stadt, kommentiert der Richter diese Überlegung.

Die Stimmung im Saal ist bestens.

Die anderen zwei: Herr Peter hatte sich bei Herrn Kortschagin vom Fahrer zur rechten Hand hochgearbeitet. Fungierte gar als Geschäftsführer. Er bediente auch das Telefon. Aufgewachsen bei der Oma. Kein Schulabschluss, keine Ausbildung. Zahlte nie Unterhalt für seine zwei Töchter, zu denen er im Übrigen auch keinen Kontakt hat. Er füllt sein Hemd nicht aus. Die Haare ein farbloser Igelschnitt. 3000 netto hat er bei Kortschagin verdient. Da ist er weg »seit der Sache«, dem SEK-Einmarsch. Inzwischen ist er bei einem anderen Escort namens »Oh, là là«. Fünfhundertfünfzig Euro bekommt er da. »Da würde ich doch lieber im Fußballstadion Karten abreißen«, bemerkt der Vorsitzende, als für so wenig Geld »um drei Uhr nachts« zu arbeiten. Was so faszinierend daran ist, Huren zu Freiern zu fahren, vor allem, wenn man bedenkt, dass man da dann auch manchmal Ewigkeiten im Auto irgendwo warten müsse, können Richter und sämtliche Verteidiger ja nicht nachvollziehen.

Herr Götz wiederum macht einen ganz aufgeweckten Eindruck, guter Laune ist er außerdem. Ein sorgfältig gekleideter junger Mann, weißes Hemd, Jeans, schwarze Schuhe. Gebügelt und frisiert. Realschulabschluss, eine Ausbildung zum Einzelhandelskaufmann bei der Telekom und hat »bis zur Filialleitung« in dem Unternehmen gearbeitet. Mittlerweile macht er ein Abendstudium, »in Englisch und Französisch«, und arbeitet tagsüber wieder in seinem gelernten Beruf. Hat noch zwei Schwestern. Die eine habe aber einen anderen Vater. Den Gärtner oder was, fragt der Vorsitzende. »Sie lassen ja kein Klischee aus«, kommentiert Kortschagins Verteidiger. »Ist das jetzt ein Vorwurf an mich?«, kontert der Richter. Tatsächlich, die älteste Schwester ist vom Gärtner der Eltern. Alles lacht, Herr Götz auch. Lauter fröhliche Menschen im Saal, bis auf Herrn Peter, der hat anscheinend auch nicht viel Humor. Götz hat mächtig Schulden bei der Bank, denn er war eineinhalb Jahre krank, was ihn »finanziell ruiniert hat«. Ausführlich schildert er, wie ihm »achtfach der Schädel gebrochen werden musste«, um »Zysten« aus seinem Kopf zu entfernen. Drei Operationen waren notwendig, dann die Reha. Reihum machen sich Kopfschmerzen bei den Zuhörern breit, scheint es, je mehr Details von ihm geradezu begeistert dargestellt werden. Eine Zyste sei immer noch verblieben. Sie befindet sich genau im Zentrum des Gehirns, schwer erreichbar. Zu seinem Vater und seiner Großmutter habe er ein sehr enges Verhältnis, die Mutter, eine Fotografin, sei ja ständig in Frankreich unterwegs, erzählt er.

So weit zu den handelnden Personen. Wie kommt man jetzt in der Sache weiter. Die Körperverletzung, wegen der Kortschagins Ex ihn angezeigt hat – »eine gewisse Belastungstendenz« ist ja zu spüren, sinniert der Vorsitzende laut vor sich hin. Man müsste die Dame selbstverständlich anhören in der Verhandlung, allein, sie erscheint nicht. Ob sie wohl ihre Ladung bekommen habe? Kortschagin: »Wo haben Sie sie denn hingeschickt?« An ihre Meldeadresse, beim Vater. »Da wohnt die doch gar nicht!« Der Richter greift kurzerhand zum Telefon und ruft beim Vater zu Hause an. »Durch Ihre andere Tochter übergeben?« – »Die hat doch gar keine Schwester!«, bemerkt Kortschagin. Ach? »Haben Sie eine Telefonnummer von der Dame?« Hat Kortschagin. Sie hat sich letzte Woche bei ihm gemeldet, er habe gleich aufgelegt. Der Vorsitzende erreicht die Dame und bestellt sie für den Nachmittag.

Die Frage »Wollen Sie jetzt kommen, oder wollen Sie gefahren werden?« scheint in dieser Formulierung nicht genügend Eindruck auf die Zeugin gemacht zu haben, vielleicht hat sie das mit dem »gefahren werden« auch nicht verstanden, immerhin suchte sie am Morgen ja schon die Polizei. Auch die Information, dass unter Umständen bei Nichterscheinen Kosten im vierstelligen Bereich auf sie zukommen könnten, »hier sitzen zwanzig Leute, die auf Sie warten«, bewegen sie, die ja das Verfahren initiiert hat, nicht dazu, vor Gericht zu erscheinen. Die Zeit verstreicht, alles wartet am Nachmittag. »Die Frau geht mir auf die Nerven«, stöhnt Kortschagins Verteidiger. Richter, Verteidiger, Hauptangeklagter, alle versuchen nochmals, sie telefonisch zu erreichen. Ohne Erfolg, die Dame hat geblockt. Während abwechselnd telefoniert wird, klingelt Herrn Kortschagins Handy – eine unterdrückte Nummer. Spannung. Der Zuschauersaal hat sich mittlerweile auch gut gefüllt. Herr Kortschagin meldet sich professionell, dann: »Es geht um den Tankbetrug? Sie werden es mir nicht glauben, aber ich sitze hier gerade in einer Verhandlung bei Dr. Schulze-Selten.« Dieser kann nur mehr zusammenfassen: »Das ist ja besser als im Kino.«

Fünfhundert Euro Ordnungsgeld, ersatzweise fünf Tage Haft, sowie die Kosten dieses Verhandlungstages werden über die

Zeugin verhängt. »Ist sie so dumm oder so bescheuert?«, fragt Kortschagins Verteidiger seinen Mandanten. Ohne ihre Aussage ist auch »die Körperverletzung vom Tisch«. »Oder Herr Kortschagin, wollen Sie sich äußern? Ich hab' die jede Woche einmal durchgeprügelt, und zwar in folgender Form?«, fragt ihn der Vorsitzende launig. Nein, sagt Kortschagins Verteidiger, »Herr Kortschagin möchte sich nicht äußern«.

Bleibt als einziger ungeklärter Punkt der Anklage diese Kokainbeschaffungs- und verteilungsgeschichte. Selbstverständlich hat die Kammer Verständnis dafür, dass man Freunde nicht belasten will, »diese engen Bindungen«. Herr Kortschagin ist ja eine Art Ziehsohn von den Leberechts. Aber dass von denen der Stoff bezogen wurde, sei doch relativ klar, oder? Ja, gut, also: Frau Leberecht hat ja selbst konsumiert, sie hatte da ihre Quelle im Bahnhofsviertel, die sie selbstverständlich nicht preisgibt. Herr Leberecht jedoch hält nichts von Drogen und habe das höchstens am Rande mitgekriegt. Wenn Kortschagin eine Bestellung von Kunden hatte, hat Frau Leberecht ihm etwas mitbesorgt. Er zog ja auch. »Vorratshaltung wurde vermieden.« Alles zu den üblichen Preisen zwischen sechzig, siebzig Euro pro Gramm. Das hat ihr Kortschagin »eins zu eins« wiedergegeben. Und dann zwischen hundertzehn und hundertfünfzig Euro weiterverkauft.

Also schön, auch bei Leberechts sind die Schulden beim Finanzamt in Bearbeitung, das Verfahren wegen der »funktionsunfähigen Waffe« unter der Matratze eingestellt. Dann machen wir »1000 Euro pro Gramm«, verkündet der Vorsitzende. Das sind urteilsfest bewiesenermaßen bei Frau Leberecht zwölf Gramm, also 12 000 Euro. Herrn Leberecht kann nur Kenntnis und Kontakt von drei Gramm nachgewiesen werden: 3000 Euro Strafe. »Die Reihe ist entlassen.«

Das Verfahren gegen den Mann, der eine Zyste zwischen seinen Hirnhälften hütet, wird auch abgetrennt. Mit einer Spende von 1000 Euro an einen diakonischen Verein, der sich um Prostituierte kümmert, ist für ihn der Prozess vorbei. Seine Schulden beim Arbeitsamt zahlt er mittlerweile in Raten ab.

Bleiben Kortschagin und Herr Peter. Der Vorsitzende Richter betont in seiner Urteilsbegründung, dass der Kammer, die vielleicht manchmal gewirkt habe, als sei sie nicht mit dem nötigen Ernst dabei, bewusst war, dass es um die Existenz ging. Und dass gerade eine Wirtschaftskammer deshalb lieber zur Bewährung als zu Freiheitsstrafen verurteile. Wenn sich diese Möglichkeit abzeichne, könne die Atmosphäre auch mal etwas lockerer sein. Er erteilt zudem den »väterlichen Rat«, dass Herr Kortschagin, wenn er noch dreißig Jahre im Geschäft bleiben wolle, die Finger vom Koks lassen soll. Die Kombination von Kokain und Alkohol sei »brandgefährlich. Wir sind ja nicht lebensfremd hier im Gericht.« Die Verteidigung von Herrn Kortschagin hatte schon in ihren Plädoyers ihre Begeisterung ob des fairen Verfahrens geäußert. Natürlich hat Herr Kortschagin sich in den letzten dreieinhalb Jahren ja sehr gerührt, alles zu regeln und in legale Bahnen zu führen. Das lohnt sich für ihn. Zwei Jahre zur Bewährung, 7000 Euro an den gleichen Verein zu zahlen wie Herr Götz. Der dicke Mercedes bleibt als »Tatwerkzeug«, nämlich dem Kokstransport, eingezogen.

Herr Peter kriegt ein Jahr und, Geld verdient er ja nicht bei »Oh, là là«, hundertsechzig Stunden gemeinnützige Arbeit aufgebrummt. Das wird eine ganz neue Erfahrung für ihn.

Oma ist tot

Ein halbes Jahr vor ihrem 65. Hochzeitstag bringt Heinz Erna um.

Siebzehn Jahre war Heinz, neunzehn Erna, als sie einander kennenlernten. Am 16. Juni ist ihr Hochzeitstag, es ist der fünfundsechzigste. Vor einem halben Jahr hat er sie umgebracht.

Heinz wurde 1931 geboren und wuchs mit Bruder und Schwester in einem kleinen Ort in Böhmen auf. Nach dem Krieg verschlug es ihn mit seiner Mutter nach Hessen. Die Schule besuchte er bis zur achten Klasse, anschließend machte er eine Ausbildung zum Hilfsarbeiter auf dem Bau.

Seine Schwester wirft sich vor den Zug.

Der Vater kehrte aus der Kriegsgefangenschaft heim, fand Arbeit in einer Nudelfabrik in Nidda. Auch Heinz begann da zu arbeiten und lernte Erna dort kennen.

Sein Vater ertränkt sich.

1951 heiraten Heinz und Erna. Im Jahr darauf wird die Tochter Greta geboren, ein paar Jahre später Marianne.

Sein Bruder erschießt sich.

Erna und Heinz wohnen im Elternhaus von Erna im alten Teil des kleinen Örtchens Neu-Anspach. Sie werden ein ruhiges, friedliches Leben miteinander führen, wie »man dort so lebt«. Drei Generationen unter einem Dach; die Großmutter herrscht über alle.

Über ihnen wohnt Greta mit ihrer Familie, über Greta, zumindest die Hälfte der Woche, der Enkel mit seiner Frau und den zwei kleinen Kindern. Die andere Tochter sieht man nicht so oft, »nur einmal die Woche«, sie wohnt »weiter weg«: In einem anderen Ortsteil.

Wie war Heinz?

»Ruhig und ausgeglichen. Hat nicht viel gesprochen«, antwortet der Enkel vor Gericht. Er spricht auch nicht viel.

Heinz ist geschickt mit den Händen, Dreiräder und Schaukelpferde für die Kinder und Enkelkinder können diese Hände herstellen, im Keller an der Werkbank. Als die Eheleute um die achtzig waren, begann sich die Demenz in Ernas Hirn einzunisten. War sie früher etwas herrisch in ihrem Wesen, so wird sie nun gemein zu ihm, zischt und stichelt. »Der da«, so spricht sie von ihm. Getrennt schlafen sie schon seit dreißig Jahren, weil Heinz schnarcht. Mittlerweile hat jeder sein Zimmer, mit seinem Sessel und seinem Fernseher.

Als Heinz nach einer schweren Herzoperation viele Wochen im Krankenhaus liegen muss, besucht sie ihn kein einziges Mal. Sie steht zu Hause am Fenster und sagt zu jedem, der vorübergeht: »Da liegt er bald.« Da – das ist der Friedhof gegenüber.

Heinz ist unglücklich. Die Welt, in der er seinen Platz hat, verschwindet. Erna ist das Wichtigste in seinem Leben. Es gibt nur sie und die Familie. Keine Freunde, kein Kontakt mehr zu anderen Menschen, seit er in Rente ist. Er hat Selbstmordgedanken, fühlt sich drangsaliert und eingeengt. Nichts kann er Erna mehr recht machen. Die Tochter besorgt die Einkäufe, für alles Weitere sorgt allein er, nie ist es mehr richtig. Er weiß nicht, was er tun soll. Hilflos und stumm erduldet er Ernas Aggressionen, tröstet sie, auch wenn sie den Streit ausgelöst hat. Sie sagt, was er zu essen, was er zu trinken habe. Als für die inzwischen pflegebedürftige Frau eine Dusche ins Bad eingebaut wird, wettert sie dagegen, weigert sich, sie zu benutzen, nur er, er darf es eben auch nicht. Es ist ihre Dusche. »Der da hat schon wieder geduscht«, beschwert sie sich bei der zweiten Tochter. Alleine pflegt sie sich kaum noch.

Heinz nickt bewegt, als der Sachverständige diese Geschichte erzählt.

Sein liebevolles und friedfertiges Wesen hat einen feinen Sprung bekommen, damals, als er im Krankenhaus lag. Kognitive Einbußen, mutmaßt der Gutachter, hervorgerufen durch das künstliche Koma; ein wenig zerstreut, vielleicht durch die Medikamente, vermuten die Enkel. Es wird nicht gesprochen über Empfindlichkeiten. Nur alles einfach hinnehmen und zusehen, wie ihm seine Welt abhandenkommt, das will Heinz nicht mehr. Oma und Opa streiten nun öfter. In seiner Überforderung kommt ihm die wahnhafte Idee, sie habe einen Hausfreund. Da! Hat er sie nicht mit jemandem sprechen hören? Ein Liebhaber, der ins Haus kommt!

Am frühen Morgen des 8. November macht er sich, fertig angekleidet, mit seinem Rollator auf den Weg in die Küche. Da ist sie schon, im Nachthemd noch. Er stellt sie zur Rede. Da fällt ihr Satz: »Ich kann machen, was ich will.« Der Krug ist zum Brunnen gegangen, nun bricht er. Heinz zieht die Bremse und parkt seinen Rollwagen. Die Welle erfasst ihn und hält ihn aufrecht. In Reichweite auf dem Tisch stehen zwei Glasflaschen. Er greift eine und zerschlägt sie auf ihrem Schädel. Er nimmt die zweite und zerschmettert ihr die Jochbögen, zertrümmert ihr das Nasenbein. Sie ist noch nicht tot. Dafür braucht es etwas anderes. Was Heinz an Messern greifen kann, dient ihm als Werkzeug, ihr die Kehle durchzuschneiden. Ein Messer bleibt dabei in Ernas Hals stecken, ein anderes durchtrennt Halsschlagader und Speiseröhre.

Er sagt, dass er keine Erinnerung daran hat, wie er sie erstach. Aber daran, dass er anschließend in den Keller ging. Den Hammer holte. Versuchte, sich damit selbst den Schädel einzuschlagen, mit Steakmesser, Eispickel, Küchenmesser die Arme aufzuschneiden. Nur der Selbstmord, der will ihm nicht gelingen.

In der ersten Etage, bei Greta, haben sich inzwischen der Enkel und seine Familie zum Frühstück eingefunden. Es ist kurz nach sechs, da horcht Greta auf: »Es hört sich an, als ob der Opa weint.«

Das Telefon klingelt, Heinz sagt am anderen Ende: »Die Oma ist tot.« Greta beginnt zu weinen. Der Enkel und seine Frau gehen hinunter. Da liegt die Oma neben dem Küchentisch. Sie glauben an einen Sturz. Heinz steht da, blutig, verwirrt und müde. Nein, kein Sturz, »der Opa hat die Oma umgebracht«.

Der Mann geht in Untersuchungshaft. Polizisten, ein Gutachter, sein Verteidiger, niemand vermag ihm den Tatablauf zu entreißen. Die Gerichtsmedizinerin wird es anhand der Verletzungen rekonstruieren müssen.

Im Rollstuhl wird er in den Gerichtssaal geschoben. Der Gürtel gibt der Hose keinen Halt, nutzlos hängt er um die gebrechliche Figur. Heinz ist jetzt 85 Jahre alt. Im Gefängnis hat er versucht, sich aus dem Rollstuhl über die Brüstung zu hieven. »Wozu soll ich noch leben, ich habe meine Frau umgebracht.«

Sein Verteidiger ist aus dem gleichen Ort, er hat als Kind dort im Garten mit dem Enkel gespielt. Er wird der Staatsanwältin erklären müssen, dass man in der Welt von Heinz nicht über Kümmernisse spricht. Dass man sich mit seinen Töchtern nicht über Befindlichkeiten austauscht. Dass man nicht Hilfe holt. Dass das schlicht nicht vorstellbar ist. »Haben Sie sich denn mal Gedanken gemacht, wie es mit Ihnen weitergehen soll?«, fragt der Vorsitzende im Laufe des zweitägigen Prozesses. – »Ich weiß es nicht.« Als er Gelegenheit hat zu einem letzten Wort: »Ich weiß nicht, was.« Mehr als diese zwei Sätze bringt er im Prozess nicht heraus. Das Bild einer Depression.

Ratlos begegnen Heinz nach der Tat die vielen Menschen, mit denen er es nun zu tun hat. Als würde das Alter wie ein schweres, nasses Federbett Gefühle und Taten dämpfen. »In dem Alter!«, raunt es über die Flure. »Was machen wir denn nun mit ihm?«, fragten sich die Haftrichter. »Was machen wir denn nun mit ihm?«, fragt sich die Staatsanwältin.

Wie gut, dass es Strafgesetzbuch und Strafprozessordnung gibt, nach denen es sich zu richten gilt.

All die Ergriffenheit um Affekt, »paranoiden Zustandswahn«, »das hohe Alter, ja, das Alter«, »Er kann sich nicht mehr erinnern!«, bringt Richter Drescher nicht um den Verstand. Als er in seiner Urteilsbegründung salopp formuliert, »und als er nach dem Einsatz der Flaschen merkt, hoppla, so komm ich hier nicht weiter«, nickt Heinz.

Drei Jahre und neun Monate, urteilt die Kammer.

Inhalt